南京大學亞太發展研究中心
Centre for Asia-Pacific Development Studies, Nanjing University

# 南大亞太評論

## 大变局时代的议题政治与国际秩序

毛维准　主编

南京大学出版社

主　　　办　南京大学亚太发展研究中心

**学术委员会**（以姓氏笔画为序）
王月清（南京大学哲学系）
石之瑜（台湾大学政治学系）
石　斌（南京大学亚太发展研究中心）
朱庆葆（南京大学历史学院）
孙　江（南京大学学衡研究院）
时殷弘（中国人民大学国际关系学院）
沈志华（华东师范大学周边国家研究院）
陈志敏（复旦大学国际关系与公共事务学院）
洪银兴（南京大学商学院）
阎学通（清华大学国际关系研究院）
蔡永顺（香港科技大学人文社会科学学院）
樊吉社（中国社会科学院美国研究所）
蔡佳禾（南京大学中美文化研究中心）

**编辑部：**
主　　编：石　斌
执行主编：毛维准
成　　员：蒋昭乙　祁玲玲　舒建中
　　　　　姚　远　赵光锐

# 目 录

## 特稿:百年国关与中国

秦亚青 / 中国国际理论发展与贡献　　3

刘德斌 / 世界的重塑:百年历史演进的动力　　10

石　斌 / "再思"国际思想史的理论与实践意义　　16

## 国际秩序与议题政治

本特利·艾伦　斯尔詹·武切蒂奇　特德·霍普夫 / 身份分布与国际秩序未来:中国的未来世界角色　　29

张海燕 / 生态安全、环境治理与全球秩序　　88

苗中泉 / 世界能源秩序与地缘政治动力　　154

朱贞艳　王　玮 / 全球公共卫生、药品专利与药品可及性:以马来西亚对索非布韦专利实施强制许可为例　　182

## "一带一路"研究

杨　潇 / 迈向批判性社会演化视角:以"一带一路"倡议为例　　209

岳圣淞 / 国际社会对"一带一路"的透明度认知:以美国、澳大利亚和新西兰为例　　239

## 全球经贸大变局研究

孙志强　王昭晖 / 全球贸易秩序变迁中的"特朗普现象":一种新葛兰西主义的视角　　275

邱　涛 / 金砖国家制造业产业在全球价值链中的分工地位研究
　　330

## 书　评

潘光逸 / 当时间穿过权力之镜——评《时间与权力:德国政治中的历史观,从三十年战争到第三帝国》　　363

# Contents

**IR and China: 1919 – 2019**

Chinese IR School: Development and Contribution, by Qin Yaqing, China Foreign Affairs University and China National Association for International Studies / 3

Reshaping the World: The Dynamics of Historical Progress Since 1919, by Liu Debin, Jilin University / 10

"Re-Thinking" International Intellectual History: Theoretical and Practical Significance, by Shi Bin, Nanjing University / 16

**International Order and the Politics of Global Issues**

The Distribution of Identity and the Future of International Order: China's Hegemonic Prospects, by Bentley B. Allan, Srdjan Vucetic and Ted Hopf, The Johns Hopkins University, University of Ottaw and National University of Singapore / 29

Ecological Security, Environment Governance and Global Order, by Zhang Haiyan, Nanjing University / 88

World Energy Order and Geopolitcal Dynamics, by Miao Zhongquan, State Grid Energy Research Institute / 154

Global Health, Medicine Compulsory Patent License and Accessibility, by Zhu Zhenyan and Wang Wei, Médecins Sans

## Belt and Road

Towards a Critical Social Evolutionary Perspective: The Belt and Road Initiative as a Case, by Xiao Alvin Yang, University of Kassel / 209

The International Perception on the Transpanracy of Belt and Road: From the Perspective of US, Australia and Singapore, by Yue Shengsong, National Institute of International Strategy, Chinese Academy of Social Science / 239

## Great Transformation of Global Economics and Trade

Trump Phenomenon in the Changing Global Trade Order: A Neo-Gramscian Perspective, by Sun Zhiqiang and Wang Zhaohui, Fudan University and Xiamen University / 275

A Study on the Division Status of BRICs Manufacturing Industry in Global Value Chains, by Qiu Tao, Nanjing University / 330

## Book Review

When Time Passing Through the Mirror of Power: A Review of *Time and Power: Visions of History in German Politics, from the Thirty Years' War to the Third Reich*, by Pan Guangyi, The University of New South Wales / 363

## 特稿:百年国关与中国

# 中国国际理论发展与贡献＊

秦亚青＊＊

今天我讲一些稍微"虚"的东西——中国国际理论的发展与贡献,主要是想看看我们学界现在在理论方面所做的一些研究,对世界国际关系学科有什么样的贡献,我们的理论探索存在什么样的问题。

首先,我想提出两个问题。

第一个问题是我们是否可以完全使用西方国际关系理论解释全球事务。这个观点显然不是否认西方理论。西方国际关系理论做出了很大贡献,但是,它是否可以解释所有实践呢?

第二个问题是文化在国际关系理论建构中是否会起到重要作

---

＊ 本文为秦亚青教授在中国国际关系学会第三届国际关系研究青年学者论坛"百年国关与中国:历史、理论和实践"上的主旨演讲。本演讲由南京大学政府管理学院硕士生戴菁菁根据录音整理。

＊＊ 秦亚青,中国国际关系学会常务副会长、外交学院教授。

用。这更值得我们深思。在"行为主义革命"以后,西方国际关系理论,尤其是美国,逐渐开始向超时空方向发展。所以,历史的实践与文化就被剔除在国际关系的研究范畴之外。它所有的理论都是超时空的、普适的。

我们都知道2019年是国关一百周年,这一百年确确实实是国关发展非常迅速的一个时期。现在,学人们开始提出要有真正意义上的全球国际关系学。巴瑞·布赞(Barry Buzan)最近出版了《全球国际关系的塑造》(The Making of Global International Relations)一书,他回顾了历史发展的历程和现在的需求。那么,现在的需求到底是什么?全球化实践需要真正全球意义上的国际关系理论。

所以,我个人认为,在这个关键的百年时刻,如果国际关系理论的发展要出现一个革命性突破,基本的标志就是非西方国际关系理论的发展。这给我们提供了一个非常大的空间,也提供了一个极好的平台。

我再重复一下我之前说过的话:关键看我们能不能做好。在座的很多都是中青年,尤其是青年学者,我们一定要有发展这种理论的抱负。

今天,我演讲的主要观点就是对上述两个问题的回答。

第一个回答是,西方国际关系理论没有办法解释全部的、全球的多元世界,这给我们创造了空间和机会。

第二个回答是,文化对国际关系理论乃至社会理论都具有重要作用。如果我们回想一下国际关系理论的发展,从现实主义到自由主义,到建构主义,再到实践理论,越来越往文化要素拉近,这是不可否认的。南京大学的历史研究很有名,从历史角度研究国际关系都会强调历史和文化等重要因素。现在所提出的这种"文化"是广义的概念,内涵包括实践、历史和经历等概念。

我想用三个中国的例子来说明,这三个例子不是穷尽的,中国学者还做过很多非常有意思的研究,正好都是这两年在国际上出的书。一个是赵汀阳的《天下体系》,一个是阎学通提出"道义现实主义"的《领导力与大国崛起》,再一个是我自己的《世界政治的关系理论》。

首先,赵汀阳的《重新定义一种世界治理哲学》(*Redefining a Philosophy for World Governance*,即《天下体系》)主要是天下主义,这个概念在西方讨论的也很多。天下理论主要基于周朝的世界体系构成,现在将其拓展到整个世界体系范围之内,把周朝作为理想类型。大家都知道,理想类型不是完全与现实相符,它是从现实中提炼出来的更加理想化的一种类型,用于学术研究分析。我简单说一下基本要点。"天下主义"的理论基础是中国世界,就是周朝体系,赵汀阳把周朝的制度体系视为现在世界的一种理想制度体系。

那么,这个秩序原则是什么?该原则是家庭秩序,或者用英文说叫"family-ship",或者从更一般意义上说是无外原则(non-exclusivity)。最根本的观点——争端机制的解决、民众在诸侯国之间的流动等等,都是从当时中华模式中提炼出来的。其最根本的一个东西是"整体理念",它不是独立的、主权的、有非常明确界限的这样一个政治单位,它以天下为单位,而不是以个体为单位来设计,这是一种整体性思维。与现在社会的根本秩序原则——主权不同,这种秩序原则是"无外原则"。总体来说,家庭内部仍然是自我利益最小化,爱心和谐最大化的场所,家庭秩序是政治秩序的最优基础。能够做到这种要求,就可以保证最稳定的和平,超过康德的"永久和平"。

根据赵汀阳的总结和复述,天下理论有这样的启示。当今世界是一个"非世界",它是一个"地理性"的世界,它不是一个"制度性"的世界,因为制度都是以主权国家为个体的,那么全球问题(global issues)就不能在一个非世界中得到解决。那么,解决方案是什么?那就是在特定地区或全球建立一个整体的、无外的秩序体系或者制度体系。

第二,阎学通的《领导力与大国崛起》①(*Leadership and The Rise of Great Powers*),他提出了"道义现实主义"。"道义现实主义"的最简单解读就是"道义"加"权力",主流理论框架是现实主义,但是,它融合了中国先秦思想家的思想,尤其是偏重所谓的唯物主义思想家如荀子的观点,强调了世界领导国的权力性质。作为一个领导国,它必须有权力,但是,什么是最合适的权力,这是要讨论的重点。这个权力必须要有界定。首先是动用资源的能力,分为道德性权力和物质性权力。物质性权力很简单,道德性权力就是确立合法性的能力。所有权力一般都被定义为能力(ability)。国际体系是等级体系,必须要有一个领导国,其间可能出现三种秩序:王权秩序、霸权秩序、强权秩序。强权秩序时代已经过去,(美国)霸权秩序仍然存在。那么,在阎学通自己的设计之

---

① 阎学通:《中国领导力》,李佩芝译,中信出版集团,2020年版。

中,最理想的秩序是王权秩序。

在"道义现实主义"中,国际秩序的本质仍旧是争夺领导权,争夺领导权的关键是实力,是权力。但是,什么样的权力是好事？答案是适合领导的权力,就是王权秩序中需要的物质性权力和道德性权力的结合。反观现实世界,美国基本上属于霸权,对此,中国如果想要获取领导权,就需要物质性权力和道德性权力的充分和妥善结合。

第三,我的观点主要展现在《世界政治的关系理论》(*A Relational Theory of World Politics*)一书之中。我的基本想法涉及一个本体论问题。我认为,世界是关系构成的,只有在关系网络中才有意义。世界政治的关系理论以关系本体为基本假定,以中庸辩证法为认识论依据,从关系视角审视世界秩序和行动逻辑。第一个基本的理论要点是关系性世界；第二个是关系性逻辑,行动是由关系驱动的,关系确定身份,身份界定利益,利益驱动行动；最后一个是关系性利益,即孔夫子说的"达己达人",而不是一种单向性思维。

在所有的宇宙中,关系本体和原子本体相对；在社会世界中,主要强调人与人的关系。关系错综复杂,就"如何厘清关系"这一问题,我们可以确定一种元关系。中国的"元关系"认为,本原状态是和谐,中庸辩证法是和谐化过程。在关系选择过程之中,利益驱动行动,身份界定利益,关系建构身份。

综上所述,三种理论的特点都是"挖掘传统,面向世界",即从中国传统文化思想的智识资源中寻求创新灵感,在与西方国关理论的开放对话中寻求开拓发展。

赵汀阳主要从周朝的无外体系中得到启发；阎学通则基于传统强调道德的理念、强调治国领导人的道德是根本性要素；我的关系理论主要考虑到中国人从来都是将事情看作一个整体和相互关联的因素而不是独立看世界的这样一个事实。

与此同时，这三个理论都是在与西方不断的对话、辩论中发展得来。其中，最根本的三个原则——无外原则、道德性和关系性都是中国传统文化和社会性实践的产物。

基于此，我想简要谈谈近年来中国国际关系理论发展的贡献。

第一，中国国际关系理论发展确实反映了文化对社会理论建构的重要作用。中国国际关系理论启发了中国很多国际关系学者这几年所做的英文研究，也启发了其他许多发展中国家的想法，它们也有深厚的文化底蕴和长期的实践结晶。

第二，中华文化为国际关系理论建构提供了丰富资源。中华文化源远流长，里面确实有很多值得借鉴的东西。

第三，我们要全面理解和解释世界政治需要不同文化的智识贡献，比如，印度很可能潜力很大。

当然，中国国际关系理论也有多个问题需要解决。

其一，如何超越中国经验以具有一定普适效用。所有社会理论都有局限性，只能做到有限普适，当然，这种有限普适的限度越广越好。这与有限理性异曲同工。

其二，如何能够有效与西方学界展开对话而不是自说自话，我们现在的年轻学者怎么去主动寻求对话而不缩回自己的一方天地之中。

其三，如何进行更为深入的挖掘，做出与时俱进的概念化和理论化体系。由此来看，我们还有很长的路要走。

需要强调的是，发展中国国际关系理论是为了丰富而不是取代西方国际关系理论，是互补而不是对抗，不是称霸。创造性的跨文化对话有利于拓展人类知识的宝库，现在要努力形成这种对话，也比过去更有条件去组织和进行这种对话。

中国国际关系理论作为全球国际关系知识体系中重要组成部分是大有可为的，年轻学者尤其要考虑到这种大有可为的空间。特别是，中国国际关系理论的发展任重道远，它不是政策性的研究，也不求一时之功效，不求立竿见影的结果，而是追求一种长期的人类知识的积累、发展和创新。这也需要大家确确实实有耐得住寂寞的心态和努力。

# 世界的重塑:百年历史演进的动力 *

刘德斌 **

百年来,国际关系的演进展现以下六种动力,即民族国家、大国竞争、现代化的冲动、科技革命、全球化和意识形态冲突等。

第一个动力是民族国家。国家体系已经蔓延到世界的每个角落,成为世界唯一合法治理单位。世界的矛盾,即国家间差别太大,是造成世界产生如此众多问题的一个重要原因。从一战到现在,民族国家个数从 50 上升到 200 个,国家构建从欧洲蔓延到拉美,再到北美,然后是亚非、大洋洲,大量的国家都是在一战尤其是二战后才出现的。有大批国家在艰难前行。民族解放运动是使国家数量上升最多的一种方式。但是,大部分国家还没有形成现代

---

\* 本文为刘德斌教授在中国国际关系学会第三届国际关系研究青年学者论坛"百年国关与中国:历史、理论和实践"上的主旨演讲。本演讲由南京大学政府管理学院硕士生杜智文根据录音整理。

\*\* 刘德斌,吉林大学公共外交学院教授,中国国际关系学会副会长。

意义上的民族国家。从构建的角度来讲,这些国家可以分为已构建国家与构建中国家,前者是具有帝国经历的拥有悠久历史的国家(日本、印度、伊朗、土耳其),大部分都是后者,构建中国家在成为主权国家之前没有作为共同体的悠久的历史。在国家构建中出现一种特殊的现象,这就是所谓的伊斯兰国家。伊斯兰教法和现代主权国家构成原则具有矛盾。西方学者提出世界上存在一种伊斯兰体系,这种体系没有被当前世界体系所摧毁。凡是伊斯兰教法和宪法结合起来的国家都很难说是纯粹意义上的现代民族国家。伊斯兰世界有几次改革也向西方学习,奥斯曼帝国在最强盛的时候其影响范围曾经远涉英伦三岛,抓白人进行奴隶贸易。伊斯兰也曾支配西班牙,凡是伊斯兰主导的地区一片辉煌,文化灿烂,商业繁荣,文化交流非常多。当时的基督教的教堂集中在落后的地方。那时的伊斯兰世界比欧洲甚至中华帝国要更加辉煌。

第二个是大国的竞争。在19世纪,世界实际上是被帝国所支配。新崛起的欧洲列强可以任意在地图上划分势力范围。今天的世界已经不是大国肆意横行的世界了,因为主权国家体系武装起来了,维护主权是国家的合法依据。但是,大国竞争的硝烟还没有散去。最近关于帝国的讨论非常多。国际法学界很多人在讨论帝国,把全球治理和帝国结合起来研究,因为帝国在多民族的管理方面还是很有经验的。帝国不仅包括所谓的西欧殖民国家,也包括奥斯曼帝国。我们现在全球治理中谈论经济治理非常多,全球治理的讨论和中国本身的改革有异曲同工之处……现有的这种主权国家的体系如果不把它的弹性释放出来,就很难达到全球治理的目的。

第三个问题是所谓的"现代化冲动"。全世界特别是非西方国家都是在最近这一百年里经历了所谓的"现代化"的改造。"现代化"是美国的学者给发展中国家开出的药方。在改革开放初期,那时现代化的理论非常知名。当时,我们还不知道这个概念在西方学术界已经不是那么红了,我们研究起来津津有味。我们设想的很多题目在西方学界十年前、二十年前已经有人研究过了。比如有本书叫《现代化革命》(The Modernization of Revolution),它把法国革命、俄国十月革命和中国革命都纳入现代化革命的进程之中。在我们原来脑海里面,现代化是改革,而不是革命。我们改革开放初期,我们脑海里要告别的革命,到那里,我却发现西方学者把我们的革命也纳入它的现代化研究的渠道。我们发现,这个世界上每一个地区都经历了现代化进程。当然,西欧是最显著的典范,西欧国家之间的差别也非常大,各国也有不同。美加是学习了欧洲的经验,但是,现在美国是超级大国,我们看到它有很好的一面,在它的历史进程中,也存在很多的阴暗面。这里非常有意思的"魔咒"是拉美和东亚。拉美实际上成了西方现代化的实验室,先后经历了古典自由主义、发展主义和新自由主义等现代化战略,初级产品出口、进口替代工业化和新兴产品出口导向等三种经济模式,寡头政体、民族主义政体、官僚政体、现代代议制等等。结果显示,现代拉美没有完全现代化,有些国家如墨西哥,你到那儿会看到它的经济比较发达,但当你看到墨西哥的黑帮杀人手段那么残忍的时候,你很难想象这是一个现代化的国家。我觉得最有意思的,或者说被人认为最从容的是东亚。实际上,东亚经历了学西方(从学德国到学英国,再到学美国)的一个过程,但是,东亚国家最终还是在回归自己。这也是人们这么看重东亚的一个重要原因。那么,经过现代化的冲动或洗礼,所有的非西方国家都经历了所谓的断裂然后又重新整合,现在,现代化比较成功的是东亚。当然,我们也看到很多国家、部落、教派,包括伊斯兰世界的现代化不太成功,不过,再回到1919年,这也都做不到了,所以,现代化的冲动可能依然在路上。

第四个动力是科技革命。目前我们看到科学技术不仅是生产力,它是改变人类社会生活方式和社会形态的推手。近年来,信息革命、网络化与数据化,都在改变世界。现在,有人在关心国际关系形态会不会被信息化所改变,我觉得这是我们国关学界确实应该关心的一个问题。这或许是因为我们全世界都处在一个新形态的初期,但是,它对各个国家的社会形态的改变、改造和塑造可能是不一样的,对美国是一个样子,对中国是一个样子,对那些伊斯兰国家、对非洲的发展中国家也可能是另一个样子。

第五个是全球化。全球化曾经高不可及,中国被认为是全球化的最大的一个获益者,但是,全球化也有负面的作用,特别是,它进一步加剧了贫富之间的分化,引起新的社会矛盾,其负面性现在逐渐地显现出来。有些西方学者认为,全世界正在按照经济分工进行产业链的重组,大部分发达的地区都是沿海的城市群,有学者说,现在所谓的发达世界不仅仅在国家之间,更主要的是城市之中。比如,在纽约可能就有发达世界,同时也有第三世界。全球化给全世界造成了贫富分化、矛盾和民粹主义的兴起。历史学界很多人很悲观,他们认为,现在新的贫富分化、新的种族冲突、新的社会冲突出现,原来的冷战格局结束了,从发达国家到发展中国家的那种分工和格局也已经没有了。一个重要原因就是全世界的资本与技术，也包括人口的流动问题。有些学者认为，发展中国家人口爆炸将是这个世界动乱的一个重要根源，我觉得伊斯兰世界的很多矛盾与冲突都是因为新增人口、青年一代没有出路造成的。我曾经在沙特开会，遇到一个巴勒斯坦的小伙子，他是沙特报纸的一个编辑，他讲到，在沙特就业人群面临不同的机遇，在沙特，在媒体这个行业里面收入最高的是白人，无论是哪个国家的白人，只要是白人，收入就最高，其次是日本人和韩国人，再就是海湾国家中比较富足的人，最低收入就是他们巴勒斯坦人，而且巴勒斯坦人干同样的工作收入都是不一样的。一年后，我有机会去了以色列，也看到巴勒斯坦人的惨象。青年人如果生于那里、长于那里再死于那里，他真的可能什么事情都做得出来。现在我们看到大量的移民和难民，当前，合法的和非法的移民融入欧洲便是这样一个场景。

最后一个动力就是意识形态冲突。在二十世纪，各种主义一直在争论，实际上，世界的重塑便是在各种主义的争论中所形成的，包括经济学思潮、政治学思潮、后现代主义思潮，还有关于国家建设的民族主义。如果概括起来，这个世界是被重新塑造出来的，可以说，现代主权国家这种形式也重新组合起来，但是，国家之间千差万别。我们的政治学、经济学、历史学都很难逃避这种差别。大国的竞争依旧，只是竞争的主角在不断更新。当前，非西方大国的崛起，日趋平衡的世界，也恰是西方大国失去主导地位的时期。一战结束之初、二战结束之初，基本上还是西方大国主导着世界。俄罗斯在某种程度上也是欧洲。2017年，我到俄罗斯参加"十月革命"一百周年的纪念活动，我有意识地问了二十几位学者，几乎所有人认为他们是欧洲人,但是,没有几个人能答出来他们是否属于西方。前几天,北京有个区域国别研讨会,来了两位俄罗斯的汉学家,其中一位说他们属于欧洲文化的一部分,他们有几次想成为西方的一部分,到现在也没有成功。他认为,俄罗斯的路未来依然是在东西方之间寻求一种平衡。与此同时,他们想知道,此时此刻,在世界上,谁是中国的"他者"? 俄罗斯在中国人内心深处是"他者"还是"我者"? 在此,我采用"他者"概念是为了淡化敌我。

我们身处一个被新兴大国改变的包含传统与现代之间断裂和彷徨的世界,一个没有退路可走的世界,一个被科学技术改变了生产方式、生活方式和社会形态的世界,一个在国家之间、社会之间互动并以既有方式做顽强抵抗的世界。我们也身处这个被全球化在经济上联系在一起却在社会领域由贫富分化、政治纷争、体制失衡、民粹主义大行其道的世界。这是一个不确定的世界。在意识形态方面,这是一个被各种主义的争吵迷失了方向的世界。

所以,国际关系理论正在为世界的发展构建一个方向,现在,全世界没有一种主流的意识形态、一种主义占主导,大家都在摸索,那么,我们国关学界的摸索是涉及国计民生,涉及我们身份的重新定位,甚至涉及我们如何回头去看我们自己历史的一种展现。

那么,中国的战略应该怎么走? 我觉得,中国首先要和自己的历史和解。在莫斯科,离列宁的墓不远就是一个教堂,里面是沙皇家属的一个墓。我很震惊,他们的革命竟然让沙皇本人、家族的棺材在那安然无恙。其次,我们要与世界和解。我们应该先消解西方,然后再去思索未来的国际领导与国际秩序问题。

# "再思"国际思想史的理论与实践意义*

石 斌**

为什么要讲国际思想史的理论与实践意义,而且还要"再思"呢?

我主要基于两个原因。首先,我觉得这个问题我们需要"再"思考一下,原来没思考清楚;还有个原因就是要行动。《论语》有载,"季文子三思而后行",孔子听后说,"再,斯可矣",也就是说,再思就行了,不要三思了,最重要的是要行动。

为什么要谈思想史的价值呢? 简单来说,包括以下两个原因。

首先是我的一种担忧,当然,这种担忧倒不一定是实际存在的

---

\* 本文为石斌教授在中国国际关系学会第三届国际关系研究青年学者论坛"百年国关与中国:历史、理论和实践"上的主旨演讲。本演讲由南京大学政府管理学院硕士生朱静怡整理。

\*\* 石斌,南京大学亚太发展研究中心主任,南京大学政府管理学院—中美文化研究中心双聘教授。

严重的现象。我觉得，我们的学术理论研究肯定要避免一些倾向，比如过度的实用主义倾向。政策研究处于压倒性优势对理论研究也不一定是好事，还有理论研究本身也不必过度社会科学化，国际关系理论研究的路径应该是多样的。

更重要的理由是，我们的理论研究已经严重跟不上时代发展的步伐。现在，出现了各种提法，例如"工业4.0"和"全球化4.0"时代，这意味着世界变化太快了，针对国际关系，若干权威杂志都曾经有过专题讨论：国际关系理论是否已经终结？因为我们的理论已经无法研究、讨论、解决我们如今面临的一些现实问题。由此催生了一些新的研究思路，比如说"分析折中主义"等研究倡议。但是，"分析折中主义"不一定能完全解决现在已经完全固化的理论格局和范式概念，我的理由是，这些路径仍然忽视理论本身所蕴含的价值和引导意义，当然，其好处是提醒我们研究方法、研究途径乃至思想资源和文化价值基础都需要更加多样化，更加贴近实质上已经变化很大的全球格局现实。

那么，为什么我要从思想史的角度入手呢？回到思想史也许是解决这种理论与现实不平衡的一种路径。

我的论述基于如下两个理由。

第一个理由是世界变化太快了，技术变化也太快了，比如我们今天的航天技术、生命技术、人工智能等等。政策改变世界，像网络空间、外层空间这些新领域，在我看来，大国已经进入了无序的竞争中。然而，这些国际政治新疆域恰恰是我们不熟悉的领域，要进入这些新领域，就要借助其他领域所积累的思想资源或经验教训。

第二个理由就是，往往在技术迅猛发展的时候，人文会受到一定挤压,尤其是现在,这种挤压的力度与深度是空前的。所以,思想史和历史路径的研究也就尤其重要。器物也许会消失,但是,思想是可以跨越时空的。托克维尔的一段话很有意思,他说:

> 简直令人难以置信,难以数计的思想体系、道德体系、政治学说,被不断重新发现、遗忘,再发现,再遗忘。不久后再次出现,全世界人们就会啧啧称奇,以为这些是新东西。我们以为这是人类精神世界的丰富,但其实不过是人类的健忘与傲慢。

这就是强调对人类思想的借鉴和继承,历史显示,思想是重要的纽带。

关于什么是政治思想史、国际关系史这些学科概念,以及修昔底德、马基雅维利、格老秀斯等一大批数不胜数的思想家给我们的政治思想财富不需要再去赘述。

我今天主要讲研究思想史的实践意义,或者说对于理解历史本身、理解现实有什么意义。我们知道,思想史本来就是历史的组成部分,甚至可以说是最本质、最核心的部分,因为人类一切活动都是思想的活动,没有思想的人类历史不是人类史,而是自然史。从这个意义上讲,历史也是现实,是客观发生过的事情。除了考察客观因素和现实世界,还必须考察思想因素和精神世界。思想影响意识,但是,意识反过来又会支配人们思想的过程,时代背景和时代风格也会塑造人类思想。

比如说,20 世纪 20 年代的自由国际主义非常盛行,原因就是对一战心有余悸，而威尔逊主义、国际联盟正好迎合了这种趋势。所以，自由国际主义大行其道，从而助长了和平主义、乐观主义。但是，到了30年代，悲观主义抬头，国联走向了失败，权力政治盛行，现实主义再次复兴占据主导地位。但是，二战刚结束，理想主义再次抬头，很快冷战展开，核武器等军事武器的发展又使国际社会弥漫着悲凉气氛，我称之为"人类集体自杀的可能性成为常见的话题"，其实，很多哲学家——罗素、爱因斯坦，每天都在说这些。到了1962年以后，情况又大不相同了，美苏经过古巴导弹危机危险的博弈后基本已经理解了共处规则，世事变幻，七八十年代又开始绷紧，这显然和美苏关系恶化、核战略再度强化有关。到离我们最近的20世纪末，冷战格局瓦解，自由国际主义又以新的面目第三次抬头。这个背景大家应该很清楚。那么，我们今天看到的是什么？冷战结束这么多年后，我们看到的不是自由主义的天下，也不是历史的终结，而是大国政治的回归、地缘政治竞争的加剧，还有在新兴战略领域无序的竞争。这令人深思。正所谓，绝望是希望的种子，希望是绝望的根源。

我们还可以从另一个层面来理解国际思想史对于现实战略问题的价值。在国际学术界中，有一个几乎是"显学"的概念史研究。其实，不一定把国际思想史理解为一般理论的意义，推而广之，为什么不能有战略思想史、外交思想史这些思想积累成果呢？在这个意义上，概念史就是观念史，就是思想史。国际关系领域还有很多核心概念需要梳理、"正本清源"，这是我思考这个问题的最根本动因。

我们谈国际秩序，其走向是最重要的问题，但是，什么才是国际秩序？中国政府声明要维护"战后国际秩序"，一开始我很疑惑，这个秩序是美国人建造的,中国要全力维护它,那岂不是混乱?后来我仔细研读才发现显然不是,中国要维护的其实是以联合国为主导的多边秩序,而不是美国一直极力打造的国际经济、政治、文化各种秩序,包括 IMF 的特权。这就让我们思考概念的由来。

我们反过来思考,特朗普的出现导致美国战略调整、美国局势变换的新思想出现,这就产生了疑问:美国已经成为新现实主义国家吗?特朗普是否已经抛弃美国的自由主义大战略?每一次听到这句话我就要跳起来反对,美国什么时候推行过国际主义的大战略?军事同盟、核威慑,甚至是和平年代的广泛的军事存在,这是什么自由主义?伊肯伯里讲得很对,美国从来都是两手准备,一手抓多边贸易体系,一手抓权力政治。当然也有人批评美国所造的自由国际秩序既不自由,也不国际,也没什么秩序。

再举一个例子。改革开放之初,邓小平提出,和平和发展是时代的主题,好多人不理解,甚至对此质疑。我觉得这实际是忽视了这个命题提出的背景和政治取向。当时中国要进行改革开放,总不能再提革命和战争吧?还有一个经常被误解的就是"韬光养晦"。估计包括学者在内的若干人都不理解,翻译后外国人也不理解。但是,你如果考虑到语境就不一样了。当时东欧剧变,邓小平同志说,慌什么嘛,看看嘛,不要去举旗子嘛。[1] 其实这个词跟美

---

[1] 编者注:邓小平在 1989 年 9 月 4 日同几位中央负责同志谈话强调,"对于国际局势,概括起来就三句话:第一句话,冷静观察;第二句话,稳住阵脚;第三句话,沉着应付。不要急,也急不得。要冷静、冷静、再冷静,埋头实干,做好一件事,我们自己的事"。见《改革开放政策稳定,中国大有希望》,载邓小平:《邓小平文选(第三卷)》,人民出版社,1993 年版,第 321 页。

国一点关系都没有,但是,你看现在的国际话语中,这个词经常被用来解释中国对美国的态度,这就是很大的误解了。

还有个有意思的现象就是,我经常对我的学生说在南京大学千万不要用"平衡手"这种说法,我的老师们从来都是用"海外制衡者",我这不是在谈翻译,我是在谈概念史、观念史有特定的历史背景和文化场景,你如果随意改动就有可能把历史改掉了。再比如说,"建制派",在南大从来都是说"外交权势集团",就美国外交而言,这个词汇有特定的含义,如果非要用"建制派"去附议"港台腔"就容易混淆事物之间本质的区别,香港的"建制派"跟他们完全不是一回事。实际上,更重要的这些术语消解了其独特的历史文化背景,甚至深刻的批判方法。这就是"正本清源"的意思和重要性。

现在学界一个比较热的议题是"战略稳定"。大家有个基本的看法,就是当今全球战略稳定可能受到冷战结束以来最严重的挑战。那么,我们需要追问,什么是战略稳定?这实际上是冷战时的概念,主要指的是美苏之间的战略稳定,尤其是核战略稳定。所谓"稳定"就是美苏相互威慑,特别是,美苏并未把这个原则用于其他国家之间的关系,因为他们具有优势。

但是,现在国际社会发生了重大的变化,我们需要如何来看待这个概念呢?我认为,现在的国际环境有两大战略变化。第一无论是全球还是地区战略格局都存在力量多极化或多元化趋势;第二随着新兴技术的兴起和发展,国际战略竞争的场域不断扩张。

第一个问题我解释一下,我们经常说"一超多强",可以说是准超极,也是准多极,别说是经济格局,就连核格局也存在多极化趋势。特别是,在地区层面,东亚地区已经是中俄朝——加上美国——四方格局了。我不敢想,如果朝鲜的核能力得到巩固,日韩对于美国的保护能力是否还如此信任。南亚是核三角关系,中东地区也有潜在的核危险,以色列和伊朗的关系基本可以代表了。无论是东方,还是西方,都面临着核危险。基于此,我们可以理解,为什么美国不会回到真正的孤立主义,甚至不可能采用英国曾用过的"离岸平衡"?为什么特朗普一上台,就首先增加20%的经费去加强核战略能力?因为它一旦退出——这在我们看来可能是它衰落的表现——当然,在一些美国政治家看来,这恰是衰退的原因。

就第二问题而言,传统的海陆空竞争,太空军事化已经到了不可逆转的阶段。导弹与反导弹系统、卫星与反卫星之间的矛盾,中俄携手、美日同盟,实际上已经形成了阵营。除物理空间外,世界还有网络空间。现在网络空间和其他空间是交织的,比如我们的取款机很可能受卫星GPS控制。所以,在这些领域中,我们应当重新思考战略稳定的含义,但这并不意味着可以忘记过去的原则。

这里,我再举两个例子。第一,俄罗斯的战略稳定观念是非常保守的,它的心结就是要永远抱着核武器。因此,它和头号大国美国之间的战略稳定是最根本的,其他国家不值一提。尽管有俄罗斯著名军事专家写过一本名为《睡着的龙已经醒过来了》的书,他认为,随着中国国防现代化和发展持续,俄国仅仅着眼于美国似乎不够,得把大国战略稳定关系延续到中国。但是,这种观点曲高和寡,因为整体上中俄战略稳定携手发展,这种观点没有太大市场。所以说,俄国的战略稳定思想还是比较传统的。

第二,冷战时期,中东地区美国的常规军力都是针对苏联的,所以美国特别强调他们的核报复战略和核打击能力。现在问题倒过来了,在解决地区问题时,俄罗斯经常说"我们不排除有限核力量的使用",也就是说美国其实反倒不再依赖核导,而俄罗斯却在2014年克里米亚危机时特别强调自己是"核大国"。

因此,看起来这种战略态势大不相同,但其道理是异曲同工。扬长避短、非对称性战略逻辑实际上和冷战一脉相承。这些例子说明,理解现实问题,其实可以借鉴思想史的内容。

在思想史对于理论的构建方面,我想说说几个观点。

首先,思想本身经常被拉入广义的理论范围,思想和理论虽然很有区别,但是,常常会被混同,这恰恰说明思想和理论有血肉联系的,我们无法理解"没有思想的理论"。思想史也是国内国际关系研究一些概念的来源,我们今天所说的主权、安全、同盟、外交、霸权、自由秩序等这些概念已经非常古老了,不是今天的发明,了解这一点有利于了解容易混淆的事实和概念。美国有位研究威尔逊的学者阿森·林克(Arthur S. Link),一辈子只研究威尔逊的思想,一辈子只搜集、编辑威尔逊的东西。在很多年前,他就提出,威尔逊思想很伟大,你们不要以为他是乌托邦主义、理想主义,实质上他是"更高层次的现实主义"(higher realism)。但是,我觉得尽管这样,他也"忽悠"不了我们,我们还是可以从他思想的独特风格、价值取向、精神气质中知道威尔逊是一个国际主义的代表。

第二点,今天大家喜欢谈论新旧的自由主义、保守主义,但如果没有思想史的参照,我们有时候真的会糊涂:何种自由?何处自由?保守什么?怎么保守?

第三点,我认为思想史对理论研究的作用还在于,它可以防止理论家过分强调当代问题的独特性和自身理论的优越性。它有助于培养我们谦虚、宽容、必要的自我怀疑和自我批判精神,避免理论的片面性和独断性。思想史的参照有助于理解国际关系理论研究方法论上所谓传统主义与实证主义的分歧。如果回到历史,笛卡尔和帕斯卡方法论上有没有分歧?这些问题实际上在十七和十八世纪早就讨论过了,这些我们不可忽视。

最后,科学的认识方式和方法论原则并不具有永恒的中立性,而总是蕴含着人类既有的概念方向、解释原则和价值观念。因此我们需要从人文主义的视角去理解科学,从而消灭双方的对峙。就理论的目的而言,温特曾经说过:"最终的问题在于国际关系学的目的是什么。"我们的国际思想史本身属于人文学,思想传统甚至有着某种政治哲学的味道。我们既需要国际关系的科学理论来解释现象,也需要国际关系的政治哲学来为实证科学提供思想和价值基础。国际思想史的根本意义就在于此。

当然,国际思想史的研究还需要注意方法论,有时要避免一些陷阱。

我们不能把所谓主义、层次、范式都看作僵硬的、不变的条条框框,或者彼此孤立的东西。

我们也不能因为关注其他主义提出的那些问题而忽视了其他问题,因为理论势必会被遮蔽。

我们也不能做简单的历史类比,即所谓过度的"六经注我",思想史研究的"六经注我"是不可避免的,但不可过度。例如,忽略某种思想在特定时期成为主流或者发生效应的具体条件,或者说为了迎合眼前的潮流与需要任意裁剪、扭曲思想传统的历史图景。

这样做当然会使其他的历史选择遮蔽。

还有更重要的一个问题,就是学术理论、学术思想的话语权问题。话语权的问题特别重要,福柯说"知识权力",其实就有话语权的意思。中国文化比较讲究包容,讲究多样性统一,"万物并育不相害",然而多样的世界和多元的价值有时真的不得不面对话语和文化上的霸权。所以,对于美国长期主导国际政治与国际政治学的话语权,我们是不是可以弱弱地说一句,"天下苦美久矣?"

1987年,艾伦·布鲁姆(Allan D. Bloom)写过一本非常有名的书,叫《走向封闭的美国精神》,当然也可以翻译成《走向封闭的美国心理》,我更喜欢后者。这本书主要是批判20世纪60年代以来美国盛行的道德相对主义,或者叫价值相对主义。相对主义的自然延伸就是多元主义,他批判相对主义自然就让多元主义受伤了,但是,布鲁姆实质上并不否认多样性。这本书对于我们今天看美国的对外关系或者在对外关系上的文化立场是不够用的,因为他没有注意到美国的另外一面,美国思想就对外关系而言,显然还有绝对主义和普遍主义的一面。由于美国长期以来在政治文化、社会核心价值观甚至意识形态方面的相对简单、整齐划一的状态——这是王缉思老师的观点,我也同意——这些年发生了变化,美国人对外又有优越感,所以其实他们的思想真的是越来越封闭,越来越僵化。

为什么不去看看欧洲呢?西方思想不仅仅只有美国思想。我们现在所熟知的现代思想大师十有八九都是欧洲人。福柯、拉康、德里达、斯蒂格勒、马尔库塞、哈贝马斯,太多太多了,这些欧洲思想家太厉害了。有一次,我读书的时候很感慨,当我看到欧洲思想以后,欧洲思想是理论园地的一朵奇葩,它们是人间富贵花。因为国际关系学在安全研究领域里,"巴黎学派""哥本哈根学派""威尔士学派"等,都是得益于哲学、社会学这些领域的成就。所以,我们为什么要眼睛只盯着美国呢?

基于同样的道理,我们要认清这样一个事实,与近现代民族体系生存和发展的历史进程有关,也与西方大国长期主导这个体系有关,因此,西方思想家在国际思想史上往往占据绝对主导的突出地位。

那么,现在我想问一个问题,在现在国家成员结构与价值基础已经发生重大变化的当代全球体系中,我们还有理由忽视非西方世界的思想资源吗?我们还有理由忽视发展中国家的理论与实践对世界政治产生的深刻影响吗?一个顺理成章的结论是,中国崛起的前提若存在,必将伴随,也理应伴随着中国思想与中国学说的崛起。

# 国际秩序与议题政治

# 身份分布与国际秩序未来:
## 中国的未来世界角色*

本特利·艾伦　斯尔詹·武切蒂奇　特德·霍普夫**
王守都　译

**内容摘要**　现有理论预测,中国的崛起将会引发霸权转移。目前关于此话题的争论集中在这种转移将会是以和平方式还是以暴力方式进行的路径差异上。但是,这个争论回避了对理解未来

---

\* 本文原刊于《国际组织杂志》(*International Organization*)2018年第72卷第4期,中文版有删节、增加和修订。南京大学政府管理学院国际政治专业硕士生戴菁菁和陈丽也承担了部分编校工作。关于该文章的补充材料请见 https://doi.org/10.1017/S0020818318000267。本文中文版权已经由南京大学亚太发展研究中心购买。《南大亚太评论》编辑部特别感谢本特利·艾伦教授和特德·霍普夫教授的支持。

\*\* 本特利·艾伦(Bentley B. Allan),约翰斯·霍普金斯大学政治科学系助理教授;斯尔詹·武切蒂奇(Srdjan Vucetic),加拿大渥太华大学国际与公共事务研究生院副教授;特德·霍普夫(Ted Hopf),新加坡国立大学政治科学系教授。

国际秩序至关重要的两个问题：目前的西方霸权秩序有多坚固？中国能够或愿意领导一次成功的反霸权挑战的可能性有多大？我们认为，国际秩序的未来不仅由物质力量塑造，也取决于大国之间的身份分布。由此，我们提供了一种针对霸权转移和霸权稳定的建构主义解读框架，试图将国际秩序中身份分布的角色理论化。在我们的框架中，各霸权秩序取决于在精英和大众两个层面上必须与身份分布一致的合法化意识形态。我们绘制出九个大国的身份分布，并评估了这种分布如何支撑当前西方的新自由主义民主霸权。本文最终得出结论，中国不可能在近期成为一个世界霸权国家。

**关键词** 身份分布 国际秩序 霸权秩序 中国

# 一、导　言

中国的崛起勾起了人们对霸权稳定和霸权转移理论研究的新兴趣。但是，在当前关于霸权未来的核心争论之中，现有研究并未充分触及一个核心问题：目前美国领导的西方霸权秩序有多牢固？中国能够或愿意领导一次成功的反霸权挑战的可能性有多大？现有著作或是关注军事—经济权力的影响，或是关注决策精英的信念制约。总而言之，这些研究所提供的霸权概念缺乏深度，这种路径将霸权转移还原为一系列由精英感知威胁与考量利益限定的物质性变量。正是因为它忽视了一系列结构以及观念上的障碍，这种缺乏深度的霸权概念夸大了中国称霸的可能性。也就是说，霸权秩序的稳定和霸权力量还取决于大国的观念及身份分配。为了评估霸权的前景,我们必须审视其他大国国内话语中统率霸权意识形态的支持论据。

三十年前,罗伯特·考克斯(Robert Cox)介绍了一种具有厚重感的霸权观念,即一种由获得其他国家和公众"某种程度认可"的意识形态来支撑的经济、军事和政治支配。① 但是,和其他霸权理论家一样,考克斯并未给这些概念制约或塑造霸权稳定与霸权转移以过多的回旋空间。此外,考克斯也并未遵循葛兰西主义的观点,即霸权不仅依赖精英信念还取决于大众常识。② 我们基于考克斯的思想洞见建构了一个霸权稳定与霸权转移的建构主义理论。我们的理论认为,大国群体中的身份分布制约并塑造了霸权稳定与霸权转移的相关动力。当主导的霸权意识形态获得了身份分布的支持,那么,这个霸权秩序就有可能在主导国衰落的情况下继续保持稳定。如果霸权秩序的意识形态迎合了精英和大众对各大国国家身份认同的理解,那么,霸权秩序就会变得更加牢固。反之,只有当霸权意识形态和身份分布存在分裂的时候,霸权转移才更有可能出现。但是,当且仅当反霸权联盟能够通过身份分布汲取意识形态力量时,霸权转移才会成功。否则,其他国家会发现,替代性的秩序并不具有吸引力,也不是它们想要的,并发现挑战者无法为这一秩序提供支持。

---

① Robert Cox, *Production, Power, and World Order: Social Forces in the Making of History*, New York: Columbia University Press, 1987, p. 7.
② 请见 Ted Hopf, "Common-Sense Constructivism and Hegemony in World Politics," *International Organization*, Vol. 67, No. 2, 2013, pp. 317–354.

我们的实证分析建立在 2010 年九个大国的身份分布原创绘图之上,这九个国家分别为巴西、中国、法国、德国、印度、日本、俄罗斯、英国以及美国。① 数据源自正在开发中的"使身份认同更有意义:国家身份认同数据库"(Making Identity Count: A National Identity Database)项目。② 我们培训并指导了多位分析人员,他们都具备相关国家的语言运用能力,我们的数据便是基于这些分析人员的话语分析。每一位分析人员都会研究一份标准化的文本样本,包括政治演讲、报纸、高中历史课本、小说以及电影等材料。他们诉诸简单的归纳性编码原则来呈现各国用以界定并理解国家身份的不同类别。③ 然后,分析人员研究形成一系列报告,其中既包括对核心身份类别的量化记录,也包括对文本意义的解释性叙

---

① 定义"大国"的方法有很多。我们同时注重军事—经济以及制度因素。依据 2007 年的复合国家实力指数(CINC)排名,文中所包括的九个大国都位居前十。韩国位居第八(CINC 指数为 0.23),领先于英国(0.21)和法国(0.18),但是,英法两国是联合国安理会常任理事国,因此,本文将这两国包含于评估之中;参见 NMC v. 4.0, J. David Singer, Stuart Bremer and John Stuckey, "Capability Distribution, Uncertainty, and Major Power War, 1820 – 1965," in Bruce Russet ed., *Peace, War, and Numbers*, Beverly Hills, CA: Sage, 1972, pp. 19 – 48.

② 关于该项目的进一步介绍,请见 Ted Hopf and Bentley B. Allan eds., *Making Identity Count: Building a National Identity Database*, New York: Oxford University Press, 2016.

③ 有关国家身份话语的相关信息,请见 Bentley B. Allan, "Recovering Discourses of National Identity," in Ted Hopf and Bentley B. Allan eds., *Making Identity Count: Building a National Identity Database*, New York: Oxford University Press, 2016, pp. 20 – 44; Ted Hopf, *The Social Construction of International Politics*, Ithaca, NY: Cornell University Press, 2002.

述。这种绘图方法有助于揭示西方霸权秩序的构成基础:精英信念以及大众常识。

我们的主要观点是,身份分布是中国承继霸权的体系层次障碍。首先,我们发现了各大国的精英和大众强烈支持民主和新自由主义霸权意识形态。尤其值得一提的是,在西方核心国家联盟之外,其他国家也存在对该秩序意识形态观念的强劲支持。因此,即使在中国崛起以及美国衰弱的情况之下,美国领导的秩序仍然可能保持稳定。① 其次,民主及新自由主义霸权意识形态有效地将具有所谓威权国家身份的国家如中国排除在现有秩序全面成员资格之外。因此,中国无法加入并从内部改变这个秩序。第三,我们认为,中国可能无法吸引强大的追随国家并将其纳入反霸权联盟之中。中国的国家身份认同话语是孤立的(insular)和宣传式的(propagandistic),因此,中国难以形成某种意识形态或愿景的基础从而支撑其身份认同分布。尽管中国在其他大国之中可能寻求培养一种有利的身份分布,但是,这一过程可能费时数十年,而且前进路途荆棘遍布。总而言之,在可预见的未来,身份分布将成为中国的霸权前景的强大阻碍因素。当然,我们的数据还表明,国际

---

① 在此,我们的观点支持并试图再次复苏霸权稳定论,请见 Robert Keohane, *After Hegemony: Cooperation and Discord in the World Political Economy*, Princeton, NJ: Princeton University Press, 1984; John G. Ruggie, "International Regimes, Transactions, and Change: Embedded Liberalism in the Postwar Economic Order," *International Organization*, Vol. 36, No. 2, 1982, pp. 379 - 415; Duncan Snidal, "The Limits of Hegemonic Stability Theory," *International Organization*, Vol. 39, No. 4, 1985, pp. 579 - 614.

层面上的大众群体普遍对新自由主义市场表达的不满情绪,可能被借势用于塑造包括若干国家在内的社会民主、民粹主义以及民主反霸权联盟。但是,基于这些假定,国际社会并没有出现支撑且合法化霸权秩序的替代性意识形态。在缺乏具有内聚性的替代性意识形态选项的情况下,反新自由主义的民粹主义崛起更可能导致的是霸权秩序的解体,而非霸权转移或更替。

## 二、国际秩序中的霸权与变迁

根据常规观点,霸权转移意指国际领导地位从一个主导的军事—经济强国转移到另一个军事—经济大国,其核心问题是这种转移过程究竟是暴力转移还是和平转换。① 这意味着,中国或是其他"贝希摩斯(Behemoth)式"的大国崛起仅仅是军事—经济维

---

① 请见 Graham Allison, *Thucydides's Trap Case File*, Cambridge: Belfer Center for Science and International Affairs, 2016, http://belfercenter.ksg.harvard.edu/publication/25760/thucydides_trap_project.html; Robert Cox, *Production, Power, and World Order: Social Forces in the Making of History*, New York: Columbia University Press, 1987; Robert Gilpin, *War and Change in World Politics*, New York: Cambridge University Press, 1981; Paul Kennedy, *The Rise and Fall of the Great Powers*. New York: Vintage, 1987; Jacek Kugler and Douglas Lemke, eds., *Parity and War: Evaluations and Extensions of the War Ledger*, Ann Arbor: University of Michigan Press, 1996; A. F. K. Organski and Jacek Kugler, *The War Ledger*, Chicago: University of Chicago Press, 1980; Richard Saull, "Rethinking Hegemony: Uneven Development, Historical Blocs, and the World Economic Crisis," *International Studies Quarterly*, Vol. 56, No. 2, 2012, pp. 323 - 338.

度的霸权转移。当转移发生之时,精英阶层的认知和信念可能改变霸权转移的暴力程度、发生时间以及新现的种种规则等,但是,霸权转移本身被认为只是由物质力量因素所推动。尽管一些理论家曾经认识到理念的重要性,但是,在实际的理论构建中,理念却沦为功能性的或次要的角色。①

例如,考克斯试图避免经典马克思主义的物质决定论,致力于展示世界秩序之制度和观念结构的重要角色。② 但是,考克斯的实证研究并没有展现理念如何影响霸权稳定或霸权转移。在关注1848年至1873年间的自由秩序稳定以及随之而来(从19世纪70年代到1945年)的主导国际秩序的福利民族主义秩序时,考克斯的解释主要基于经济学的角度。他将"稳定"解释为一种通过"资本创新"来协调阶级冲突和变迁的国家能力的函数。③ 在随后的

---

① 该观点在二十多年前就已经出现,请见 G. John Ikenberry and Charles A. Kupchan, "Socialization and Hegemonic Power," *International Organization*, Vol. 44, No. 3, 1990, pp. 288 - 289。其他例子请参见 Robert Gilpin, *War and Change in World Politics*, New York: Cambridge University Press, 1981, p. 34; Robert Keohane, *After Hegemony: Cooperation and Discord in the World Political Economy*, Princeton, NJ: Princeton University Press, 1984, p. 45; A. F. K. Organski and Jacek Kugler, *The War Ledger*, Chicago: University of Chicago Press, 1980, pp. 39 - 40.

② Robert Cox, *Production, Power, and World Order: Social Forces in the Making of History*, New York: Columbia University Press, 1987, p. 159.

③ Robert Cox, *Production, Power, and World Order: Social Forces in the Making of History*, New York: Columbia University Press, 1987, pp. 147, 161.

叙述中，理念出现并充当了一种生产之社会秩序的正当化理由。因此，理念成为资本变化的功能性回应，它们既无法塑造秩序内容也无法约束霸权动力。

其他的路径也认可理念拥有某种程度的自治影响力，但是，它们主要关注精英认知和相关信念。例如，奥根斯基（A. F. K. Organski）和库格勒（Jacek Kugler）认为，"重大战争的爆发是由国际体系权力结构变化以及精英阶层战斗意愿共同造成的……只有当一个不满足现状的国家试图追赶主导大国时，战争才会爆发"①。其中，观念可以塑造意愿和满意度，但是，此概念被狭义地界定为"精英认知"。② 无独有偶，基欧汉（Robert Keohane）也认识到理念的重要性，但是，他也将这些理念还原为一种支持霸权是否符合其利益的精英信念："霸权依赖于次级国家中精英们的主观意识。"③伊肯伯里（G. John Ikenberry）和库普乾（Charles A. Kupchan）拓展了对理念概念的理解，将其囊括进规范、价值、利益以及偏好等因素，但是，他们依然只关注何时以及为何"国外精英愿意接受国际秩序的霸权观"④。

---

① A. F. K. Organski and Jacek Kugler, *The War Ledger*, Chicago: University of Chicago Press, 1980, p. 39.

② A. F. K. Organski and Jacek Kugler, *The War Ledger*, Chicago: University of Chicago Press, 1980, p. 40.

③ Robert Keohane, *After Hegemony: Cooperation and Discord in the World Political Economy*, Princeton, NJ: Princeton University Press, 1984, pp. 45, 137.

④ G. John Ikenberry and Charles A. Kupchan, "Socialization and Hegemonic Power," *International Organization*, Vol. 44, No. 3, 1990, p. 285.

关注中国崛起的相关文献也倾向于聚集中国精英的信念和政治计算。① 施韦勒(Randall L. Schweller)和蒲晓宇(Xiaoyu Pu)坚称,如果中国要对美国霸权发起真正的改变现状的挑战,那么,

---

① Shaun Breslin, "China and the Global Order: Signaling Threat or Friendship?"*International Affairs*, Vol. 89, No. 3, 2013, pp. 615 – 634; William Callahan, "Chinese Visions of World Order: Post-Hegemonic or a New Hegemony?" *International Studies Review*, Vol. 10, No. 4, 2008, pp. 749 – 761; Rosemary Foot, "Chinese Strategies in a US-Hegemonic Global Order: Accommodating and Hedging," *International Affairs*, Vol. 82, No. 1, 2006, pp. 77 – 94; Jeffrey W. Legro, "What China Will Want: The Future Intentions of a Rising Power," *Perspectives on Politics*, Vol. 5, No. 3, 2007, pp. 515 – 534; Randall L. Schweller and Xiaoyu Pu, "After Unipolarity: China's Visions of International Order in an Era of US Decline," *International Security*, Vol. 36, No. 1, 2011, pp. 41 – 72. 有关从物质力量角度解释中国崛起的相关文献,请见 Thomas J. Christensen, "Fostering Stability or Creating a Monster: The Rise of China and US Policy Toward East Asia," *International Security*, Vol. 31, No. 1, 2006, pp. 81 – 126; Aaron Friedberg, *A Contest for Supremacy: China, America, and the Struggle for Mastery in Asia*, New York: W. W. Norton, 2011; John Mearsheimer, "The Gathering Storm: China's Challenge to US Power in Asia," *Chinese Journal of International Relations*, Vol. 3, No. 4, 2010, pp. 381 – 396. 关于通过非物质力量途径解释中国崛起的相关文献,请见 Tung-Chieh Tsai and Tony Tai-Ting Liu, "Hegemonic Turnover in East Asia: A Historical Review Since the Nineteenth Century," in David Walton and Emilian Kavalski, eds., *Power Transition in Asia*, New York: Routledge, 2017, pp. 26 – 44; Feng Zhang, *Chinese Hegemony: Grand Strategy and International Institutions in East Asia*, Stanford, CA: Stanford University Press, 2015; Yongjing Zhang, "China and the Struggle for Legitimacy of a Rising Power," *Chinese Journal of International Politics*, Vol. 8, No. 3, 2015, pp. 301 – 322.

中国就必须挑战目前占主导地位的意识形态。① 这一观点非常重要,但是,他们的实证研究只局限于中国人的信念,无法呈现中国在体系层次上去合法化行为成功的可能性。毕竟,去合法化或是反霸权动员的前景,取决于其他大国的话语对嵌入现存霸权意识形态中的信念和目的的反应与接受程度。

同样,尽管伊肯伯里致力于进一步突出观念的重要性,但他还是对其言过于轻。伊肯伯里分析了自由秩序的观念性特征,并对中国将来加入或挑战现有秩序的可能性进行了评估。② 他总结道,既然自由秩序追求"开放",并且不完全基于"公平"规则之上,那么,它可以容纳中国及其他崛起大国。③ 伊肯伯里辩称,国际秩序的未来"取决于"中国的抉择。④ 这种推论将霸权转移中的理念角色还原为中国精英阶层是否加入秩序的相关决定。但是,其更深层次问题在于,伊肯伯里所持有的浅薄霸权概念使他错失了展现秩序之意识形态因素可以制约霸权转移过程的可能性。

---

① Randall L. Schweller and Xiaoyu Pu, "After Unipolarity: China's Visions of International Order in an Era of US Decline," *International Security*, Vol. 36, No. 1, 2011, pp. 41–72.

② G. John Ikenberry, *After Victory: Institutions, Strategic Restraint, and the Rebuilding of Order After Major Wars*, Princeton, NJ: Princeton University Press, 2001, pp. 343–344.

③ G. John Ikenberry, *After Victory: Institutions, Strategic Restraint, and the Rebuilding of Order After Major Wars*, Princeton, NJ: Princeton University Press, 2001, pp. 345–346.

④ G. John Ikenberry, *After Victory: Institutions, Strategic Restraint, and the Rebuilding of Order After Major Wars*, Princeton, NJ: Princeton University Press, 2001, p. 343.

如果霸权仅仅是那种由精英信念所决定的、以规则为基础的秩序之领导地位，那么，从理论上而言，它可以吸纳任何崛起国家。但是，如果霸权是一种同时涵盖精英和大众信念的厚层现象，那么，秩序的实质性理念内容，而非其抽象形式，则成为一种关键要素。基于这个有利论点，伊肯伯里的分析无法解释中国进入美国主导的秩序所面临的主要理念障碍，即所谓的西方意识形态民主核心使中国的政治体制特征展现非合法化的一面。中国无法真正融入那个可能瓦解自身国内统治基础的国际秩序之中。即使是西方自由国家希望改变其意识形态要求，它们是否能够在大多数自由国家内获得大众对民主理想的支撑，这依然是一团迷雾。中国及美国领导下的霸权国家联盟的相关行动都受到主导性意识形态以及植根其国内的大众话语约束。

库普乾认为，"理解并控制国际变迁不仅需要研究物质力量的改变，还需要关注秩序之中相互竞争的规范"[①]。对库普乾而言，霸权转移的过程开始于崛起国"试图在自己不断扩大的势力范围之内推行一套独有的秩序排列规范，这种规范源于其自身文化、社会经济以及政治导向"[②]。基于此，崛起国与霸权国在规范上必然

---

[①] Charles A. Kupchan, "The Normative Foundations of Hegemony and the Coming Challenge to Pax Americana," *Security Studies*, Vol. 23, No. 2, 2014, p. 220.

[②] Charles A. Kupchan, "The Normative Foundations of Hegemony and the Coming Challenge to Pax Americana," *Security Studies*, Vol. 23, No. 2, 2014, p. 226.

存在冲突摩擦。①库普乾一语中的,即霸权理论既要解释秩序的经济—军事因素,也需要解释规范和观念因素。但是,他并未具体说明经济和军事力量何时可以转变为一种成功的规范性秩序。毕竟,即使一国拥有经济军事实力,也不能保证其他国家就会信服该国的秩序观。简言之,中国为其霸权谋划成功培育意识形态支持的可能性取决于它在其他各大国中的身份认同分布。

除此之外,库普乾也并未提供中国信念或其他强权信念的系统性分析。②若想要理解规范秩序性冲突如何爆发,我们就需要进一步了解理念的分配。秩序规范性因素的核心在多大的范围内得到认可并深入人心?在其他精英或大众中,是否存在一部分人支持崛起国的秩序观?如果我们想要理解现有秩序的稳定性和创设一种由崛起国领导的替代秩序的前景,这些都是必须要回答的核心问题。毕竟,库普乾只是简单地提出,崛起的超级大国将会与美国的秩序相互冲突。③然而,这是一个依赖于将什么国家或什么议题视为威胁的实证问题,而这一问题则取决于理念的分配。

---

① Charles A. Kupchan, "The Normative Foundations of Hegemony and the Coming Challenge to Pax Americana," *Security Studies*, Vol. 23, No. 2, 2014, p. 252.

② 通过分析二手文献,库普乾认为,中国可能在"中国化的势力范围"之内行动。该观点可以通过更为系统性地分析中国精英和大众信念得到支持。请见 Charles A. Kupchan, "The Normative Foundations of Hegemony and the Coming Challenge to Pax Americana," *Security Studies*, Vol. 23, No. 2, 2014, pp. 253 - 255.

③ Charles A. Kupchan, "The Normative Foundations of Hegemony and the Coming Challenge to Pax Americana," *Security Studies*, Vol. 23, No. 2, 2014, p. 252.

综上所述,尽管很多理论都认可理念的角色,但是,关于霸权稳定和霸权转移的相关叙述仍然倾向于将理念局限于主导国家的精英信条之中。这些路径低估了大众信念的力量,也低估了其他大国理念的显著性。这些研究忽视的恰是,霸权是一种结构现象,它以权力结构和精英、大众之观念分配为基础。其结果是霸权稳定与霸权变迁的基本动力并未得到较好理解,美国和中国的霸权前景也无法得到充分评估。

## 三、身份、意识形态以及霸权秩序构成

与那些无法提供深度霸权概念的以中国崛起为主题的文献不同,我们理论立足于考克斯、鲁杰(John G. Ruggie)和其他学者对霸权概念的深厚理解之上。[①] 考克斯将霸权定义为"一种特定的

---

① Robert Cox, *Production, Power, and World Order: Social Forces in the Making of History*, New York: Columbia University Press, 1987; John G. Ruggie, "International Regimes, Transactions, and Change: Embedded Liberalism in the Postwar Economic Order," *International Organization*, Vol. 36, No. 2, 1982, pp. 379–415. 也可以见 Ian Clark, *Hegemony in International Society*, New York: Oxford University Press, 2011; Martha Finnemore, "Legitimacy, Hypocrisy, and the Social Structure of Unipolarity: Why Being a Unipole Isn't All It's Cracked Up to Be," *World Politics*, Vol. 61, No. 1, 2009, pp. 58–85; Daniel H. Nexon and Iver B. Neumann, "Hegemonic-Order Theory: A Field-Theoretic Account," *European Journal of International Relations*, 2017, https://doi.org/10.1177/1354066117716524; Owen Worth, "Recasting Gramsci in International Politics," *Review of International Studies*, Vol. 37, No. 1, 2011, pp. 373–392; Yongjing Zhang, "China and the Struggle for Legitimacy of a Rising Power," *Chinese Journal of International Politics*, Vol. 8, No. 3, 2015, pp. 301–322.

统治方式,其中主导国家创立的秩序在意识形态上得到广泛的认同"①。对考克斯而言,霸权秩序是由"不同国家的社会阶级之相互利益和意识形态视角"所支撑的世界性生产体系。② 因此,秩序依赖于一套普遍性的意识形态原则,这些原则会说服那些"不那么强大的国家"相信其利益与主导国和统治阶级的利益一致。③ 因此,霸权秩序内含三个要素:主导国(或国家联盟)、合法化的意识形态,以及在全球范围内充当传送带和社会化机制从而传播意识形态的制度网络。这些相互连接的元素将不同国家的社会阶级融入一个具有内聚性的生产体系之中,并支撑起考克斯所说的"世界秩序"。

考克斯的霸权概念以单独生产模式建构为中心,这与一般意义上的马克思著作如出一辙。④ 因此,考克斯通过考察跨国性社会力量能否推动政治经济系统聚合,而将霸权秩序和非秩序(non-order)做了区分。为了更好地展现我们的分析,本文立足于根据当前文献并聚焦更加宽泛意义上的"国际秩序"概念。国际秩序是

---

① Robert Cox, *Production, Power, and World Order: Social Forces in the Making of History*, New York: Columbia University Press, 1987, p. 7.

② Robert Cox, *Production, Power, and World Order: Social Forces in the Making of History*, New York: Columbia University Press, 1987.

③ Robert Cox, *Production, Power, and World Order: Social Forces in the Making of History*, New York: Columbia University Press, 1987.

④ 近年来,若干葛兰西主义的衍生理论区分了秩序内部的不同资本主义类型,请见 Mark Rupert, *Ideologies of Globalization*, London: Routledge, 2006; Richard Saull, "Rethinking Hegemony: Uneven Development, Historical Blocs, and the World Economic Crisis," *International Studies Quarterly*, Vol. 56, No. 2, 2012, pp. 323 - 338.

有规律的、持久的国家行为模式(外交政策和互动流程)。① 一种秩序可能依托于一种世界范围内的生产模式,但这并不是秩序形成的必要条件。国际秩序由潜在的制度、规则、规范以及话语来构造并塑造国家实践。② 基本结构由所有团体(国家、组织、公民社会团体、公司等)构成并再生,它们的行动也塑造着国家行为。这些行为模式可能与战争、外交、金融体系、贸易体制、发展战略、人道主义行动等相关。因此,秩序是对跨越不同领域的不同实践的重构。在一致持久的秩序之中,不同领域的实践通过重叠的价值和规范紧密地联系在一起,例如自十九世纪六十年代以来国际秩序中的自由规范的显著角色。但是,价值和规范本身并不构成秩序。相反,只有当跨领域的行为和实践类型在一段较长时期内稳定或展现常规特征的时候,我们才意识到国际秩序的存在。

霸权秩序是一种特殊的国际秩序,其中,领导国或联盟可以对其他大国或中等国家制定或强加各种规则。和考克斯一样,我们坚持认为,如果无法通过生产或再生产合法的意识形态来维系广

---

① 例如,请参见 Hedley Bull, *The Anarchical Society: A Study of Order in World Politics*, New York: Columbia University Press, 1977, pp. 7 - 8. 一些学者根据构成秩序的制度和规则来定义秩序,请见 G. John Ikenberry, *After Victory: Institutions, Strategic Restraint, and the Rebuilding of Order After Major Wars*, Princeton, NJ: Princeton University Press, 2001, p. 23。关于为什么采用行为方面的定义,请见 Randall L. Schweller, "The Problem of International Order Revisited: A Review Essay," *International Security*, Vol. 26, No. 1, 2001, pp. 161 - 186.

② 请见 Bentley B. Allan, *Scientific Cosmology and International Orders*, Cambridge, UK: Cambridge University Press, 2018, pp. 31 - 46.

泛的认同,那么,霸权国将无法推广规则。合法化的意识形态旨在促进并保护那些构建国际秩序的被认为理所当然的规则和理念。① 霸权和帝国(纯粹宰制)之间的主要区别在于,霸权不会总是使用强力胁迫手段。② 恰恰相反,其他大国愿意接受霸权国的领导,正是因为它们在这种秩序之下也能找到自身的一席之地。此外,由合法意识形态所支持的霸权国,在其干涉违反国内偏好或普遍接受的行为标准时,面对的抵抗会更少。当支撑的意识形态缺乏合法性时,霸权国就会发现自己难以领导并吸引其追随者。

但是,考克斯和他的前辈一样过度强调有意识的精英信念,因

---

① Janice Bially Mattern, *Ordering International Politics: Identity, Crisis and Representational Force*, New York: Routledge, 2005; Hedley Bull, *The Anarchical Society: A Study of Order in World Politics*, New York: Columbia University Press, 1977, pp. 24 - 27; Martha Finnemore, "Legitimacy, Hypocrisy, and the Social Structure of Unipolarity: Why Being a Unipole Isn't All It's Cracked Up to Be," *World Politics*, Vol. 61, No. 1, 2009, p. 62; Evelyn Goh, *The Struggle for Order: Hegemony, Hierarchy, and the Transition in Post-Cold War East Asia*, Oxford: Oxford University Press, 2013, pp. 8 - 9; Alexander Wendt, *Social Theory of International Politics*, Cambridge, UK: Cambridge University Press, 1999, pp. 206, 310; Yongjing Zhang, "China and the Struggle for Legitimacy of a Rising Power," *Chinese Journal of International Politics*, Vol. 8, No. 3, 2015, p. 322.

② Robert Cox, *Production, Power, and World Order: Social Forces in the Making of History*, New York: Columbia University Press, 1987; Martha Finnemore, "Legitimacy, Hypocrisy, and the Social Structure of Unipolarity: Why Being a Unipole Isn't All It's Cracked Up to Be,"*World Politics*, Vol. 61, No. 1, 2009, p. 62; Evelyn Goh, *The Struggle for Order: Hegemony, Hierarchy, and the Transition in Post-Cold War East Asia*, Oxford: Oxford University Press, 2013, pp. 4 - 6.

此忽视了合法性的另一个有力源泉,也就是,那些被认为理所当然的大众群体的常识性信念。这点疏漏着实令人遗憾,因为考克斯自己就曾宣称,霸权依赖于各社会中"不那么强大的国家"的认同程度,当然,无论如何,这些国家都需要置身于世界的生产体系之中。鉴于此,认同必须立足于一些信念,即这些信念能够在精英和大众层次上构建日常社会与政治生活中良善与可欲的相关理解。这曾是葛兰西最重要的论断,但是,考克斯没有将其纳入自己的葛兰西国际霸权理论之中。包含精英和大众信念的霸权概念意味着一种独树一帜的霸权转移理论的出现,其中,这些常识性观念扮演着核心角色。[①]

(一) 意识形态、常识与制度

对葛兰西而言,统治精英塑造了一种霸权意识形态,从而将自身利益描述为大众的普遍利益。如此一来,霸权意识形态就是理念的集合,而这些理念被精心组合在一起,从而推动实现统治阶级的利益。霸权意识形态的设计初衷就是吸引其他统治阶级精英成员,吸收附属的社会阶级。葛兰西认为,在不考虑大众"常识"(*senso comune*)的情况下,意识形态霸权不可能得以建立。[②] 他将常识定义为"非职业哲学家的哲学,是对世界不假思索地予以吸收

---

[①] Ted Hopf, "Common-Sense Constructivism and Hegemony in World Politics," *International Organization*, Vol. 67, No. 2, 2013, pp. 317 - 354.

[②] Antonio Gramsci, *Selections from the Prison Notebooks*, edited and translated by Quintin Hoare and Geoffrey Nowell Smith, New York: International Publishers, 1971, p. 425.

的概念化"①。这是关于世界如何以良善和正义方式前行的若干理念的组合,这也是一种不一致的、多维度的民间哲学。

常识恰是精心筹划旨在迎合观众的内聚性意识形态的反面。但是,除非霸权意识形态与大众的日常常识产生共鸣,否则这种意识形态将无法在大众群体中得以确立。例如,一个农民的意识,即他的劳动应该为其家庭换来物质保障,并不是任何意识形态的一部分。但是,如果一个人试图建构一种资本主义意识形态,那么,他就必须寻找一种方法整合并容纳这些期待。如果人们想要利用并塑造常识,或者使它变得更加一致,以至成为霸权计划中不可分割的一部分,那么相关人士就必须从"了解"常识上升到"理解并去感知"这种常识。② 当然,从长远看来,国家机器可以塑造常识。权力和常识存在于一种辩证启发的关系中。尽管如此,人们无法轻易地或彻底地操控常识。因此,葛兰西认为,无论是霸权运动,还是反霸权运动,都需要以这样一种意识形态作为开端:这种意识形态是"一种已经享有或能够享有某种传播的哲学开始的事情,因为它是和实际生活相联系并暗含其中的,对它进行精心斟酌,它就

---

① Antonio Gramsci, *Selections from the Prison Notebooks*, edited and translated by Quintin Hoare and Geoffrey Nowell Smith, New York: International Publishers, 1971, pp. 198–99.

② Antonio Gramsci, *Selections from the Prison Notebooks*, edited and translated by Quintin Hoare and Geoffrey Nowell Smith, New York: International Publishers, 1971, p. 418.

变成一种融贯一致的、得到各个哲学家支持的更新了的常识"①。精英意识形态与大众常识连接地愈发紧密,这种意识形态就会愈加强大并充满活力。

我们的霸权稳定和转移理论始于葛兰西的基本观点,即意识形态必须在大众之中获得霸权地位。也就是说,国际秩序必须得到那些吸引所有超级大国和大众群体常识的意识形态的支撑。我们假定现存秩序由能够使民主和新自由主义保持稳定的意识形态所支持。在一个充斥着新自由主义政策的民主世界中,这种意识形态代表了美国的霸权利益。显然,主导意识形态的意义并不仅限于此。但是,出于研究目标的考虑,我们只关注文献中的这两个方面。②

新自由主义民主的霸权意识形态超越精英阶层、深入公民社会和大众之中的程度越深,霸权的力量就会更加强大。从国际层面来看,薄弱的意识形态霸权只可能吸引其他大国里的精英,而更

---

① Antonio Gramsci, *Selections from the Prison Notebooks*, edited and translated by Quintin Hoare and Geoffrey Nowell Smith, New York: International Publishers, 1971, p. 330. 中文翻译参考自:安东尼奥·葛兰西:《狱中札记》,曹雷雨、姜丽、张跣译,河南大学出版社、重庆出版社,2016年版,第239页。——译者注

② Amitav Acharya, *The End of American World Order*, Cambridge, UK: Polity Press, 2014; G. John Ikenberry, *Liberal Leviathan: The Origins, Crisis, and Transformation of the American World Order*, Princeton, NJ: Princeton University Press, 2011; Mark Rupert, *Ideologies of Globalization*, London: Routledge, 2006; Richard Saull, "Rethinking Hegemony: Uneven Development, Historical Blocs, and the World Economic Crisis," *International Studies Quarterly*, Vol. 56, No. 2, 2012, pp. 323 – 338.

加厚实、更为持久和更为全面的意识形态霸权也会被大众群体作为一种符合常识的议题而接受。在超级大国中,民众越是将民主视为符合常理的路径并在政治系统和市场中将其作为管理经济的理所应当的方法,我们就越能宣称西方新自由主义民主意识形态是一种霸权。

葛兰西并未详尽解释如何知晓、了解以及感知常识,也没有解释什么样的制度可以生产或再生产这种常识。作为对葛兰西著作最为重要的马克思主义解读者,阿尔都塞(Louis Althusser)认为,葛兰西是一个孤独的学者,他"拥有'不同寻常'的理念,即国家不应该被还原成国家(镇压)的机器,如他所言,国家应该包括若干来自'公民社会'的机构:教会、学校、贸易联盟等等"[1]。对葛兰西而言,恰是"公民社会中的各种集团联合体"在意识形态地位战争中充当了"战壕以及永久的堡垒"。[2] 不幸的是,阿尔都塞对"葛兰西未将他的制度系统化"感到十分惋惜。[3] 当然,理解霸权意识形态力量的关键还在于理解常识与意识形态相互交汇的制度平台(institutional sites)。

在将葛兰西理论运用到国际关系理论中时,考克斯仅仅是在讨论英国治下的和平和美国治下的和平时,才将国际制度在意识

---

[1] Louis Althusser, *Lenin and Philosophy*, London: New Left Books, 1971, p.142.

[2] Antonio Gramsci, *Selections from the Prison Notebooks*, edited and translated by Quintin Hoare and Geoffrey Nowell Smith, New York: International Publishers, 1971, p.243.

[3] Louis Althusser, *Lenin and Philosophy*, London: New Left Books, 1971, p.142.

形态霸权的生产与再生产中的角色理论化。① 他集中观察英美两国在管理全球资本主义经济时使用的精英制度——伦敦都市、国际货币基金组织、关税贸易总协定/世贸组织以及世界银行,他并没有分析更宽广适用范围中的各种制度,而这些制度可能会展现意识形态与葛兰西视野下的常识之间的关系。因此,我们若想知道一个霸权意识形态稳固且严谨的程度,那么,一个问题随之而来,即如何操作并测量常识呢?

### (二) 国家身份与霸权秩序

在国际层面上,我们拥有若干操作和测量尝试的方法。我们认为,常识在国家身份的话语建构中扮演着重要角色。我们将国家身份定义为一系列关于构成国家自我以及展现国家成员意义的社会分类。② 基于此定义,一国不可能只有一种国家身份。相反,特定国家会存在包含多种国家身份种类和概念的话语,行为体可以借此在社会政治生活中构成行为、塑造意义并提出主张。在我们看来,对国家身份的理解已经嵌入精英阶层和大众常识认为理所当然的诉求和认知中。③ 它们在日常生活中依赖并且不断制造这种理解。因此,国家身份的种类可以在"特定社会状态下口述与

---

① Robert Cox, *Production, Power, and World Order: Social Forces in the Making of History*, New York: Columbia University Press, 1987.

② 有关对于身份的一般界定,请见 Rawi Abdelal, Herrera Yoshiko, Alastair Iain Johnston and Rose McDermott, eds. *Measuring Identity: A Guide for Social Scientists*, New York: Cambridge University Press, 2009, p. 19.

③ 请见 Ted Hopf, *The Social Construction of International Politics*, Ithaca, NY: Cornell University Press, 2002.

文字记录的任何资料,以及当今通过电子媒介印制、谈论和呈现出来的任何资料"中找到。① 因此,我们可以通过对现代国家中流转的各种身份种类进行分析,并以此来研究常识。不仅如此,我们还可以通过揭示国家身份话语来评判特定国家平日常识对霸权意识形态的接受或拒绝程度。简言之,我们认为当国家身份话语与霸权意识形态产生共鸣之时,霸权意识形态最具活力。

那么,大国的国家身份话语怎样影响各霸权秩序的强度和内容呢? 我们的解释强调了两种连接国内身份话语与霸权秩序支持的机制。首先,数量很多的文献都表明,身份话语能够在国内层次塑造外交政策决策。② 作为国内常识的一部分,身份话语包括构成外交政策特性的启发式类别和概念。③ 也就是说,身份话语有助于塑造那些都被精英和大众接受或认为是理所当然的政策。同时,这也有助于界定哪些国家应该被视作威胁,而哪些国家应该被

---

① Marc Angenot, "Social Discourse Analysis: Outlines of a Research Project," *Yale Journal of Criticism*, Vol. 17, No. 2, 2004, p. 200. 另请见 Madan Sarup, *Identity, Culture and the Postmodern World*, Edinburgh: Edinburgh University Press, 1996, p. 25.

② 有关最新的文献综述,请见 Srdjan Vucetic, "Identity and Foreign Policy," *Oxford Research Encyclopedia of Politics*, 2017, http://politics.oxfordre.com/view/10.1093/acrefore/9780190228637.001.0001/acrefore-9780190228637-e-435.

③ Ted Hopf, *The Social Construction of International Politics*, Ithaca, NY: Cornell University Press, 2002; Iver B. Neumann and Vincent Pouliot, "Untimely Russia: Hysteresis in Russian-Western Relations over the Past Millennium," *Security Studies*, Vol. 20, No. 1, 2011, pp. 105 – 137.

视作朋友或盟友。① 在精英层次上,外交政策制定者是公民,因此,他们很可能利用常识来构建自己对国际政治的信念。② 在大众层次上,广泛认同的各种国内身份使相应政策比其他政策更加自然,也更容易得到大众的接受,以此来限制决策者或赋予决策者更大权限。③ 决策制定者不可能一直制定一些离奇无状或对政治

---

① Alexander Wendt, *Social Theory of International Politics*, Cambridge, UK: Cambridge University Press, 1999, p. 106. 另请见 Robert G. Herman, "Identity, Norms, and National Security: The Soviet Foreign Policy Revolution and the End of the Cold War," in Peter J. Katzenstein, ed., *The Culture of National Security*, New York: Columbia University Press, 1996, pp. 271 - 316; Richard Herrmann and Michael Fischerkeller, "Beyond the Enemy Image and Spiral Model: Cognitive-Strategic Research after the Cold War," *International Organization*, Vol. 49, No. 3, 1995, pp. 415 - 450; Shibley Telhami and Michael Barnett, *Identity and Foreign Policy in the Middle East*, Ithaca, NY: Cornell University Press, 2002.

② Robert G. Herman, "Identity, Norms, and National Security: The Soviet Foreign Policy Revolution and the End of the Cold War," in Peter J. Katzenstein, ed., *The Culture of National Security*, New York: Columbia University Press, 1996, pp. 271 - 316; Ted Hopf, *The Social Construction of International Politics*, Ithaca, NY: Cornell University Press, 2002; Srdjan Vucetic, *The Anglosphere: A Genealogy of a Racialized Identity in International Relations*, Stanford, CA: Stanford University Press, 2011.

③ Jarrod Hayes, *Constructing National Security: US Relations with India and China*, New York: Cambridge University Press, 2013; Ted Hopf, *The Social Construction of International Politics*, Ithaca, NY: Cornell University Press, 2002; Ted Hopf, "Common-Sense Constructivism and Hegemony in World Politics," *International Organization*, Vol. 67, No. 2, 2013, pp. 317 - 354; Srdjan Vucetic, *The Anglosphere: A Genealogy of a Racialized Identity in International Relations*, Stanford, CA: Stanford University Press, 2011.

团体成员整体而言毫无正当性的政策。民主国家尽管拥有一套较强的问责精英群体的制度机制,实际上,这些机制限制也被运用到威权体制国家中。非民主国家的领导人也在国内得以社会化,他们也不可能采取那些无法吸引代表选举团或是普罗大众的政策。正如格里斯(Peter Gries)所言,中国大众中的民族主义情绪制约着精英阶层,因为更多的民众持有大众民族主义,因此与精英观点相比,大众观点更为稳定。①

国家身份与外交决策间的一般关系意味着国家身份影响国家支持或是竞逐霸权秩序的程度。当秩序的意识形态观念与其国内身份认同一致时,决策者会更容易地调动国内对国际秩序的支持。相反,如果霸权意识形态与国家的身份话语不一致,外交政策的决策精英将不得不费力地解释并辩护其支持国际秩序的政策。例如,在二十世纪早期,美国大众更倾向于拒绝接受基于均势原则的国际秩序,因为他们会将均势原则与欧洲和老牌世界大国等标签相联系。② 威尔逊调动起美国的民族主义并形成了一种具有美国

---

① Peter Gries, *China's New Nationalism*, Berkeley: University of California Press, 2004. 有学者认为,中国的民族主义由国家引导,研究者赞同民族主义限制外交政策的观点,请见 Jessica Chen Weiss, *Powerful Patriots: Nationalist Protest in China's Foreign Relations*, New York: Oxford University Press, 2014; Suisheng Zhao, *A Nation-State by Construction: Dynamics of Modern Chinese Nationalism*, Stanford, CA: Stanford University Press, 2004.

② Lloyd E. Ambrosius, *Woodrow Wilson and the American Diplomatic Tradition: The Treaty Fight in Perspective*, New York: Cambridge University Press, 1990, pp. 9, 212.

例外主义和基督教福音派特色且符合"新世界"大国定位的外交政策。①

其次,在国际层次上,各种霸权意识形态可以充当一种结构性因素,它们能够纳入或者排斥特定国家在秩序之中获得正式成员资格或参与资格。在这种情况下,霸权意识形态依靠根植于区分自我与其他的集体身份,从而剥夺了若干实践与身份的正当性。②如果一种秩序的规则和意识形态拒绝认可这个国家的身份(比如"共产主义"和"神权政体"),那么,这个国家在竞逐霸权意识形态及其相关秩序过程中将会承受压力。秩序之外国家的领导人将很难让公众为不完全承认或接纳这个国家的霸权秩序做出让步。同样,秩序内部的国家则更容易拒绝且祛除其认知中的敌对国家持有的秩序正当性。此外,这种机制势必带来一种结果,即身份形象与身份分布冲突的崛起国家会发现自己难以塑造一种能够同时吸引本国公众和其他大国公众的霸权意识形态。

重要的是,在短期内,国内身份话语以及大众层面上的制约不可能改变,因为它们源自各种类别的日常生活中。如果确实有变化,那么,日常生活的话语结构也会变化缓慢。日常实践和当地文化传统之间存在各种复杂关系。因为大众话语分布在如此多的个体之间,所以,它们也是支离破碎的。因此,日常生活的话语结构

---

① Lloyd E. Ambrosius, *Woodrow Wilson and the American Diplomatic Tradition: The Treaty Fight in Perspective*, New York: Cambridge University Press, 1990, pp. 10, 53-54.

② Alexander Wendt, *Social Theory of International Politics*, Cambridge, UK: Cambridge University Press, 1999, pp. 224-230.

的任何变化都会很难,其改变都是渐进式的。

国内身份、意识形态以及外交政策的联结意味着,国际秩序的合法性取决于国家间支撑性意识形态和跨国身份分布之间的关系。① 当我们声称身份分布需要与霸权意识形态一致或者产生共鸣时,我们实际上是说,这些机制——外交政策构成或意识形态包容抑或排斥——可能在多种方向上运作。简而言之,合法化的意识形态很有可能在团结与支持国际秩序方面取得成功,这也取决于该意识形态被其他大国精英和大众认为合理并接受的程度。

这样一来,最强大且最具活力的霸权就会与各大国之中的精英和大众身份保持一致。按照葛兰西的话来说,这会反映出国内社会日常常识的霸权基础。反之,我们可以认为,当多国的决策者不得不全力动员针对秩序的国内支持或者当这种意识形态将过多主要国家排斥在充分参与之外时,合法化的意识形态就可能走向失败。

图1展现出本文的理论框架。大国的国家身份话语构成了身份分布。身份分布包括由多国所共享(例如西方国家自认为是民主国家)的身份类别,也包括一些特殊的类别(例如中国认为自己是社会主义国家)。身份分布支持并塑造了霸权意识形态,而且该意识形态反过来将霸权国家领导地位以及影响国际秩序的制度和规则合法化。

---

① 有关身份分布的文献,请见 Alexander Wendt, *Social Theory of International Politics*, Cambridge, UK: Cambridge University Press, 1999, pp. 224-233.

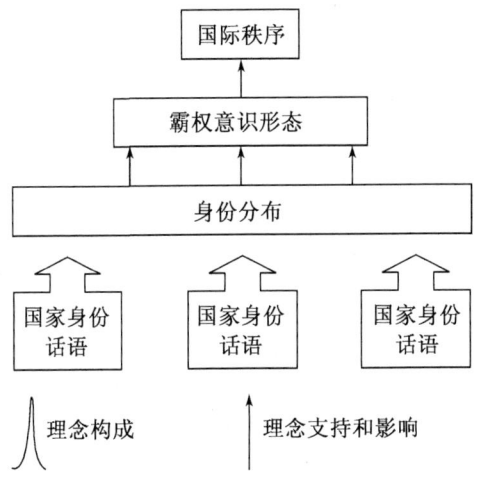

**图 1 身份认同、霸权和国际秩序**

1800 年以来的霸权历史展现,身份和霸权之间的连接机制对国际政治有着强劲影响。在整个十九世纪的历史长河中,英国建立了一种由欧洲自由制度和意识形态以及全球国家重商殖民帝国主义支撑的全球霸权秩序。① 这种秩序从不断增强的欧洲诸国自

---

① C. J. Bartlett, ed., *Britain Pre-eminent: Studies of British World Influence in the Nineteenth Century*, London: Macmillan, 1969; Andrew Gamble, "Hegemony and Decline: Britain and the United States," in Patrick Karl O'Brien and Armand Clesse, eds., *Two Hegemonies: Britain 1846 – 1914 and the United States 1941 – 2001*, Aldershot, UK: Ashgate, 2002, pp. 127 – 140; Charles A. Kupchan, *When Enemies Become Friends*, Princeton, NJ: Princeton University Press, 2010; Srdjan Vucetic, *The Anglosphere: A Genealogy of a Racialized Identity in International Relations*, Stanford, CA: Stanford University Press, 2011.

由主义自我认知和普遍欧洲文明标准建构中汲取营养。① 但是，俄罗斯的例子表明，自由文明的意识形态会将所谓的非自由、落后国家排除在外。虽然俄罗斯拥有强大的物质实力足以成为欧洲均势之中的重要一环，同时也是欧洲国际政治体系中的一部分，但是，它从未成为欧洲大国社会的一员。② 因此，俄罗斯因为其身份与权力分布并不一致，成为欧亚大陆或是世界霸主的机会极为渺茫。

纽曼（Iver B. Neumann）发现，俄罗斯之所以被欧洲国家边缘化，部分原因在于欧洲人将俄罗斯视作一个外部的反自由落后国家。③ 历史学家汉斯·巴格（Hans Bagger）曾写道，1721年签订的《尼士塔条约》（Treaty of Nystad）标志着俄罗斯最终迈入欧洲

---

① Brett Bowden, *The Empire of Civilization: The Evolution of an Imperial Idea*, Chicago: University of Chicago Press, 2009, pp. 142-150; D. R. Watson, "The British Parliamentary System and the Growth of Constitutional Government in Western Europe," in C. J. Bartlett, ed., *Britain Pre-eminent: Studies of British World Influence in the Nineteenth Century*, London: Macmillan, 1969, pp. 120-125.

② 在十九世纪七十年代，俄罗斯是世界上第一大军事力量强国和第二大经济体。见G. John Ikenberry, *Liberal Leviathan: The Origins, Crisis, and Transformation of the American World Order*, Princeton, NJ: Princeton University Press, 2011, p. 42.

③ Iver B. Neumann, "Russia's Standing as a Great Power, 1492-1815," in Ted Hopf, ed., *Russia's European Choice*, New York: Palgrave, 2008, pp. 11-34; Iver B. Neumann, "Russia as a Great Power, 1815-2007," *Journal of International Relations and Development*, Vol. 11, No. 2, 2008, pp. 128-151; Iver B. Neumann and Vincent Pouliot, "Untimely Russia: Hysteresis in Russian-Western Relations Over the Past Millennium," *Security Studies*, Vol. 20, No. 1, 2011, pp. 105-137.

大国政治的大门,仅仅是因为"面对一个半野蛮国家,欧洲宫廷将无法再忽视它"①。作为一个专制国家,俄罗斯的持续身份与其他欧洲大国所特有的日益民主化的治理方式格格不入。② 到1875年,俄国成了唯一的绝对君主制国家。③ 俄罗斯是一个"非常规"的大国,它与欧洲各大国的身份和意识形态无一相似。

纵观整个十九世纪,欧洲对于俄罗斯的抵制日益剧增:"到1856年,西方的政治意识形态建构了一个不屈不挠的对立阵营,反对……亚历山大二世宣誓捍卫的独裁准则与专制制度……欧洲人……在俄国的独裁统治中,目睹了他们试图在1789年、1830年和1848年等革命中摧毁权力的暴政化身。"④结果,很多欧洲人都

---

① Hans Bagger, "The Role of the Baltic in Russian Foreign Policy, 1721 - 1773," in Hugh Ragsdale ed., *Imperial Russian Foreign Policy*, Cambridge, UK: Cambridge University Press, 1993, p.36.

② Iver B. Neumann, "Russia's Standing as a Great Power, 1492 - 1815," in Ted Hopf, ed., *Russia's European Choice*, New York: Palgrave, 2008, p.26.

③ D. R. Watson, "The British Parliamentary System and the Growth of Constitutional Government in Western Europe," in C. J. Bartlett, ed., *Britain Pre-eminent: Studies of British World Influence in the Nineteenth Century*, London: Macmillan, 1969, p.120.

④ W. Bruce Lincoln, *In the Vanguard of Reform: Russia's Enlightened Bureaucrats 1825 -1861*, DeKalb: Northern Illinois University Press, 1982; 转引自 Iver B. Neumann and Vincent Pouliot, "Untimely Russia: Hysteresis in Russian—Western Relations Over the Past Millennium," *Security Studies*, Vol.20, No.1, 2011, p.129.

强化了他们对"俄国希望被承认为欧洲国家"的反对态度。① 尽管十九世纪的西欧中产阶级都在挑战专制主义,俄国的专制主义更加特立独行且变得愈发强大。尽管俄罗斯在十九世纪成了主要的物质实力大国,英国却从未接受过来自俄国的严重霸权挑战。

  类似的情况也在英美之间发生过。尽管美国崛起迅速,英国却从未想抗击美国的反霸权计划。相反,美国反而和平崛起并融入英国的秩序之中,这意味着身份话语能够塑造霸权稳定和转移的动力要素。② 从美国独立战争(1793—1814)到十九世纪七十年代,英美两国关系一直在竞争对手和完全死敌之间摇摆不定。自1872年与美国内战相关的终极棘手问题最终平息之后,英美两国发现,双方交锋的理由越来越少。在1859年达尔文发表《物种起源》之后,现有的种族观念得到强化,"盎格鲁-撒克逊主义"开始盛行。③ "盎格鲁-撒克逊主义"是一种种族化的身份话语,它认为英

---

  ① W. Bruce Lincoln, *In the Vanguard of Reform: Russia's Enlightened Bureaucrats 1825 - 1861*, DeKalb: Northern Illinois University Press, 1982; 转引自 Iver B. Neumann and Vincent Pouliot, "Untimely Russia: Hysteresis in Russian-Western Relations Over the Past Millennium," *Security Studies*, Vol. 20, No. 1, 2011, p. 129.
  ② 有研究认为,这是核武器出现之前唯一的一次和平权势转移,请见 Graham Allison, *Thucydides's Trap Case File*, Cambridge: Belfer Center for Science and International Affairs, 2016, http://belfercenter.ksg.harvard.edu/publication/25760/thucydides_trap_project.html.
  ③ Bradford Perkins, *The Great Rapprochement: England and the United States, 1895 - 1914*, New York: Atheneum, 1968, p. 8.

国和美国是具有共同情感、习俗以及价值观的"亲人"。① "盎格鲁-撒克逊主义"的崛起以及两国外交关系的改善终结了自美国大革命以来就在美国精英和大众群体中占主导地位的恐英情结。②

尽管当时英美两国尚未考虑正式结盟，但是，自十九世纪九十年代到二十世纪，两国的关系得到很大提升。在这个时期发生的主要殖民地战争中，例如美西战争与布尔战争，双方都充当了支持彼此的"啦啦队队员"。与借此机会削弱对方实力不同，英国和美国通过他们所谓的"善意中立"方式来支持彼此。这种"哥们儿"情绪和支持得到了精英和大众两个层次的支撑。当美西战争打响之时，"伦敦到处都淹没在美国国家色彩的海洋之中"。③ 尽管在美国看不到类似的满是英国国旗的场面，但美国公众舆论正在逐渐偏向英国。这为两国铸造"特殊关系"的进一步合作与交流铺平了道路。

---

① Bradford Perkins, *The Great Rapprochement: England and the United States, 1895 – 1914*, New York: Atheneum, 1968, p. 59; Charles A. Kupchan, *When Enemies Become Friends*, Princeton, NJ: Princeton University Press, 2010, pp. 110 – 112; Srdjan Vucetic, *The Anglosphere: A Genealogy of a Racialized Identity in International Relations*, Stanford, CA: Stanford University Press, 2011, pp. 25 – 28.

② Bradford Perkins, *The Great Rapprochement: England and the United States, 1895 – 1914*, New York: Atheneum, 1968, pp. 8 – 10, 23; Srdjan Vucetic, *The Anglosphere: A Genealogy of a Racialized Identity in International Relations*, Stanford, CA: Stanford University Press, 2011, pp. 35, 133 – 139.

③ 亨利·瑟斯顿·佩克（Henry Thurston Peck）观点，转引自 Bradford Perkins, *The Great Rapprochement: England and the United States, 1895 – 1914*, New York: Atheneum, 1968, p. 42.

单独关注民主与跨国资本主义和平转移的其他理论解释也都是不完整的。如果不考虑这种共同的盎格鲁-撒克逊身份,民主及获益将会具有不同的含义,因此也会对外交政策带来不同的启示。① "文化以及意识形态亲近性"使得英国精英接受了美国的身份,他们自认为美国是英国的"世界体系之中领导地位的自然继承者",因此,这也使得大国权力传承成为可能。② 库普乾总结道,"源自包容身份的团结意识反过来帮助英国人和美国人接受了这样的观点,即两国之间开战不可想象"③。此外,美国也已经准备好并且有能力承担起维持霸权秩序的重担,特别是这种秩序立基于英国自由主义意识形态动员起的相同自由原则之上。一言以蔽之,英国并未遏制美国的崛起,一部分原因在于英国未将美国视为英国和英国秩序的威胁。美国能够承继英国的领导地位,是因为其身份形象与核心超级大国公众的自由主义信念一致,同时,他们也可以列阵反抗德国和俄罗斯国内的反自由主义死敌。④

---

① Charles A. Kupchan, *When Enemies Become Friends*, Princeton, NJ: Princeton University Press, 2010, pp. 73 – 111; Srdjan Vucetic, *The Anglosphere: A Genealogy of a Racialized Identity in International Relations*, Stanford, CA: Stanford University Press, 2011, pp. 22 – 49.

② Andrew Gamble, "Hegemony and Decline: Britain and the United States," in Patrick Karl O'Brien and Armand Clesse, eds., *Two Hegemonies: Britain 1846 – 1914 and the United States 1941 – 2001*, Aldershot, UK: Ashgate, 2002, pp. 127 – 140, 128.

③ Charles A. Kupchan, *When Enemies Become Friends*, Princeton, NJ: Princeton University Press, 2010, p. 111.

④ 这也可能改变二战的联盟格局。我们假定苏联因为他们之间的身份关系不会成为英国和法国的盟友。

这些案例都展现贯穿欧洲历史且与霸权动力相关的身份关系的重要性。尽管每次霸权转移都有其自身特征,但是,我们仍然可以预期,身份分布依然会在今后霸权稳定和转移中扮演重要角色。因此,若是想要评估中美霸权转移的可能性,我们就必须将中国自身的身份形象与其他各大国中的整体身份分布加以比较。

### (三) 身份分布与霸权秩序之动力

在理论部分的最后一节,我们描画出霸权前景的理论框架。我们的理论建立在鲁杰关于霸权稳定问题的那个影响深远的论断之上:"只要目标恒定,就没有理由去假设制度之规范性框架必须改变。"①对鲁杰、基欧汉以及斯奈德(Duncan Snidal)而言,霸权国衰落或是其他国家崛起并不是国际秩序制度规则发生改变的充分条件。② 正如斯奈德所言,只要崛起国家形成乐于维护秩序的"K小组"(K-group),那么,公共物品的提供就可以得到维系。当然,经济与军事实力分布的变化的确会产生推动改变的压力。③ 但是,我们的霸权理论却预测,当且仅当身份分布、主导性霸权意识

---

① John G. Ruggie, "International Regimes, Transactions, and Change: Embedded Liberalism in the Postwar Economic Order," *International Organization*, Vol. 36, No. 2, 1982, p. 384.

② Robert Keohane, *After Hegemony: Cooperation and Discord in the World Political Economy*, Princeton, NJ: Princeton University Press, 1984; Duncan Snidal, "The Limits of Hegemonic Stability Theory," *International Organization*, Vol. 39, No. 4, 1985, pp. 579 – 614.

③ Robert Cox, *Production, Power, and World Order: Social Forces in the Making of History*, New York: Columbia University Press, 1987; Robert Gilpin, *War and Change in World Politics*, New York: Cambridge University Press, 1981.

形态以及挑战国意识形态之间处于特殊条件之时,霸权转移才会发生。

首先,回到鲁杰的观点,如果各大国中的霸权意识形态得到强大支持,那么,即使霸权国的经济和军事相对实力衰落,霸权秩序依然可能保持稳定。反过来,如果身份分布支持现有的霸权意识形态,那么,其霸权领导地位也可以借由其他各大国的外交政策而加以强化,而且它们还会拥有足够的意识形态资源来抵制挑战。霸权国可能不得不容纳崛起的盟国,但是,基本的经济、军事、政治以及社会安排依然会尽可能保持稳定。因此,当身份分布和霸权意识形态彼此一致或是相互共鸣时,霸权才可能保持稳定。

其次,身份分布制约霸权秩序适应的能力,因为并非所有的意识形态都可以从潜在常识中汲取支持。正如我们之前所言,权势转移理论认为,只有当崛起国不满意的时候,霸权国和崛起国之间才会爆发战争。[1] 身份分布影响国家何时可能满意或者不满意的态度选择。我们认为,如果霸权意识形态和潜在身份认同排斥或者否定了崛起国在国际秩序中的正当作用,那么,霸权国和崛起国就有可能引发冲突。如果霸权意识形态和身份分布能够容纳崛起国并允许其拥有一席之地,那么,崛起国将很容易适应并满足现状。此外,如果秩序是建立在崛起国无法接受的意识形态之上,那么,无论是出于国内还是国际因素,霸权国都会发现自己无法容纳崛起国。如果意识形态可以在各大国精英和大众之中达成一致并

---

[1] A. F. K. Organski and Jacek Kugler, *The War Ledger*, Chicago: University of Chicago Press, 1980, pp. 39 - 40.

且广泛传播,那么,霸权意识形态的改变就会难上加难。对崛起国的容纳程度需要意识形态的调整,霸权国面对着国内和国际层面之国际秩序支持度降低的风险。因此,当崛起国的身份与支撑秩序的意识形态与身份保持一致或相互共鸣时,霸权才有可能保持稳定。当崛起国的身份和身份分布不一致时,霸权国的意识形态调适就会面对较高成本。其结果是霸权国和崛起国发生冲突的可能性增加。然而,考虑到其他因素,这并不必然导致战争。①

第三,只有当崛起国能够构建一个由修正主义大国组成的反霸联盟时,霸权转移才会成为可能。建构反霸权联盟则取决于对现存意识形态的去合法化以及塑造吸引追随者的全新意识形态。用葛兰西的话来说,地位之战先于任何霸权之变。去合法化和意识形态构建的进程都由身份分布塑造。第一,只有当主导意识形态和身份分布出现割裂时,针对现存霸权秩序去合法化的尝试才可能成功。也就是说,反对现存秩序的任何言论都需要在大国话语中找到支持。第二,只有当崛起国的意识形态可以在其他大国的身份分布中找到支持的时候,挑战国的意识形态才有可能成功建构。随之,身份分布就可以为崛起国提供一套吸引追随者遵守的意识形态基础,并有助于建构另外一套制度。然而,如果崛起国

---

① 有关现实主义者的解释,请见 Jack S. Levy, "Declining Power and the Preventive Motivation for War," *World Politics*, Vol. 40, No. 1, 1987, pp. 82 - 107; Randall L. Schweller, "Managing the Rise of Great Powers: History and Theory," in Alistair Iain Johnston and Robert S. Ross, eds., *Engaging China: The Management of an Emerging Power*, New York: Routledge, 1999, pp. 1 - 31.

自身的国内身份话语与身份分布相矛盾,那么,其他国家则不太可能支持它的意识形态。特别是,崛起国会发现它很难塑造出一种让本国公众以及其他大国的大众团体同时接受的意识形态。既然国内常识伴随时间推进而缓慢变化,崛起国在国内外推动话语改变以消除这种制约的努力将受到极大限制。因此,如果崛起国的国家身份话语怪诞荒谬且与现行的身份分布不一致,那么,崛起国就不太可能成功地构建一个反霸权集团或是建构一种替代性国际秩序。只有当崛起国能够在身份分布方面依赖其意识形态资源时,霸权才可能转移。

## 四、绘制大国身份分布图

建构主义者还没有关于检验身份分布的理论,部分原因在于系统化的资料收集和分析是一个巨大障碍。重现特定国家的国家身份是一份艰巨的任务,更何况是呈现各大国之中的身份分布。绘制身份分布图的挑战源自下列事实,即为了使霸权的概念变得可操作,我们必须在精英和大众层次来进行身份分类,这使得绘制身份分布变得更为复杂。一方面,我们需要一种能够捕捉构成国家身份话语之意义的方法。这也需要一种解释性方法,它能够从若干日常背景和制度枢纽中归纳性地获取相关意义。另一方面,这种方法必须一般化并且可复制,从而能够在所有大国中产出可比较的结果。综合权衡这些要求,我们利用话语分析方法来获取数据。这种话语分析方法将解释主义的归纳精神与实证主义者强调的透明性和可靠性结合起来。① 虽然这种方法植根于对主体间性意义网络的重构,我们的方法主要立足在文本抽样、量化计数程序和证据标准化展示的透明原则之上。我们培训了拥有所要求语言能力的分析人员,让他们将这些方法运用于2010年各大国文本数据样本库。

该方法的核心是对一系列文本进行归纳性编码,从而重现那些被用作理解各国"国家自我"的核心身份类别。身份类别是在某个文本中用来解释国家成员资格或国家象征形象的相关概念。也就是说,一种类别实际上是一种描述符号,它可以告诉我们"成为美国人的意义何在"或是"什么是美国"等。我们指导分析人员以归纳方式来推进分析,将一些先入为主的观念抛诸脑后,只记录那些出现在文本中的类别。

每位分析人员在对标准化的文本样本数据库进行编码时都需要遵循四个原则。② 首先,我们关注阅读最为广泛的文本样本数据,即集中于那些畅销或者流行的文本。其次,我们的取材来自不同的体裁和媒体,用以捕捉精英和大众日常的常识性信条。最后,这些文本样本数据必须进行国家间对比,所以我们选择那些在所

---

① 更多的方法论信息,请见 Bentley B. Allan, "Recovering Discourses of National Identity," in Ted Hopf and Bentley B. Allan eds., *Making Identity Count: Building a National Identity Database*, New York: Oxford University Press, 2016, pp. 20-44. 我们采用话语分析而非内容分析,因为我们想要获得一种既是归纳性的,同时又不仅能展现种类列表,而且能展现附加在种类上的相关意义的方法。

② 原文为四个,实际为三个。——译者注

有国家都流行且可以获得的体裁。① 简言之,我们的目标是从"数不清的文化中心、意识形态国家机器及实践之中"对文本进行取样,包括"父母、家庭、学校、工作场所、媒体、政党和国家等"②。在遵循这些原则的基础之上,我们建构了一种包括五种体裁类型的标准化文本样本数据库:

领袖演讲:政府首脑或是执政党在重要场合的两份演讲;这些演讲可以是在国家法定假期、既定规划或预算场合的演讲。

报纸:全国发行量最大的两家报纸。其中,每月十五号报纸上的所有社论和编辑来信都将编码处理。

历史教科书:两本阅读量较广的、叙述国家历史的高中教科书。主要分析将基于二十世纪以来的相关章节。

小说:该国最为畅销的两部小说,作者为本国人且使用的是该国官方语言。

电影:该国票房最高的两部电影,由该国导演指导或是本国制片公司出品,且使用的是该国官方语言。

该样本数据库旨在捕捉那些得到广泛阅读且反映大众和精英话语的文本。如果文本是由控制社会强大制度的政治和社会精英

---

① 我们必须放弃一些可能有用的体裁类型,比如说电视和社会媒体网站,对于这些数据进行取样很困难,并且结果不可靠。

② Madan Sarup, *Identity, Culture and the Postmodern World*, Edinburgh: Edinburgh University Press, 1996, p. 25.

生产和使用,那么,这种文本是一种具有更强反映性(reflective)的"精英"文本。如果一种文本由特定国家内的大规模、多阶层、多民族的人群集体产生并使用,那么,这种文本则更多地反映出其"大众"特色。一般来说,我们倾向于认为,演讲和报纸社论代表的是精英政治话语,而编辑来信、小说以及电影等捕捉的则是大众话语。历史教科书则处于中间位置,因为它们既可以反映精英对国家的自我认知,也可以灌输给所有受过中学教育的民众。

我们培训研究人员并通过他们对这些文本运用简单编码规则从而获取其身份类别和其附属意义:什么是成为某国或者某国公民的意义?我们指导分析人员揭示这种意义,并且统计文本中相关给定种类出现的次数。我们明确要求编码人员区分各"主题"和各身份类别。主题是在话语之中不断出现的理念,比如"刻苦工作很好"。身份类别则必须清晰地与国家或者国家成员资格的意义相关联。例如,只有当"努力工作"作为日本人民的标签被提及的时候,我们才将其视为身份类别。

身份类别通过效价(valence)进行编码(积极＋,消极－,中立/,或者不确定～)。我们还要求分析人员注意区分某个国家是希望建构该身份还是试图避免这种身份(即期望的或是回避的身份),或者它是否作为该国对比自我的其他显著身份。

举个例子,一位法国总统曾向法语国家组织(la Francophonie)发表演讲,他谈道:"对于我们海外的同胞,我想要表达我们共和国持有却在过去若干年未能践行的、与平等和尊严承诺相关的决心。"

这个演讲发言可以编码为:平等＋,尊严＋,历史的他者－。

这段引文明确地将法国颂扬为"共和国"并将其对法国人的意义界定为竭力追求平等与尊严。消极的历史编码表明,法国并未一直成功地捍卫人民的尊严与平等。这强调,现在的法国与过去不同了。当编码完成之后,分析人员撰写完成摘要表,并将他们的发现写成标准报告。

在归纳分析完成之后,我们要求每位分析人员总结,这些国家的主流身份话语是否支持西方民主的新自由主义霸权意识形态。① 如果它们认同接受并珍视选举型政府、法治和人权等,那么,这些身份必然与民主意识形态要素一致。如果他们发现经济中存在着市场政策和受限制的国家角色,那么,这种身份也被认为支持新自由主义。

---

① 这些都是极具争议的术语。下面是我们给予分析人员的定义,"在西方霸权的语境之下,民主政体是指这样一种政治体系:(1) 人民通过选举进行统治;(2) 议会或者其他经过选举产生的立法机构制定法律;(3) 存在制度上的制衡(法治和功能性法院)。新自由主义是一种经济信条,它提倡:(1) 通过市场解决问题的信念;(2) 不支持国家干预经济的态度;(3) 积极支持自由经济政策及自由化改革(自由贸易、自由化、私有化、开放)的态度。文化理论家延伸了这一概念,衍生出一些支持并巩固这些经济原则的观念:(4) 强大的个人主义(如撒切尔之'并不存在社会这样的概念'),这体现在诸如个人自助或者个人责任的价值观之中;以及(5) 作为积极价值观的竞争意识"。有关美国国家身份话语支持民主和新自由主义的文献,请见 Ki Hoon Michael Hur, "The Country Upon a Hill? American National Identity in 2010," in Ted Hopf and Bentley B. Allan eds., *Making Identity Count: Building a National Identity Database*, New York: Oxford University Press, 2016, pp. 183 - 198.

## 五、全球身份分布图景

### (一) 大国身份分布概况

表1囊括了我们的主要发现。精英阶层对西方霸权民主和新自由主义等要素呈现出强烈但并非完全一致的支持。当然,也有例外,大众和精英之间存在共识,成为民主国家是一国身份认同的积极维度。精英们也将新自由主义的某些维度理解为其国家身份的积极支柱。特别是,日本、印度、巴西和中国的精英们都同时呈现出自由化政策(开放和自由贸易)和国家主义或社会主义身份等。这些国家实际上并未共同展现国家是无效或非法经济主体的新自由主义观点,但是,它们依然被确定为经济自由主义。尽管其大众文本展现对民主身份的强烈支持态度,但是,他们也大多对新自由主义身份呈现出负面或模糊态度。这可能提供了反霸权意识形态的基础,但是,国际社会并不存在一个在话语方面能够与新自由主义竞争的具有一致性的替代性经济身份。因此,西方霸权的民主要素得到强烈支持,但是,新自由主义要素只有模糊支持的力度。

表1 国家身份话语中的民主制度和新自由主义

| 国家 | 民主制度 | | 新自由主义 | |
|---|---|---|---|---|
| | 精英 | 大众 | 精英 | 大众 |
| 巴西 | +− | + | +− | |
| 中国 | − | + | +− | −+ |
| 法国 | + | + | +− | −+ |

(续表)

| 国家 | 民主制度 | | 新自由主义 | |
|---|---|---|---|---|
| | 精英 | 大众 | 精英 | 大众 |
| 德国 | ＋ | ＋ | －＋ | ＋－ |
| 印度(E) | ＋ | ＋ | ＋－ | －＋ |
| 印度(H) | ＋ | ＋ | ＋－ | ＋－ |
| 日本 | | | －＋ | － |
| 俄罗斯 | ＋ | ＋ | ＋ | － |
| 英国 | ＋ | ＋ | ＋ | ＋－ |
| 美国 | ＋ | ＋ | －＋ | －＋ |

注释：竖排分别为国家、民主制度（精英—大众）、新自由主义（精英—大众）。各符号分别代表：（＋）积极评价，（－）消极评价，（＋－）（－＋）指两种评价兼而有之，但是，更为显著的评价排在前面。

印度（H）和印度（E）分别指代从印度语和英语报告中获得的发现。

在西方联盟的核心国家之中，人们对民主的新自由主义霸权的支持尤为强烈。① 在英国，精英和大众的共识理解就是，"现代英国"是民主、法治与自由的国度。② 包括政治演讲和编辑来信的

---

① 与美国霸权国家身份话语相关的数据，请见 Ki Hoon Michael Hur, "The Country Upon a Hill? American National Identity in 2010," in Ted Hopf and Bentley B. Allan eds., *Making Identity Count: Building a National Identity Database*, New York: Oxford University Press, 2016, pp. 183－198.

② Srdjan Vucetic, "America's 'Only Friend': British National Identity in 2010," in Ted Hopf and Bentley B. Allan eds., *Making Identity Count: Building a National Identity Database*, New York: Oxford University Press, 2016, p. 174.

英国文本展现英国人享有或捍卫个体自由和基本权利的身份认同。① 在英国的身份话语中,这些主题明确意味着,英国理所当然且不容挑战地支持西方霸权民主要素。

经济维度则呈现出更为复杂的画面。英国话语中自由价值的重要性支持其新自由主义的"全球主义"身份,这代表英国是一个从贸易立国、繁荣至上和竞争性个人主义中获益的经济开放国家。② 但是,全球主义的标签并非无懈可击。《泰晤士报》曾经刊登过一篇讨论政府是否应该制止卡夫公司(Kraft)并购英国巧克力生产商吉百利(Cadbury)的社论,在社论中,全球主义只能面对经济—文化民族主义的挑战:

> 从外国掠食者口中救下这家公司,这样的先例并不值得提倡:这是一件一时兴起任由公司秘书干涉商业收购的事件;这是一件颠覆自由贸易观念的事件;这也是一件可能损害我们作为一个尊重公平贸易实践和最小政府干预之地的国际名誉事件。唉,与一块高贵巧克力相比,

---

① Srdjan Vucetic, "America's 'Only Friend': British National Identity in 2010," in Ted Hopf and Bentley B. Allan eds., *Making Identity Count: Building a National Identity Database*, New York: Oxford University Press, 2016, p. 174.

② Srdjan Vucetic, "America's 'Only Friend': British National Identity in 2010," in Ted Hopf and Bentley B. Allan eds., *Making Identity Count: Building a National Identity Database*, New York: Oxford University Press, 2016, p. 174.

这些才是更为重要的英国原则。①

至少对《泰晤士报》编委会来说,自由主义是英国国家身份中比其历史文化器物更为重要的部分。在英国其他相关文本中,英国的福利主义与民族主义认知恰恰与其自由主义身份相对立。福利主义认知歌颂二战之后英国工党的成就,诸如设立国民医疗保健制度并拒绝新自由主义话语中的自助(self-help)价值观。② 所以,尽管对新自由主义的支持并未被视作理所当然,英国话语及社会的因素确实巩固了西方霸权中的新自由主义因素。

法国的国家身份话语将国家描述成"共和制"国家,并建立在自由、博爱、平等、世俗主义、法治以及民主等价值观之上。正如一位报纸通讯作者写道,孩子们"在法国荣耀、共和价值及不损害团结整体且尊重多样性的民主制下成长"③。在教科书、小说和电影中,法国被定位成一个拒绝放任自由资本主义并珍视其为政治和

---

① 引用自 Srdjan Vucetic, "America's 'Only Friend': British National Identity in 2010," in Ted Hopf and Bentley B. Allan eds., *Making Identity Count: Building a National Identity Database*, New York: Oxford University Press, 2016, p. 174.

② Srdjan Vucetic, "America's 'Only Friend': British National Identity in 2010," in Ted Hopf and Bentley B. Allan eds., *Making Identity Count: Building a National Identity Database*, New York: Oxford University Press, 2016, pp. 176–177.

③ Benjamin Chan, Jian Ming, and Rebecca Oh, "Whither La France? French National Identity in 2010," in Ted Hopf and Bentley B. Allan eds., *Making Identity Count: Building a National Identity Database*, New York: Oxford University Press, 2016, p. 85.

经济权利奋斗历史的社会民主国家。① 工作和竞争被嘲笑为一种剥削压榨和社会腐蚀行为。② 牟利被描绘为庸俗不堪。③ 在小说与电影中,这些主题映射在神经过敏且过度劳累的都市人身上,他们只能通过法国乡村田园般生活经历才能获得救赎。④ 但是,这并不是说,法国是或者应该是共产主义或社会主义国家。所以,在法国,大众抵制西方霸权中的新自由主义因素,但是强烈支持其民主维度。

德国的国家身份话语将其自身界定为一个自由(free)、民主、开明(liberal)且有责任在国际上捍卫其价值的国度。⑤ 其对西方

---

① Benjamin Chan, Jian Ming, and Rebecca Oh, "Whither La France? French National Identity in 2010," in Ted Hopf and Bentley B. Allan eds., *Making Identity Count: Building a National Identity Database*, New York: Oxford University Press, 2016, p. 94.

② Benjamin Chan, Jian Ming, and Rebecca Oh, "Whither La France? French National Identity in 2010," in Ted Hopf and Bentley B. Allan eds., *Making Identity Count: Building a National Identity Database*, New York: Oxford University Press, 2016, p. 73.

③ Benjamin Chan, Jian Ming, and Rebecca Oh, "Whither La France? French National Identity in 2010," in Ted Hopf and Bentley B. Allan eds., *Making Identity Count: Building a National Identity Database*, New York: Oxford University Press, 2016, p. 73.

④ Benjamin Chan, Jian Ming, and Rebecca Oh, "Whither La France? French National Identity in 2010," in Ted Hopf and Bentley B. Allan eds., *Making Identity Count: Building a National Identity Database*, New York: Oxford University Press, 2016, pp. 88-89.

⑤ Lim Kai Heng, "The Politics of Responsibility: German National Identity in 2010," in Ted Hopf and Bentley B. Allan eds., *Making Identity Count: Building a National Identity Database*, New York: Oxford University Press, 2016, p. 100.

理想的承诺是一种从精英文本到大众文本的共识。从主题上来看,德国拥有一个民主自由国家的身份,并展现对自己过往法西斯主义和共产主义的历史的强烈排斥。① 德国对共产主义的排斥被进一步延伸到了对中国的排斥之上。在教科书和编辑来信中,因为政治制度和政府体制不同,中国被描绘为一个具有负面形象的国家。② 在经济方面,德国作为社会民主国家的身份使其较为缓和地承诺了新自由主义原则。尽管德国领导人的政治演讲和教科书大多数以积极态度提及资本主义,但是,在编辑来信中,新自由主义却经常遭受批判。③ 这种分歧可能反映出精英和大众观点之间的差异,但是,两个阶层都认为,政府应该在社会层面和经济层面对民众负责,所以,在这种意义上,他们都是新自由主义反对者。尽管如此,德国依旧强烈认同西方的观念,并将中国描述为消极的外部他者。

在西方联盟中,日本的地位更加模棱两可,但是,日本的身份

---

① Lim Kai Heng, "The Politics of Responsibility: German National Identity in 2010," in Ted Hopf and Bentley B. Allan eds., *Making Identity Count: Building a National Identity Database*, New York: Oxford University Press, 2016, p. 105.

② Lim Kai Heng, "The Politics of Responsibility: German National Identity in 2010," in Ted Hopf and Bentley B. Allan eds., *Making Identity Count: Building a National Identity Database*, New York: Oxford University Press, 2016, p. 106.

③ Lim Kai Heng, "The Politics of Responsibility: German National Identity in 2010," in Ted Hopf and Bentley B. Allan eds., *Making Identity Count: Building a National Identity Database*, New York: Oxford University Press, 2016, p. 104.

话语仍然支持西方霸权,排斥中国影响力。当然,在日本,精英与大众已经达成一种共识,即日本是一个重视家庭导向和社区价值的经济强大的资本主义国家。① 与法德两国情况一样,日本也批判新自由主义政策,日本公民以福利国家标榜自身。在政治上,日本并不代表某种民主制,也没有对自由价值持有很强的认同感。② 尽管如此,精英阶层的文本依然将美国描述为其亲密且重要的盟友。③ 因此,日本并不强烈支持西方霸权,当然,其价值观与西方霸权之间的关系也并不紧张,它也不太可能挑战西方霸权。

在西方联盟的核心国家之外,巴西与印度等崛起大国也以主导性霸权秩序的关键要素作为自身身份认同。例如,它们对主导霸权秩序的关键要素表示认同。两国都自诩为民主国家,并希望完全获得美国主导秩序下的成员资格。印度之"世界最大民主国家"身份支撑着其主导话语体系。印度民主的身份认同在其印度

---

① Nanaho Hanada, "Conflicted Identities: Japanese National Identity in 2010," in Ted Hopf and Bentley B. Allan eds., *Making Identity Count: Building a National Identity Database*, New York: Oxford University Press, 2016, pp. 151-55.

② 我们可能需要假设,日本文本数据中的关于民主的内容较少,是因为它已经是日本国家身份所默许的一面。验证这一假设的方法就是对于自1950年来的日本国家身份话语进行评估,以检测民主身份是否在被抛弃之前就已经明确地出现。这将会意味着,民主身份已经内化为常识性知识而无须被提及。但是,如果民主政体从未是一个显著类别,那么,我们就可以得出这样的结论,即它并不是日本自我认知的一部分。

③ Nanaho Hanada, "Conflicted Identities: Japanese National Identity in 2010," in Ted Hopf and Bentley B. Allan eds., *Making Identity Count: Building a National Identity Database*, New York: Oxford University Press, 2016, p. 160.

语和英语的演讲、报纸、教科书及小说中展现得一览无遗。① 例如,印度(前)总理辛格称赞印度为"世界上最大民主的国家",并希望将印度成长为"其他各国争相效仿的模板"。② 印度的民主身份是其更宽泛的"现代"导向的一部分,这种"现代"导向渴望成为一个集资本主义增长、经济竞争以及西方政治理想于一体的国家。尽管担心蔓延的腐败可能会威胁到这些价值观,但是,很多精英和大众文本依然都表现出它们对法治和合法权利的强烈支持。③ 对于新自由主义,印度文本则表现出其一定模糊性。一方面,印度经

---

① Nanaho Hanada, "Conflicted Identities: Japanese National Identity in 2010," in Ted Hopf and Bentley B. Allan, *Making Identity Count: Building a National Identity Database*, New York: Oxford University Press, 2016, p. 118; Shivaji Kumar, "The World's Largest Democracy Between Two Futures: Indian National Identity in 2010, Hindi Sources," in Ted Hopf and Bentley B. Allan eds., *Making Identity Count: Building a National Identity Database*, New York: Oxford University Press, 2016, p. 135.

② 引用自 Jarrod Hayes, "Talented Democrats in a Modern State: Indian National Identity in 2010, English Sources," in Ted Hopf and Bentley B. Allan eds., *Making Identity Count: Building a National Identity Database*, New York: Oxford University Press, 2016, p. 121.

③ Jarrod Hayes, "Talented Democrats in a Modern State: Indian National Identity in 2010, English Sources," in Ted Hopf and Bentley B. Allan eds., *Making Identity Count: Building a National Identity Database*, New York: Oxford University Press, 2016, pp. 117 - 119; Shivaji Kumar, "The World's Largest Democracy Between Two Futures: Indian National Identity in 2010, Hindi Sources," in Ted Hopf and Bentley B. Allan eds., *Making Identity Count: Building a National Identity Database*, New York: Oxford University Press, 2016, pp. 134 - 37.

济的成功应归功于自由贸易和商业竞争。① 另一方面,很多文本仍然将印度视为社会主义国家,它应该追求平等增长和直接消除贫困。② 然而,印度的民主身份和对现代化的憧憬使它坚定不移地站在美国秩序一边。

巴西的国家身份话语也将自己标榜为一个受贪污腐败和政府无能威胁的民主国家。③ 一部小说曾提到,记者们"受到误导,认为贫民窟是属于国家的……[或]是由联邦宪法和民主法治管理"④。但是,大众和精英文本大抵都将民主视为一种渴望的身份。所以,尽管巴西将自己视作"有限民主国家",但是,它仍然渴

---

① Jarrod Hayes, "Talented Democrats in a Modern State: Indian National Identity in 2010, English Sources," in Ted Hopf and Bentley B. Allan eds., *Making Identity Count: Building a National Identity Database*, New York: Oxford University Press, 2016, p. 117; Shivaji Kumar, "The World's Largest Democracy Between Two Futures: Indian National Identity in 2010, Hindi Sources," in Ted Hopf and Bentley B. Allan eds., *Making Identity Count: Building a National Identity Database*, New York: Oxford University Press, 2016, p. 138.

② Jarrod Hayes, "Talented Democrats in a Modern State: Indian National Identity in 2010, English Sources," in Ted Hopf and Bentley B. Allan eds., *Making Identity Count: Building a National Identity Database*, New York: Oxford University Press, 2016, p. 117.

③ Marina Duque, "The Rascals' Paradise: Brazilian National Identity in 2010," in Ted Hopf and Bentley B. Allan, *Making Identity Count: Building a National Identity Database*, New York: Oxford University Press, 2016, p. 48.

④ 引用自 Marina Duque, "The Rascals' Paradise: Brazilian National Identity in 2010," in Ted Hopf and Bentley B. Allan eds., *Making Identity Count: Building a National Identity Database*, New York: Oxford University Press, 2016, p. 42.

望在西方秩序之下获得区域领导者的大国地位。① 在巴西教科书中,美国被视作巴西民主的典范所在,而且,欧美影响力在巴西教科书中得到较为均衡地正面描述。② 但是,美国也因为其消费主义、黩武主义及新自由主义等特征被巴西的文本批判。③ 因此,尽管巴西拒绝了美国领导地位的某些因素,但是,其主导性身份类别依然将自己定位为现存秩序中有追求的大国。

俄罗斯的国家身份话语呈现出更加复杂的画面。一方面,俄罗斯国内精英支持新自由主义的民主霸权。梅德韦杰夫和普京的演讲明确阐述了对新自由主义政策的支持,甚至使用了民主治理这样的措辞。另一方面,大众文本则排斥民主的新自由主义,或者至少说其观点模棱两可。尽管俄罗斯不存在对民主的负面理解,但是,俄罗斯民众对民主的矛盾心理恰恰是由西方的民主概念导致。所以,尽管俄罗斯很少支持西方的意识形态,但是,其国内精英对此并不排斥,并且政治演讲和新闻报纸也的确没有提供相应

---

① Marina Duque, "The Rascals' Paradise: Brazilian National Identity in 2010," in Ted Hopf and Bentley B. Allan eds., *Making Identity Count: Building a National Identity Database*, New York: Oxford University Press, 2016, p. 55.

② Marina Duque, "The Rascals' Paradise: Brazilian National Identity in 2010," in Ted Hopf and Bentley B. Allan eds., *Making Identity Count: Building a National Identity Database*, New York: Oxford University Press, 2016, p. 54.

③ Marina Duque, "The Rascals' Paradise: Brazilian National Identity in 2010," in Ted Hopf and Bentley B. Allan eds., *Making Identity Count: Building a National Identity Database*, New York: Oxford University Press, 2016, p. 54.

的替代性意识形态。

中国的身份话语与其他大国的身份话语显著不同。中国共产党诸如"中国特色社会主义"①"中国梦"和"礼尚往来"等措辞在界定中国人意义时发挥了核心作用。②这些用词在国内层面承担着重要的意识形态功能。例如,"中国梦"是一种呼吁"中华民族伟大复兴"的口号。③ "中国特色社会主义"与描述中国社会的发展历程和未来发展方向等具体故事相联系。④ 这些中国身份的主导因素不太可能构成霸权秩序基础。

### (二) 评估霸权前景

面对中国的崛起,西方霸权秩序的前景如何?

总体来说,目前存在三种可能。其一,该秩序会在美国或大国联盟的领导下保持稳定。其二,该秩序会在缺乏替代的情况下走向崩塌解体。其三,中国可能会领导一次霸权转移,或者通过加入

---

① 原文为 bureaucracy-oriented consciousness,直译为官本位意识或官僚主义意识,与上下文含义略微不通。——译者注

② Liang Ce and Rachel Zeng Rui, "'Development' as a Means to an Unknown End: Chinese National Identity in 2010," in Ted Hopf and Bentley B. Allan eds., *Making Identity Count: Building a National Identity Database*, New York: Oxford University Press, 2016, pp. 68–71.

③ Liang Ce and Rachel Zeng Rui, "'Development' as a Means to an Unknown End: Chinese National Identity in 2010," in Ted Hopf and Bentley B. Allan eds., *Making Identity Count: Building a National Identity Database*, New York: Oxford University Press, 2016, p. 69.

④ Liang Ce and Rachel Zeng Rui, "'Development' as a Means to an Unknown End: Chinese National Identity in 2010," in Ted Hopf and Bentley B. Allan eds., *Making Identity Count: Building a National Identity Database*, New York: Oxford University Press, 2016, p. 68.

或改变现有秩序的方式,或者试图从外部建构一个可替代的新秩序。

为了评估哪种前景最为可能,我们需要回归到前文列出三种关于霸权秩序动力的理论预判。我们认为,在既定的身份分布结构下,前两种选项比中国领导的秩序转移更可能出现。

首先,身份分布巩固了西方霸权吗?证据显示,尽管西方民主自由主义霸权在某些方面存在争议,各大国中的身份分布依然为西方霸权提供了强有力支持。英国、法国、德国、日本、巴西及印度的大众和精英对民主制都有明确的身份认同。尽管这些国家的大众群体某种程度上排斥新自由主义,精英们却认同并支持自由主义政策。这意味着,即使面对相对衰弱的美国实力,现行霸权秩序也有可能维持稳定。其他国家可能会愿意支持这个秩序,或是加强美国的领导地位,或是建构类似于斯奈德"K小组"的联盟从而在没有具体霸权国的情况下维系绝大部分现存规则。

其次,就中国加入或改变现有秩序的能力而言,身份分布意味着什么?在各大国之中,唯有中国的精英公开反对西方霸权的民主因素。对中国的任何一个全球霸权计划而言,这都是一个障碍,中国精英将必须放弃他们自我认知的基本逻辑才能成为当前秩序的正式成员。中美之间不太可能出现与英美霸权交接一样的权力转移,因为中国不太可能作为一个全新伙伴加入现存秩序。所以,在现存秩序的主导规范之下,中国不可能引领权势转移。

第三,中国有能力构建挑战并取代当前秩序之替代性反霸集团的可能性有多大?再说一次,既然所有的其他大国都将俄罗斯确认为一个民主国家,那么,中国建构一种同时满足自身国内需要又可以吸引别国之意识形态的可能性微乎其微。所以,其他大国中的精英和大众如果要支持中国替代选项的话,将不得不抛弃自身的民主身份。即使对印度和巴西而言,也不太可能,因为它们也对民主表达了强烈支持态度。若想让非民主霸权秩序成为可能,那么,中国将不得不"去合法化"或取代主导其他大国身份话语中的民主要素。这种可能性尽管一直存在,大众层面对民主的支持则意味着,任何试图培育一种非民主的替代性身份分布都可能会经历很长一段时间。更为严峻的是,中国却被其他大国的身份话语描述成一种负面形象。在德国,中国的威权社会主义被认为与其已经抛弃的纳粹和苏维埃历史相联系。[1] 一些印度文本也担忧,印度的民主身份会与中国反对西方民主的态度发生碰撞。[2] 在其他国家中,尽管中国可能被自相矛盾地视为经济奇迹或经济竞争国,但是,它从未从正面意义上被描述成一个领导者或一种典范。

中国目前的身份话语几乎不太可能被推广成为一种可以支撑替代性国际秩序的具有说服力的愿景或意识形态。因为中国国家身份话语略显保守,很难想象中国的身份种类能够得以普世化并

---

[1] Lim Kai Heng, "The Politics of Responsibility: German National Identity in 2010," in Ted Hopf and Bentley B. Allan eds., *Making Identity Count: Building a National Identity Database*, New York: Oxford University Press, 2016, pp. 110 – 111.

[2] Jarrod Hayes, "Talented Democrats in a Modern State: Indian National Identity in 2010, English Sources," in Ted Hopf and Bentley B. Allan eds., *Making Identity Count: Building a National Identity Database*, New York: Oxford University Press, 2016, p. 122.

吸引其他国家。鉴于除英国外的所有国家的大众都对资本主义、市场以及新自由主义抱有模棱两可或是消极的态度,那么,只有一种可能性存在,即中国可以引领一个反新自由主义和民族主义的反霸权联盟。借用葛兰西的术语来说,在寻找由充足全球物质力量支持且可以称霸的意识形态的过程中,的确存在一种潜在的替代性"历史集团"。但是,中国能否提供一种旨在取代新自由主义的令人信服的方案,依旧困难重重。欧洲各国和其他国家似乎准备接受社会民主体制,但是,中国不可能提供这种备选方案。

若有可能的话,美国、英国及其他国家重新涌现的民粹主义潮流表明,针对新自由主义的不满可以冲击不受约束的市场,但是,它们依然支持民主治理模式。[1] 诚如奈吉尔·法拉吉(Nigel Farage)所言,"西方世界的选民希望民族国家成为民主国家"。[2] 全球的民粹主义反霸权意识形态会与现在主导性意识形态中的新自由主义内容争锋,但是,它依然拥抱一种种族—民族主义维度下的民主自我。唐纳德·特朗普总统的当选提升了美国引领反全球化运动的可能性。但是,特朗普的外交政策似乎更可能使西方霸

---

[1] 请见 Ronald F. Inglehart and Pippa Norris, "Trump, Brexit, and the Rise of Populism: Economic Have-Nots and Cultural Backlash," Research Working Paper 16 - 026, Harvard University, 2016.

[2] 引用自 Griff Witte, Emily Rauhala and Dom Phillips, "Trump's Win May Be the Beginnings of a Global PopulistWave,"*Washington Post*, 13 November, 2016, https://www.washingtonpost.com/world/trumps-win-may-be-just-the-beginning-of-a-global-populist-wave/2016/11/13/477c3b26-a6ba-11e6-ba46-53db57f0e351_story.html.

权从内部解体。① 这不仅无法构成一种反霸权联盟,还可能导致由内部大国成员和保证国引领的美国秩序的转移和可能的解体。基于此,新兴大国将很难利用特朗普给全球体系带来的冲击从而攫取其在当前体系中的权力。② 也就是说,可以想象,一些国家,例如新兴国家和霸权大国,可能退出其对当前秩序的支持。这将会使国际秩序面向吉尔平所言的碎片化秩序模型(围绕许多新重商主义国家为中心而建立)变动,或是移向阿查亚(Amitav Acharya)所言的交错重叠的"复杂多重"秩序。③ 在此,按照上述观点,世界将进入无霸权领导的时代,在这个时代中,秩序规则将以混乱和频繁争斗为标志。

除美国之外的其他各国对西方霸权诸组成要素的强劲支持还引发了另一种可能性:由欧洲、中国、印度和巴西共同支撑霸权稳定。在2017年的二十国集团峰会上,各国都表示愿意在美国不参

---

① 请见 Daniel Nexon, "A New International Order with President Trump," *Newsday*, 22 January, 2017, http://www.newsday.com/opinion/commentary/a-new-international-order-with-president-donald-trump-1.12995189.

② Amitav Acharya, "Emerging Powers Can Be Saviours of the Global Liberal Order," *Financial Times*, 18 January, 2017, https://www.ft.com/content/f175b378-dd79-11e6-86ac-f253db7791c6.

③ 根据吉尔平的经典解释,多极体系与经济民族主义以及保护主义是一种共生关系。见 Robert Gilpin, *US Power and the Multinational Corporation*, New York: Basic Books, 1975. 另请见 Amitav Acharya, *The End of American World Order*, Cambridge, UK: Polity Press, 2014,尤其是第五章; Zaki Laïdi, "Towards a Post-hegemonic World: The Multipolar Threat to the Multilateral Order," *International Politics*, Vol. 51, No. 3, 2014, pp. 350-365.

与的情况下稳步推进气候变化和进一步的经济一体化工作。① 实际上,基于中国国家主席习近平在 2017 年世界经济论坛上关于捍卫自由贸易的言论,我们可以看出,在日益增长的民粹主义和保护主义言辞中,中国确实愿意维护当前秩序中的自由主义元素。② 其他国家的持续支持有助于国际领导地位转向某个国家联盟引导的部分秩序转型,但是,秩序规则将或多或少地保持稳定。在美国领导地位不复存在的情况下,我们可以想象国际社会从新自由主义民主转向民族主义民主或社会主义民主。考虑到身份分布对秩序经济侧的支持要少于对政治侧的支持,所以我们可以想象,这将会引发从民主的新自由主义向民主的民族主义或社会主义的转型。这种转型有点像二十世纪七十和八十年代从嵌入式自由主义向民主式新自由主义的转变。

## 六、结 论

本文通过将霸权意识形态身份分布的三种影响理论化,推动建构主义研究纲领的发展,展现国家身份认同对国际关系的影响

---

① David M. Herszenhorn, "G20 Leaders—Except Donald Trump—Declare Paris Climate Deal 'Irreversible'," Politico, 8 July, 2017, http://www.politico.eu/article/g20-leaders-except-donaldtrump-declare-paris-climate-deal-irreversible/.

② Xi Jinping, "President Xi's Speech to Davos in Full," World Economic Forum Annual Meeting, 17 January, 2017, https://www.weforum.org/agenda/2017/01/full-text-of-xi-jinping-keynote-at-theworld-economic-forum.

路径。

第一,如果身份分布支持霸权意识形态,那么,秩序很可能保持稳定。

其二,如果崛起国的身份与霸权意识形态不一致,那么,崛起国不太可能拥有正式成员资格从而完全融入秩序之中。

第三,如果挑战国的身份与其他大国中的身份分布存在差异,那么,挑战国就不可能成功建构反霸权集团。

我们主要的实证结论是:因为身份分布主要还是支持西方的民主式新自由主义,中国的崛起不可能推动霸权转移。此外,中国也还没有开始承担塑造那种可以与巴西、印度以及其他国家产生共鸣之替代性意识形态的艰巨任务。①

在概述并理论化由身份分布支撑的霸权稳定时,我们提出霸权转移何时发生的问题。② 有抱负的挑战国必须控制那些塑造大国间国家主导行为模式的规则和制度,才可以被称作霸权转移。

我们的理论认为,有两种路径可以实现霸权。首先,身份特征与老牌强国相一致的追求霸权国家将处于联合建构霸权秩序的有

---

① 关于可替代观念之重要意义研究的相关文献,请见 Shaun Breslin, "China and the Global Order: Signaling Threat or Friendship?" *International Affairs*, Vol. 89, No. 3, 2013, pp. 615 - 634; William Callahan, "Chinese Visions of World Order: Post-Hegemonic or a New Hegemony?" *International Studies Review*, Vol. 10, No. 4, 2008, pp. 749 - 761; Charles A. Kupchan, "The Normative Foundations of Hegemony and the Coming Challenge to Pax Americana," *Security Studies*, Vol. 23, No. 2, 2014, pp. 21 - 57.

② 我们对于提出该疑问的匿名评审人表示感谢。

利位置。这种崛起大国依然需要将现存意识形态去合法化，谋划一种替代意识形态，从而动员反霸权集团。我们认为，这种路径对中国而言将会非常困难。

其次，追求霸权的国家可以通过以下两种方式之一来培育具有一致身份话语的大国联盟。它可以带领一群具有相似身份的崛起大国步入大国之列，沿袭此路，通过不尽的合作努力建立新的替代秩序。或者，这个大国可以胁迫或欺骗其他大国中的精英和大众，让它们改变身份，如此它们可以接受新的意识形态。第二种路径仍然要求追求霸权的国家有能力创造出具有吸引力的意识形态。但是，正如我们前文所述，即使中国在军事、经济以及文化上可以在身份分布方面上做出有利改变，究竟其身份中的何种普适元素可以立足拓展，这依然未知。当然，中国可以尝试宣传其威权的资本主义霸权意识形态，然而，正如葛兰西所言，这将不得不针对其他国家的民主常识开展一场"消耗战、战壕战"。这可能需要数十年的时间并且需要消耗大量的经济和文化资源。

上述观点还引出了未来研究需要关注的一些重要问题。追求霸权的国家要通过哪些机制和经历什么过程才可能将老牌强国整合形成一个反霸权集团？追求霸权的国家如何才能培育一种有优势的身份分布？这个过程需要多长时间？这些问题对于理解身份分布作为一种外生的结构限制变量影响霸权秩序动力的程度非常重要。但是，与我们在本文中研究相比，它们都是需要对霸权历史予以更细致审视的基本经验问题。

本文使用的数据源自一项宏大的项目，它旨在建构一个大国国家身份数据库，该数据库涵盖了自1810年至今的国家身份定量和定性数据。① 该数据库可以用于提高我们对霸权动力、联盟形成、制度合法性、条约批准等概念的理解。特别是,通过绘制国家身份话语的变化情况,我们能够实证性地评估国家身份抗拒国内外那些操控行为的抵触程度。这些历史数据也允许我们对上一次霸权转移(从英国治下的和平转移到美国治下的和平)中的身份分布角色做出更细致的分析。它还有助于我们进一步完善本文提出的理论,更加谨慎地展现霸权和身份的连接机制。实际上,我们对霸权稳定和霸权转移的动因和过程知之甚少。在某种程度上,这的确是一个事实,因为自十九世纪中期出现真正意义上的世界性国际秩序之后,霸权转移只发生过一次。但是,我们在未来一个世纪恰恰能够通过历史文本进一步思考这些动因。我们需要实时展现内含制度和意识形态复杂性的霸权,而不是仅仅诉诸那些抽象的、概括化的并优先考虑经济军事因素的系列法则。

---

① 请见 Ted Hopf and Bentley B. Allan eds., *Making Identity Count: Building a National Identity Database*, New York: Oxford University Press, 2016.

# 生态安全、环境治理与全球秩序

张海燕*

**内容摘要** 自1972年联合国人类环境会议以来,环境治理已逐步从全球治理的边缘转移到中心地带。目前,全球环境治理体系呈现出议题多样化、参与主体多元化、参与方式多样化等特征。近年来,发达国家和发展中国家在环境治理目标、责任分担机制以及资金和技术转让等问题上存在诸多分歧,很难形成治理合力。与此同时,全球环境治理的领导力开始向东转移,美国和欧盟的传统领导力不断弱化,中国等新兴国家的领导力逐步增强。当前碎片化的全球环境治理体系已难以应对持续恶化的全球环境状况,这对全球生态安全造成挑战。国际社会亟须在包容性理念的指导下构建有更广泛主体参与的公平合理、合作共赢的多边环境治理体系,将环境因素纳入社会和经济发展的主流决策中,推动可持续

---

\* 张海燕,南京大学—约翰斯·霍普金斯大学中美文化研究中心副教授。

发展的转型变革。

**关键词** 环境治理 生态安全 治理主体 全球秩序 可持续发展

# 引　言

全球环境问题是国际社会所面临的超越国家和区域行政边界,由人类活动引发的资源过度开发、环境污染、生态破坏、气候变化等对人类社会可持续发展构成严峻挑战的系列环境问题。随着全球环境的不断恶化,环境问题已经与安全、贸易、经济和卫生等议题一样,进入全球政治议程的中心,成为国际社会关注的重要议题之一。

随着国际社会对全球环境问题认识的不断深化,世界各国在联合国体系下通过国际交流与合作、国际共识与规则、国际环境政策和条约展开解决全球性环境问题的系列行动。环境治理在全球治理体系中的地位持续上升,已成为全球治理的优先议程。自1992年联合国环境与发展大会以来,环境问题开始被国际社会视为一个发展问题并逐渐被内化到国际决策中。全球环境治理是指在全球环境问题治理中形成的各种治理组织、设定的治理目标以及为实现目标所采取的行动、合作模式、运行机制的总和。[1]

---

[1] 刘冬、徐梦佳:《全球环境治理新动态与我国应对策略》,载《环境保护》2017年第6期,第61页。

## 一、全球环境治理体制的发展演变历程

工业革命以来,大规模的工业生产加速了环境恶化的速度。从 20 世纪 30 年代开始,西方发达国家相继发生了震惊世界的"八大公害事件",引起国际社会对环境污染问题的关注。20 世纪 60 年代,人类对日益严重的环境问题开始进行反思。

《寂静的春天》和《增长的极限》等里程碑式著作有力地唤醒了人类社会的环境意识,推动了全球环境治理体系的萌芽。1972 年斯德哥尔摩联合国人类环境会议开始了全球环境治理的进程。1992 年里约热内卢联合国环境与发展大会将经济发展与环境保护相结合,提出可持续发展的理念,推动了全球环境治理体系的发展。2002 年联合国在约翰内斯堡召开世界可持续发展峰会,将可持续发展的共识变成可行性计划和目标。全球环境治理从议程设定时代进入议程实施时代。2012 年联合国可持续发展大会整合经济、社会和环境三方面的发展政策,推动了 2015 年后可持续发展目标的设立。

从 1972 年斯德哥尔摩人类环境会议到 2012 年"里约+20"峰会,全球环境治理在全球治理体系中的地位呈上升态势,从边缘逐渐转移到中心地带。全球环境治理的演变历程也是人类对生态环境以及人与自然关系认识不断深化的过程,是各国在复杂的利益博弈中艰难完善过程。根据具有里程碑式的历次世界环境大会的举办时间,本文将全球环境治理体系的发展划分为以下五个阶段。

## (一)全球环境治理体系的萌芽阶段

工业革命以来,人类社会科学技术水平突飞猛进,人口数量急剧膨胀,人类对自然环境展开了前所未有的大规模开发利用。人类社会在创造了极大丰富的物质财富的同时也引发了深重的环境灾难。由于缺乏有效的管理和控制,20 世纪 30 年代到 60 年代美国、日本和欧洲相继发生了举世震惊的世界"八大公害事件",给国际社会敲响了环境危害的警钟。

1962 年美国蕾切尔·卡逊夫人的《寂静的春天》是唤起世界环境保护意识的里程碑著作。在这本书中,卡逊夫人揭示了因农药过度使用造成的环境污染和生态破坏问题,用生态学的基本原理分析了杀虫剂 DDT 对人类赖以生存的生态系统带来的长期的、缓慢的危害。卡逊夫人指出"人类走在交叉路口"的警世之言。她说"我们正站在两条路的交叉路口上。这两条道路完全不一样。我们长期以来一直行驶的这条路使人容易错认为是一条舒适的、平坦的超级公路,终点却有灾难等待。另一条是很少有人走过的路,但为我们提供了最后的保住地球的机会"①。《寂静的春天》警告了一个任何人都很难看到的危险,批判了工业革命以来人类社会"控制自然"的思想,是人类社会对人与自然关系的早期反思。该书引发了公众对环境问题的关注,直接推动了日后现代环保主义的发展。

1972 年罗马俱乐部发表《增长的极限》第一次提出了增长是

---

① 蕾切尔、卡逊:《寂静的春天》,吕瑞兰、李长生译,吉林人民出版社,1997 年版,第 244 页。

存在极限的,这主要是由于地球资源和环境承载力的有限性造成的。该书运用系统动力学的理论和方法对未来几十年世界的人口、工业生产、粮食、资源消耗和环境等变量进行预测,勾勒未来世界的发展趋势。该书预言经济增长不可能无限持续下去,如果人类社会不改变现在贪婪的增长方式,世界性灾害即将来临。要避免因超越地球资源环境极限而导致世界崩溃的最好方法是限制增长,即"零增长"。《增长的极限》将全球性视角引入环境治理问题,为工业革命以来人类社会不断追求增长的发展模式注入了一服清醒剂,迫使人类社会开始反省人类究竟应当怎样对待地球。

1972年前是全球环境治理的萌芽时期。环境污染的事实和环保思想的传播推动了全球环境保护意识的觉醒。20世纪70年代,发达国家出现了一系列大规模群众性反污染、反公害的环境保护运动。1970年4月22日美国各地大规模的环保示威游行直接促使每年4月22日成为"世界地球日"。发达国家纷纷成立了环境保护机构并加强环境立法。国际社会也开始开展全球环境治理的合作,陆续出台一些关于全球环境保护的公约,如1969年的《国际油污损害民事责任公约》等。环境保护开始从局部关注发展到全球共识,整个国际社会对加强全球环境治理的意愿不断增强。[①]

### (二) 全球环境治理体系的形成阶段

在国际环境保护舆论和行动的共同推动下,1972年6月国际社会针对环境问题在瑞典首都斯德哥尔摩召开第一次全球政府间

---

① 叶琪:《全球环境治理体系:发展演变、困境及未来走向》,载《生态经济》2016年第9期,第158页。

环境会议——联合国人类环境会议（United Nations Conference on Human Environment），将环境问题纳入世界各国政府和国际政治的议程。在"只有一个地球"的主题下，会议通过了《联合国人类环境会议宣言》，呼吁各国政府和人民保护、改善人类环境，联合治理国际环境问题。1973年1月，联合国大会根据人类环境会议的决议，成立联合国环境规划署（United Nations Environment Program，UNEP），作为联合国专职环境规划的常设部分，负责统一协调国际环境保护行动。联合国人类环境会议后，环境问题日益进入很多国家的政治议程。设立环境保护机构的国家从人类环境会议前的10个增加到1982年的110多个。[1] 联合国人类环境会议开启了全球环境治理的进程，是全球环境治理机制正式确立的主要标志。

1987年，由时任挪威首相布伦特兰夫人担任主席的"世界环境与发展委员会"发表了著名的名为《我们共同的未来》的报告，系统研究了人类社会面临的经济、社会和环境问题，指出经济发展和生态系统相互依存，不仅经济发展会给生态环境带来影响，生态环境的压力也会制约经济发展。人类社会需要从保护和发展环境资源、满足当代人和后代人的需求出发，走一条新的发展道路，即可持续发展道路。《我们共同的未来》将环境与发展结合起来，让人们认真思考社会、经济与环境之间的相互依赖关系。

《我们共同的未来》首次提出了"可持续发展"的概念，指出"可

---

[1] 孙凯:《联合国环境大会与全球环境治理》，载《中国环境管理干部学院学报》2008年第1期，第50页。

持续发展是既满足当代人的需要,又不对后代人满足其需要的能力构成危害的发展"①。可持续发展突出发展的主题体现了发展的持续性、公平性和共同性这三大原则。持续性原则是指人类的经济和社会发展不能超过地球的资源与环境的承载力,发展应当基于资源的可持续利用和生态环境的可持续性保持。公平性原则包括发展中国家和发达国家之间代内公平、当代人与后代人之间代际公平以及人与自然与其他生物之间的公平。共同性原则是指可持续发展是全人类的发展,追求人与人之间、人与自然之间的和谐是国际社会共同的道义和责任。

1972 年到 1992 年是全球环境治理的形成阶段。全球环境治理的理念与行动从针对技术层面环境保护转向统一考虑环境与发展问题。跨界空气污染问题和全球臭氧层保护问题开始摆上国际谈判日程。其中,20 世纪 80 年代进行的全球保护臭氧层谈判已经成为当时重要的多边外交谈判之一,显示环境问题开始成为国际议事日程的重要内容。②

**(三) 全球环境治理体系的发展阶段**

1992 年 6 月,联合国在巴西的里约热内卢召开联合国环境与发展大会(United Nations Conference on Environment and Development),将可持续发展共识转变为可持续发展行动战略。

---

① 世界环境与发展委员会:《我们共同的未来》,王之佳等译,吉林人民出版社,1997 年版,第 52 页。
② 梅凤乔、包堉含:《全球环境治理新时期:进展、特点与启示》,载《青海社会科学》2018 年第 4 期,第 60 页。

会议通过了开展全球环境与发展领域合作的框架性文件《里约环境与发展宣言》（又名《地球宪章》）和在世界范围内推动可持续发展的行动计划《21世纪议程》。在里约会议的推动下，联合国在经社理事会下成立了"可持续发展委员会"，追踪联合国在实施《21世纪议程》方面取得的进展，增进国际合作，使各国有能力兼顾环境与发展问题。里约环境与发展大会也开放签署《气候变化框架公约》和《生物多样性公约》，从国际法方面推动全球环境治理。1992年里约会议为人类未来指明了发展方向。里约会议后的10年内，80多个国家分别编制了本国的《21世纪议程》，将可持续发展战略纳入国家发展规划，6 000多个城市在《21世纪议程》下制定了可持续发展的远景目标。①

2000年，世界各国领导人共聚联合国纽约总部，召开联合国千年首脑会议（United Nations Millennium Summit），提出八项联合国千年发展目标（Millennium Development Goals，MDGs），弥补国际社会过度关注经济目标，社会和生态发展停滞所带来的不足。MDGs中第七项特别论述了环境问题，旨在确保全球环境的可持续能力。MDGs中的环境目标包括到2010年显著降低生物多样性丧失的速率，到2015年将无法持续获得安全饮用水和基本卫生设施的人口数量减半，到2020年至少改善1亿贫民窟居民的生活条件。

1992年到2002年，全球环境治理体系迅速发展，逐渐形成了

---

① 叶琪：《全球环境治理体系：发展演变、困境及未来走向》，载《生态经济》2016年第9期，第158页。

在全球、区域、国家和地方等层面上发达国家和发展中国家、政府与企业合作共商解决全球环境问题的新模式①。《气候变化框架公约》《生物多样性公约》《鹿特丹公约》《防治荒漠化公约》和《京都议定书》等重要的国际条约相继签署。

### (四) 全球环境治理体系的徘徊分化阶段

2002年,联合国在南非约翰内斯堡召开了世界可持续发展峰会(World Summit on Sustainable Development),商讨1992年里约会议以来各国在环境与发展方面的进展、《21世纪议程》的实施情况以及未来的进一步行动计划,为里约会议提出的可持续发展战略提供具体的执行计划。② 会议主要针对安全饮用水、生物多样性、人类健康、农业生产和能源这五个领域中被忽视的和未得到解决的最紧迫环境问题设置了时间表。会议通过了《约翰内斯堡可持续发展宣言》和《约翰内斯堡执行计划》。

与斯德哥尔摩会议、里约会议相比,2002年的约翰内斯堡会议被认为是绩效最差的一次。与1992年里约会议相比,2002年峰会的国家参与度不高,参会人员层次也有所下降,只有不到50%的政府首脑参与峰会。约翰内斯堡峰会并没有设立新的联合国机构,而是重点考虑如何加强现有机构的运行能力和提高机构效率等问题。

---

① 于宏源、王文涛:《制度碎片和领导力缺失:全球环境治理双赤字研究》,载《国际政治研究》2013年第3期,第42页。
② 孙凯:《联合国环境大会与全球环境治理》,载《中国环境管理干部学院学报》2008年第1期,第51页。

2002年到2012年,全球环境治理体系进入了徘徊分化时期。由于发达国家和发展中国家在"共同但是有区别的责任"原则中的分歧越来越大,发达国家对改善全球环境方面的表现也越来越消极。2001年美国退出《京都议定书》极大地挫伤了国际社会参与全球环境治理的信心和努力。由于美国的退出,《京都议定书》一直到2005年2月16日才正式生效。2002—2012年间,全球环境治理体系所面临的挑战主要是因为全球环境治理已经从里约会议期间的议程设定时期转变到议程实施时代,全球环境治理进入调整阶段。尽管环境治理中不同国家之间的分歧难以消除,但是全球环境治理体系在复杂的利益博弈中不断完善。

### (五) 全球环境治理体系的加速发展阶段

2012年6月,各国首脑在20年后重聚里约热内卢,召开联合国可持续发展大会(UN Conference on Sustainable Development,又称"里约+20"峰会),围绕"绿色经济在可持续发展和消除贫困方面的作用"和"可持续发展的体制框架"两大主题,重拾各国对可持续发展的承诺,就20年来国际可持续发展各领域取得的进展和存在的差距进行了深入讨论,最终形成了《我们憧憬的未来》宣言文件。"里约+20"峰会还要求联合国设立高级别政治论坛来整合经济、社会和环境三方面的发展政策,设立2015—2030年的可持续发展目标,升级 UNEP 并为其增加资源和权限。①

2015年10月,150多位国家元首和政府首脑集聚联合国纽约

---

① 梅凤乔、包堉含:《全球环境治理新时期:进展、特点与启示》,载《青海社会科学》2018年第4期,第61页。

总部,召开联合国可持续发展峰会(United Nations Sustainable Development Summit),聚焦 2015 年后全球可持续发展议程。在此次会议上,联合国 193 个会员国共同达成题为"改变我们的世界:2030 年可持续发展议程"的协议,宣布 17 项可持续发展目标(Sustainable Development Goals,SDGs)和 169 个子目标,旨在在未来 15 年内系统地解决社会、经济和环境三个维度的发展问题,转向可持续发展道路。2013 年 9 月联合国可持续发展高级别论坛正式启动,取代可持续发展委员会。可持续发展高级别论坛在政治上领导、指导并监督全球可持续发展进程,审核可持续发展目标实施进展。

在"里约+20"峰会的呼吁下,2013 年 3 月联合国大会通过决议把由 58 个成员国参与的联合国环境规划署理事会升级为普遍会员制的联合国环境大会(United Nations Environment Assembly,UNEA),使联合国所有成员国可以共同在部长级层面共同商讨全球环境治理的优先事项。作为世界最高级别的环境决策机制,联合国环境大会通过共同制定决议和发起全球呼吁,引领全球环境治理新实践,推动各国政府、非政府组织、私营部门和民间社会深度参与全球环境治理。UNEA 每两年举办一次,实现环境治理在全球层面上的机制化。目前,UNEA 已于 2014 年、2016 年、2017 年和 2019 年召开了四届联合国环境大会,分别重点讨论了 UNEP 未来的发展方向、如何落实《2030 年可持续发展议程》中的环境目标、寻找创新解决办法应对环境挑战并实现可持续消费和生产。

环境问题在全球治理体系中也不断强化。在 2000—2015 年的千年发展目标中,环境可持续性目标仅涵盖生物多样性、安全饮用水与基础卫生设施以及贫民窟居民的生活条件。在2015—2030年的17项可持续发展目标中,就有7项与环境直接关联,涵盖清洁饮水和卫生设施(SDG 6)、廉价清洁的能源(SDG 7)、可持续城市与社区(SDG 11)、负责任的消费与生产(SDG 12)、气候行动(SDG 13)和水下及陆地生物多样性保护(SDG 14、15)。此外,全球环境治理的理念还广泛渗透到全球环境治理的其他领域,被整合或主流化到其他可持续发展目标中,例如"消除饥饿"目标(SDG 2)中包含"可持续的氮管理指数"子目标。全球环境治理已深入融合到全球可持续发展的目标中,成为全球治理的中心议题。

2012年"里约+20"峰会以来,全球可持续发展体系进入加速发展阶段。从MDGs中将"确保环境的可持续性"作为八大目标之一,到SDGs中将环境可持续性视为与经济增长和社会包容性同样重要的三大可持续发展支柱,环境问题已经进入世界政治和全球治理的中心地带。①

## 二、全球环境治理体系

全球环境展望(Global Environment Outlook,GEO)是联合国环境署针对1972年联合国斯德哥尔摩人类环境会议以来全球环境状况发布的主导型报告。2012年发布的GEO-5分析了过去40年的全球环境状态和趋势,并对重要全球环境问题的治理政

---

① 梅凤乔、包埠含:《全球环境治理新时期:进展、特点与启示》,载《青海社会科学》2018年第4期,第63页。

策和进展进行回顾与评估。基于 GEO－5 报告,本文从大气、土地、淡水、海洋、生物多样性和化学品与废弃物六方面分析当前全球环境安全格局。

(一) 大气环境治理

1. 全球大气环境问题

人类活动产生的空气污染物持续改变大气组成,导致空气污染、气候变化、平流层臭氧耗竭等大气环境问题,对全球的可持续发展造成了巨大挑战。空气污染是造成全球疾病负担的主要环境因素。《全球疾病负担》报告显示室内室外空气污染每年导致全球约 600 至 700 万人过早死亡[1]。当前,全球空气污染的主要污染物为细颗粒物($PM_{2.5}$)和臭氧。[2]《2017 年全球空气状况》报告显示 92％的世界人口居住在不健康的空气中[3]。中国、印度、巴基斯坦和孟加拉国等国 86％的人口生活在 $PM_{2.5}$ 浓度超过 75 微克每立方米的地区。1990 年至 2015 年间,全球臭氧的人口加权浓度

---

[1] Global Burden of Disease Cancer Collaboration, "Global, Regional, and National Cancer Incidence, Mortality, Years of Life Lost, Years Lived With Disability, and Disability-Adjusted Life-years for 32 Cancer Groups, 1990 to 2015: A Systematic Analysis for the Global Burden of Disease Study," *JAMA Oncology*, Vol. 3, No. 4, 2017, pp. 524 – 548.

[2] 对流层大气中的臭氧是一种空气污染物。超标的臭氧对人体有刺激作用,可能会引发呼吸系统方面的疾病。高浓度的臭氧还会降低植物的生长力,导致农作物产量下降,破坏植物吸收二氧化碳的能力。近地面高浓度的臭氧会对人类健康和环境产生不利影响。

[3] 世界卫生组织推荐的环境空气质量指导值中 $PM_{2.5}$ 年均浓度为 10 微克/立方米。

增加了 7%。①

高空臭氧层能够起到吸收紫外线、保护地球生物圈的作用。臭氧消耗物质导致臭氧层变薄,南北极地区的平流层出现季节性臭氧层空洞。1987 年 10 月,南极上空的臭氧浓度降到了 1957—1978 年间的一半,臭氧洞面积则扩大到足以覆盖整个欧洲大陆。此后,南极臭氧层空洞的深度和面积等仍在继续扩展,南极臭氧洞的损耗状况持续恶化。除南极外,在北极上空和其他中纬度地区也都出现了不同程度的臭氧层损耗现象。

气候变化对全球生态环境和人类社会福祉产生重大威胁。联合国政府间气候变化委员会(Intergovernmental Panel on Climate Change,IPCC)最新发布的第五次评估报告显示全球气候变暖的事实是毋庸置疑。人类活动导致了 20 世纪 50 年代以来一半以上全球气候变化。工业革命以来,全球地表平均温度上升约 0.85 ℃。海洋变暖,海平面上升了 19 厘米。地表空气中温室气体浓度持续增加。2012 年,大气中二氧化碳、甲烷和氧化亚氮的浓度分别比工业化之前增加了 41%,160% 和 20%。1983—2012 年可能是过去 1 400 年来最热的 30 年。气候变暖导致海洋变暖、海平面上升、冰冻圈退缩和极端天气气候事件持续增加等。气候变化导致的水资源减少、粮食减产、生物多样性丧失、自然灾害、疾病增加、贫穷化和海岸淹没等正在对人类社会经济系统产生巨大的深远的影响。2011 年全球大气中二氧化碳当量浓度为 430 ppm。如果国

---

① Health Effects Institute, State of Global Air 2017, Boston: Health Effects Institute, 2017, http://www.healtheffects.org/.

际社会不加大温室气体减排力度,二氧化碳当量浓度将在 2030 年超过 450 ppm;到 21 世纪末超过 750 ppm,并造成全球地表平均温度比工业化前高 3.7—4.8 ℃,对人类社会引发灾难性影响。

2. 全球大气环境治理体系

针对严峻的跨界空气污染、平流层臭氧耗竭和气候变化,国际社会采取了一系列的全球治理机制和行动,一些大气问题已经得到了有效的解决。收益远远超过成本。为控制酸雨越境污染,1979 年,联合国欧洲经济委员会主持签订了《长程越界空气污染公约》(Convention on Long-range Transboundary Air Pollution, CLRTAP)。1983 年 3 月 6 日,该区域性国际公约生效,共 25 个欧洲国家、欧洲经济共同体和美国参加缔约。该框架性公约规定各缔约国应通过信息共享、协商和监测等手段,及时制定防治空气污染物的政策和策略,尤其在控制二氧化硫排放和酸雨等方面。在该公约框架下,缔约国签订了一系列议定书,对二氧化硫、氮氧化物等污染物进行跨国联防联控。2012 年,新修订的《哥德堡议定书》将 $PM_{2.5}$ 和黑炭纳入公约的防控体系,为所有成员国都设定了主要空气污染物的减排目标,并监督各国的履约情况。目前,该公约的缔约国已经覆盖到欧洲、中亚和北美洲。除 CLRTAP 外,2002 年东盟国家也签订《东盟越境烟霾污染协议》,要求成员国同意采用零燃烧排放,监测和防止东盟地区因种植园"烧芭"或森林火灾引起烟霾污染。

目前,颗粒物和对流层臭氧有关环境目标的治理进程已经合并。大多数发达国家已经成功地将室内外颗粒物、二氧化硫和氮氧化物浓度降低到世界卫生组织(World Health Organization, WHO)

的指导水平。但是亚洲、非洲和拉丁美洲很多城市的颗粒物水平仍远高于WHO的指导水平,空气污染状况令人担忧。对流层臭氧污染对人类健康的影响也是全世界关注的重点环境健康问题。

针对平流层臭氧耗竭问题,UNEP从20世纪70年代开始为了保护臭氧层采取一系列行动。1985年,联合国通过了《保护臭氧层维也纳公约》,明确指出平流层臭氧损耗对人类健康和环境的影响,并呼吁各国政府采取合作行动,控制或禁止一切破坏大气臭氧层的活动。为进一步落实《保护臭氧层维也纳公约》,1987年,UNEP在加拿大蒙特利尔通过了《关于耗损臭氧层物质的蒙特利尔议定书》,简称《蒙特利尔议定书》,要求缔约国采取控制消耗臭氧层物质全球排放总量的措施,分阶段减少氯氟烃(CFCs)的生产和消费,以保护臭氧层不被破坏。逐步淘汰消耗臭氧层物质的行动是国际社会为保护地球而达成共识并采取行动的典范。2009年,全球消耗臭氧层物质的生产和消费量比1986年减少了98%。[①]

20世纪80年代,气候变化问题被国际社会视为影响自然生态环境、威胁人类社会福祉的重大问题,进入全球环境治理议程。1988年联合国环境规划署和世界气象组织联合成立政府间气候变化委员会(Intergovernmental Panel on Climate Change, IPCC),对气候变化相关科学展开评估。IPCC旨在定期为决策者提供针对气候变化的科学基础、气候变化对社会经济的未来影响

---

① 联合国环境规划署:《全球环境展望5——我们未来想要的环境》,2012年版,第54页。

的评估,以及如何适应和减缓气候变化的可选方案。为全面控制二氧化碳等温室气体排放,应对气候变暖对人类社会带来的不利影响,1992年联合国在里约环境与发展大会上开放签署《联合国气候变化框架公约》(United Nations Framework Convention on Climate Change, UNFCCC)。UNFCCC是国际社会在应对气候变化问题上进行国际合作的一个基本框架。1994年3月,UNFCCC正式生效,开启了气候变化的国际谈判议程。截至目前,UNFCCC共有196个缔约方,除欧盟作为经济一体化组织外,195个缔约方为主权国家。

1997年12月,UNFCCC第三次缔约方大会通过首个具有法律约束力的国际气候协议——《京都议定书》(Kyoto Protocol)。在"共同但是有区别的责任"原则的基础上,《京都议定书》为发达国家(其附件1名单内的国家)设置了有差别的减排承诺。历经8年艰难的谈判,2005年2月16日《京都议定书》最终生效,明确规定了2008—2012年(第一承诺期)发达国家温室气体排放控制目标。为促进各国完成温室气体减排目标,《京都议定书》采用清洁发展机制、排放交易和共同减量等机制促进发达国家和发展中国家共同减排温室气体。

气候变化国际谈判自2001年巴厘会议开始回暖。为避免气候变化的灾难性影响,2009年哥本哈根联合国气候变化大会提出了相比工业化前将21世纪末全球气温上升幅度控制在2℃以内的目标。哥本哈根会议前,发达国家主动提出减排承诺,但是要求发展中国家承担共同的减排责任。2015年12月,《巴黎协定》(The Paris Agreement)通过,成为继《京都议定书》后第二份有法律约束力的全球气候协议,为2020年后全球应对气候变化治理进程做出了制度性的安排,开启了全球气候治理的新秩序。

《巴黎协定》确定了到2050年实现净零排放的长期目标,到21世纪末将全球升温与工业化时期相比限制在2℃内。该协定允许各国以"国家自主贡献"(Intended Nationally Determined Contribution,INDC)的方式参与全球应对气候变化行动,承诺自己的国家目标、减排政策和时间表。联合国通过全球盘点的约束机制每五年对各国行动的效果进行审查。此外,基于"共同但有区别的责任"原则,发达国家承诺在2020年前为发展中国家每年提供一千亿美元的气候融资。2018年12月的气候变化卡托维兹大会就自主贡献、减缓、适应、资金、技术、能力建设、透明度、全球盘点等内容涉及的机制、规则基本达成共识,并对进一步落实《巴黎协定》,加强全球应对气候变化的行动做出安排。

气候变化、空气质量和平流层臭氧耗竭是密切相关的环境治理问题,对人类健康、农作物生产和生态系统等都有相互交叉的多重影响。空气污染和气候变化具有同源性。解决空气污染问题可以同时带来空气质量改善和温室气体减排的协同效应。但是,当前国际社会并未采用综合性措施来解决这些问题。全球大气环境治理政策大多是20年前设定的。各大气环境治理议程针对不同治理对象所采取的不同措施可能会同时带来协同效益或不利影响,存在相互矛盾的风险。[1]

---

[1] 联合国环境规划署:《全球环境展望5——我们未来想要的环境》,2012年版,第33页。

## (二) 土地环境治理

### 1. 全球土地环境问题

人口增长、经济全球化、快速城市化、土地资源利用增加和气候变化等对陆地生态系统造成了前所未有的压力。不可持续的土地利用方式已经导致超过 25% 的土地出现退化。仅森林退化和滥砍滥伐就对全球经济造成了比 2008 年全球金融危机更大的经济损失。[①] 湿地为人类提供不可或缺的生态系统产品和服务。由于缺乏对湿地生态服务功能的充分认识,湿地不断被用于农业和城市发展。世界上 64% 的湿地已经丧失,绝大多数地区的湿地总面积和质量均在下降。每年由于湿地丧失造成的全球自然资本损失高达 2 万亿至 4.5 万亿美元。[②] 由于干旱和沙尘暴等灾害肆虐,全球 100 多个国家和地区超过 10 亿人口正遭受着荒漠化的影响。随着全球对粮食、水和能源的需求持续增长,预计到 2040 年全球可用农田将减少 8%—20%,全球粮食产量会下降 12%。[③] 气候变暖将导致全球湿地和森林保护以及荒漠化防治形势变得更加严峻,直接危及全球粮食安全和生态安全。荒漠化等土地退化问题对实现联合国可持续发展目标,特别是在消除贫困和确保环境可持续性方面,有着深远的影响。

---

① 张建龙:《〈联合国防治荒漠化公约〉开启各国携手防治荒漠化的新里程碑》,载《内蒙古林业》2017 年第 10 期,第 4 页。
② 联合国环境规划署:《全球环境展望 5——我们未来想要的环境》,2012 年版,第 76 页。
③ 联合国环境规划署:《2010—2020:联合国荒漠与防治荒漠化十年》,https://www.un.org/zh/events/desertification_decade/whynow.shtml。

## 2. 全球土地环境治理体系

早在1971年2月,国际社会就在伊朗的拉姆萨尔通过《关于特别是作为水禽栖息地的国际重要湿地公约》(Convention on Wetlands of Importance Especially as Waterfowl Habitat,又称《拉姆萨尔公约》)。该公约于1975年12月21日生效,为湿地保护及其资源合理利用的国际行动提供国际合作框架。为了保障发展中国家的湿地保护和管理,1989年,《拉姆萨尔公约》设置了"湿地保护基金",从各国政府及非政府组织获取资金,应用于发展中国家湿地保护计划的实施。1996年10月,《拉姆萨尔公约》第19次常委会将每年2月2日定为"世界湿地日"以提高公众对湿地价值和效益的认识。目前,《拉姆萨尔公约》共有170个缔约国,已将全球2 326处湿地列入"国际重要湿地名录"。2003年,欧洲空间局和《拉姆萨尔公约》秘书处携手发起了全球湿地项目,运用地球观测技术支持湿地生态系统清单的监测和评估。在《拉姆萨尔公约》的推动下,全球大部分地区湿地的损失速度与20世纪80年代和90年代相比有所放缓。但由于全球对粮食、饲料和生物燃料等需求持续增加,湿地及其相关生态服务功能的损失还会继续产生。

1977年,联合国大会首次召开"联合国荒漠化大会",制订《防治荒漠化行动计划》,旨在帮助受影响国家拟定应对荒漠化问题的计划。但是截至1991年,仅20个受影响的国家制订了国家防治荒漠化计划。1992年,联合国环境与发展大会将防治荒漠化列为全球环境治理的优先领域。1994年,联合国通过《联合国防治荒漠化公约》(United Nations Convention to Combat Desertification, UNCCD)。作为国际社会防治荒漠化合作的基础性法律文件,该公约于 1996 年 12 月正式生效，目前共有 196 个缔约方。

2007 年，针对全球范围内日趋严峻的土地荒漠化和土壤退化问题，联合国大会在巴西正式启动"联合国荒漠与防治荒漠化十年（2010—2020 年）"计划，进一步提高全球对荒漠化、土地退化以及旱灾威胁可持续发展及脱贫进程的认识。这项十年计划旨在提高缔约国防治荒漠化行动的一致性，通过金融和技术转让帮助发展中国家加强可持续土地管理，防治荒漠化并提高土壤的复原能力。

2005 年，在 UNFCCC 的第 11 次缔约方会议上，以哥斯达黎加为首的国家提出雨林国家应为减少森林退化和保护森林覆盖率受到补偿。2009 年哥本哈根气候大会上，各缔约方对 REDD＋（Reducing Emission from Deforestation and Degradation and Enhance Forest Carbon Storage）机制达成共识，旨在通过向发展中国家给予资金补偿的方式，补偿他们因减少森林砍伐、避免森林退化和可持续经营而减少的碳排放。2013 年全球 REDD＋项目的森林面积达 3 000 万公顷，超过全球森林碳汇交易量的 80%，成为国际森林碳市场最重要的机制。[①] 完善森林管理和 REDD＋机制可以提升国家对森林的可持续管理和利用。森林管理委员会（FSC）和森林认证项目（PEFC）是两个主要的可持续森林管理认证组织。2002—2010 年期间，得到上述两个机构认证的森林面积每年增加约 20%。然而，2010 年，仅约 10% 的全球森林总面积处

---

① 温雅丽、袁金鸿:《全球森林碳市场交易额累计突破十亿美元》，载《中国绿色时报》2015 年 1 月 28 日，第 3 版。

于 FSC 和 PEFC 认证的可持续森林管理之下。①

尽管国际社会在《联合国防治荒漠化公约》和《拉姆萨尔公约》下采取一系列行动,但是在土地治理的各环境目标实现方面进展参差不齐。1992—2012 年间,全球在禁止森林砍伐、加强粮食获取方面取得了一定的进展,在防治荒漠化、干旱以及提供生态系统服务方面进展很小或没有进展。全球在湿地保护方面目标没有实现,湿地生态环境进一步恶化。

### (三) 淡水环境治理

1. 全球淡水环境问题

淡水和海洋的生态服务功能对人类生存发展非常重要。水资源短缺对生态环境、人类健康、社会发展、能源和粮食等都产生了不断加重的压力。目前,水资源匮乏影响着全球 40% 的人口。处于缺水状态的人口可能从现在的 36 亿人增加到 2050 年的 57 亿人。② 2011 年,全球共有 41 个国家水资源紧张,其中 10 个国家的可再生淡水资源几近枯竭,不得不依赖非常规水资源。③ 随着全球变暖,日益严重的干旱和荒漠化也在加重水资源匮乏的趋势。当前,人类的水资源利用效率提高有限,但是水需求量持续增加,

---

① 联合国环境规划署:《全球环境展望 5——我们未来想要的环境》,2012 年版,第 73 页。

② UN Water, "The United Nations World Water Development Report," 2018, https://www.unwater.org/publications/world-water-development-report-2018/.

③ 联合国环境规划署:《全球环境展望 5——我们未来想要的环境》,2012 年版,第 101 页。

在很多地方已经处于不可持续的状态。水资源短缺对人类健康、经济发展、粮食供应和能源安全的威胁越来越严重。

2010年7月,联合国大会宣布"清洁饮水和卫生设施"是一项基本人权。自1990年以来,全球已有21亿人的饮用水和卫生条件得到改善,实现千年发展目标。但是目前仍有大量人口处于供水和卫生设施不足造成的贫困中,且存在严重的不公平性。2010年,75%无法获得安全饮用水的人群居住在农村地区。由于不当的卫生设施和水资源供应而产生的腹泻问题导致了7 000万个伤残调整寿命年(disability adjusted life year)损失。受水源性传播疾病影响最严重是非洲和南亚地区。①

目前,全球许多地区已超过水资源可持续发展的限度,与水有关的压力和冲突正在迅速升级。跨境河流流域占世界近一半的土地面积,提供了全球60%以上淡水流量,是全球40%以上人口的家园。全球有153个国家与他国共享河流、湖泊和含水层。全球水冲突事件的数量从1975—1999年间的54例增加到2000—2010年的69例。② 跨界河流流域国家为了自身的发展,对水资源的竞争日趋激烈。

过去50年间,全球水资源抽取量增加了3倍。地下蓄水层、流域和湿地的生态风险日趋增加。目前,全球约有80%的人口生活在面临高度水安全风险的地区。其中发展中国家的34亿人口

---

① 联合国:《可持续发展目标——目标6:清洁饮水和卫生设施》,https://www.un.org/sustainabledevelopment/zh/water-and-sanitation/。

② 联合国环境规划署:《全球环境展望5——我们未来想要的环境》,2012年版,第114页。

正承受着最严重的水安全威胁。每年洪水和干旱等极端天气事件都会导致高达数十亿美元的全球损失。[①] 气候变化正在改变水循环,威胁淡水和海洋生态系统,以及许多地区的用水安全,对"2030年人人享有安全廉价的饮用水"的可持续发展目标造成了严峻的挑战。

2. 全球淡水环境治理框架

1992年联合国环境与发展大会发布《21世纪议程》,呼吁建立水资源开发、管理和利用的综合方法。2000年欧盟议会发布《关于建立欧共体水政策领域行动框架的2000/60/EC号指令》,对欧盟许多零散的水资源管理法规进行整合,形成统一的水资源综合管理框架。2007年,欧盟通过《洪水风险管理与评估的指令2007/60/EC》,将综合洪水风险管理描述为由洪水事件、洪水管理、恢复重建和防洪四个阶段组成的持续循环过程。但是目前的水资源综合管理尚未涉及地下蓄水层的保护。

随着水污染问题的加剧,2010年,UNEP开始将水质管理设为优先领域,通过加强机构间合作,为各国政府应对全球水质挑战提供支持。全球水污染防治的优先领域包括制定水生态系统水质的国际准则,改进全球水质监测和数据收集,推动与水质有关的立法、政策和法规,支持与水质有关的研究、教育和能力建构,提升全球对水质问题的认识。

为缓解跨界水压力和水冲突,自1948年来,全球已经签署了

---

① 联合国环境规划署:《全球环境展望5——我们未来想要的环境》,2012年版,第113页。

295个国际水协定。《跨境水道和国际湖泊保护和利用公约》《国际水道非航行使用法公约》《欧盟水框架指令》以及《SADC水道共享协议修订版》等区域和全球框架在很大程度上为跨流域水合作提供了支撑方案。当前全球236个国际淡水流域中,仍有158个缺乏跨界国际合作管理框架。在存在流域管理组织的跨界流域中,仅有不到20%的流域存在有效的多边协议,很多地区仍缺乏具体的跨境水合作方案。①

### (四)海洋环境治理

1. 全球海洋环境问题

海洋覆盖地球表面近四分之三的面积。海洋及沿海的生物多样性的市场价值每年高达3万亿美元,占全球GDP的5%左右,是全球30多亿人赖以生存的基础②。气候变化、过度捕捞和海洋污染正对海洋的生态环境造成日益严重的不利影响。气候变化正导致海平面上升、海洋温度变化和海洋酸化问题。沿海水域的水污染和富营养化使海洋水环境持续恶化。在联合国跨界水域评估方案评估的63个大型海洋生态系统中,16%的沿海生态系统处于富营养化的"高"或"最高"风险类别。③海洋塑料垃圾的年产生量

---

① UN Water, *The United Nations World Water Development Report*, 19 March, 2018, https://www.unwater.org/publications/world-water-development-report-2018/.

② 联合国:《可持续发展目标——目标14:保护和可持续利用海洋和海洋资源以促进可持续发展》,https://www.un.org/sustainabledevelopment/zh/oceans/。

③ 联合国环境规划署:《全球环境展望5——我们未来想要的环境》,2012年版,第126页。

高达800万吨,在所有海洋的任何深度都能找到。① 海洋污染程度已经达到警戒值。

海洋蕴含全球最大的廉价蛋白质资源。过度捕捞会降低海洋食品产量、损害海洋生态系统的运作并减少生物多样性。目前世界30%的鱼类资源在遭遇过度捕捞,处于可持续状态的海洋鱼类比例已从1974年的90%下降到2013年的68.6%②。保护海洋免受陆地污染影响,应对海洋酸化带来的影响是联合国可持续发展目标之一。

2. 全球海洋环境治理体系

认识到海洋环境对人类福祉的至关重要性,国际社会制定了大量的国际公约保护海洋环境。1958年,联合国在日内瓦举行的第一次海洋法国际会议上就通过了《捕鱼与养护公海生物资源公约》(Convention on Fishing and Conservation of the Living Resources of the High Seas),促使沿海各国有效规范捕捞活动。1972年,联合国在伦敦签订《防止倾倒废物和其他物质污染海洋的公约》(Convention on the Prevention of Marine Pollution by Dumping),简称《伦敦倾废公约》(London Dumping Convention),敦促世界各国共同防止由于倾倒废弃物而造成海洋环境污染。1973年,为防止和限制船舶排放油类和其他有害物质污染海洋环境,国际海事组织制定《国际防止船舶造成污染公约》(International

---

① 联合国环境规划署:《全球环境展望6——决策者摘要》,2019年版,第12页。
② 联合国粮食及农业组织:《2016世界渔业和水产养殖状况》,2019年版,第6页。

Convention for the Prevention of Pollution from Ships, MARPOL)。1994 年生效的《联合国海洋法公约》(United Nations Convention on the Law of the Sea, UNCLOS)为解决航海、经济权利、海洋污染、海洋保护和科学开采等国际纠纷提供指导和裁决基础。2004 年,国际海事组织通过《国际船舶压载水和沉积物控制与管理公约》,采用联合行动防止有害水生物和病原体转移造成的严重环境影响和经济损失。

1995 年,UNEP 推出了《保护海洋环境免受陆地活动影响全球行动纲领》,引导各国家和地区采取持久的行动,避免、减少、控制和消除陆地活动导致的海洋退化,通过区域性海洋计划加强各国的海洋保护工作。2017 年,UNEP 发起"清洁海洋"运动,敦促各国政府、企业和消费者通过可持续生产和消费减少塑料的使用,避免对海洋造成不可逆转的损害。尽管国际社会在全球海洋治理领域已有许多相关的国际协定,但 1992—2012 年间,全球海洋环境治理目标进展很小。目前,全球仍缺失一项综合应对海洋垃圾和微塑料问题的全球协定。

### (五) 全球生物多样性治理

1. 全球生物多样性问题

生物多样性是人类生活和发展的基础。生物多样性由地球上所有的生命形式组成,包括生态系统多样性、物种多样性和遗传多样性。植物提供了 80% 的人类膳食,其中仅大米、玉米和小麦这三类谷物就提供人类能量摄入的 60%。鱼类为近 30 亿人提供

20%的动物蛋白摄入量。①

由于气候变化、栖息地破坏、过度捕猎和环境污染等人类活动的影响,1972年后全球生物多样性已经丧失了60%。在全球已知的8 300种动物中,8%已经灭绝,22%濒临灭绝。② 全球生态系统的完整性和生产力正在衰退。严重的物种灭绝现象正损害地球的完整性和满足人类需求的能力。遗传多样性的丧失对全球的粮食安全和生态系统的复原能力产生巨大威胁。

2. 全球生物多样性治理体系

为保护濒临灭绝的动植物和地球上的生物资源,UNEP于1988年11月召开生物多样性特设专家工作组会议,将生物多样性提上全球环境治理议事日程。1992年里约环境与发展大会开放签署《生物多样性公约》(Conventionon Biological Diversity, CBD),保护生物多样性并促进生物多样性的可持续利用。该公约于1993年12月29日生效,成为具有法律约束力的国际条约。同年,联合国还启动了全球环境基金(Global Environment Fund, GEF),为发展中国家生物多样性保护提供资金支持。截至目前,《生物多样性公约》已有193个缔约方。

2000年,《生物多样性公约》第五次缔约方会议签署了《卡塔

---

① 联合国:《可持续发展目标——目标15:保护、恢复和促进可持续利用陆地生态系统,可持续管理森林,防治荒漠化,制止和扭转土地退化,遏制生物多样性的丧失》, https://www.un.org/sustainabledevelopment/zh/biodiversity/。

② 联合国开发计划署:《2030年可持续发展议程——目标15:陆地生物》, http://www.cn.undp.org/content/china/zh/home/sustainable-development-goals/goal-15-life-on-land.html。

赫纳生物安全议定书》(Cartagena Protocol on Biosafety),规范转基因生物体的越境转移,防范现代生物科技带来的转基因生物风险。《卡塔赫纳生物安全议定书》不仅体现了科学共识,更是有法律约束力的共识。

2010年,《生物多样性条约》第10届缔约国会议开放签署《名古屋议定书》(The Nagoya Protocol),促进公正、公平地分享利用遗传资源所产生的惠益。该次会议通过《2011—2020年生物多样性战略计划》,明确了全球生物多样性保护的目标和任务(简称"爱知目标"),承诺在2020年底前,扩大保护世界上的森林、珊瑚礁与其他受威胁的生态系统,达成保护17%的陆地及10%的海洋的目标。

保护生物多样性需要大量的投资,也会带来巨大的环境、经济和社会收益。《生物多样性公约》生效25年后,由于全球生物多样性保护的资金不足、缺乏全球合作激励措施,全球陆地和海洋的生物多样性还在持续下降,全球生物多样性丧失已达到危机水平。全球生物多样性保护并未能阻止栖息地丧失、资源过度开发和外来物种入侵,远未达到实现生物多样性安全所需要的水平。

生物多样性全球治理所面临的不可逆转的全球生态系统损失、科学的不确定性和资金缺口问题都与全球气候变化治理类似。有学者建议借鉴《巴黎协定》"自下而上"的灵活架构来重构生物多样性全球协议。① 即在"爱知生物多样性目标"的基础上扩展达成全球一致的目标,然后由自下而上的"国家自主贡献"和联合国每5年期的全球盘点机制来确保全球生物多样性的安全水平,避免持续的生物多样性丧失。②

### (六) 化学品与废弃物

#### 1. 全球化学品与废弃物污染问题

随着社会的发展,化学品的生产量和使用量高速增长,应用也越来越广。目前,全球商业流通中的工业化学品多达4万至6万种,是农业生产、病虫害防治、工业生产、能源开采和医药等领域的基础。③ 形形色色的化学品广泛存在于人们的日常物品和周围环境中。人类开发利用的大部分化学品对环境和健康的潜在危害并不为人所知。化学品在带来经济发展与繁荣的同时也对环境和人类健康造成了巨大的风险。

目前一些人工合成、难降解、具有生物累积性的有毒物质污染几乎遍及全球的每个角落,已逐渐成为重要的全球性环境问题。全球有近90%的水体受到了杀虫剂污染。每年约有3%的农业劳动者会因农药的不当使用而发生急性中毒事件。在工作和生活中接触化学品会导致近五百万人过早死亡。化学品管理不善每年会

---

① Edward B. Barbier, Joanne C. Burgess and Thomas J. Dean, "How to Pay for Saving Biodiversity," *Science*, Vol. 360, No. 6388, 2018, pp. 486-488.

② 赵斌:《资金不足掣肘生物多样性保护》,载《中国科学报》2018年5月25日,第2版。

③ 联合国环境规划署:《全球化学品展望》,2019年第2版,第7页。

导致全球数十亿美元的经济损失。① 在全球产业转移的背景下，全球化学品生产、使用和处置的重心正从发达国家向新兴经济体和发展中国家转移。2000—2017 年，全球化学品产值翻一翻，增长主要来自以中国为主的新兴经济体国家。② 新兴经济体和发展中国家薄弱的化学品管理也加剧了化学品带来的风险。全球不可持续的化学品管理正给人类健康和生态环境带来日益严重的风险。

在众多化学品中，国际社会对持久性有机污染物（Persistent Organic Pollutants，POPs）的关注尤为密切。POPs 是人类合成的，能够持久存在于环境中、可通过食物链累积并对人类健康造成有害影响的化学物质。由于高毒性、难以降解性、生物累积性和半挥发性等特征，POPs 可以通过各种环境介质（如大气、水、生物等）进行长距离迁移，并对人类健康和环境产生严重的危害。随着化学工业的快速发展，POPs 的污染现象非常普遍。目前，POPs 的巨大危害性和淘汰、削减的必要性已成为国际社会共识。

随着电子产品的普及，电子垃圾数量增长迅速。2016 年，全球共产生了 4 470 万吨电子垃圾，比 2014 年增长了 8%，是全球生活垃圾中增长最快的部分。这些电子垃圾包括报废的冰箱、电视机、手机、电脑、太阳能电线板等。《2017 年全球电子垃圾监测报告》预测 2021 年全球电子垃圾还将增长 17%，达到 5 220 万吨。

---

① 联合国环境规划署：《全球环境展望 5——我们未来想要的环境》，2012 年版，第 180 页。

② 联合国环境规划署：《全球化学品展望》，2019 年版，第 7 页。

电子废弃物中含有金、银、铜等高价值可回收材料,价值高达550亿美元。但是2016年全球电子垃圾中只有20%被收集和回收。4%的电子垃圾直接被填埋,剩余的76%被焚烧或被不完全处理。① 电子废弃物中也包含很多有害物质,包括汞、铅等重金属和溴化阻燃剂之类的内分泌干扰物质等。电子垃圾的处理已经成为21世纪全球环境治理的一项主要挑战。

全球电子废弃物的回收处置也存在严重的区域不平衡问题。发达国家大量电子废弃物的最终归宿是亚洲、非洲和中、南美洲的发展中国家。随着经济的发展,发展中国家自身的电子废弃物快速增加。② 2016年,发展中国家产生的电子废弃物是发达国家的两倍。由于发展中国家电子废弃物管理法规和技术条件上限制,大量电子废弃物没有得到安全有效的处置,带来严重的环境和社会问题。不断增加的电子垃圾、不安全的处置方式和电子废弃物处置的不平衡对全球生态环境和人类健康的危险日益增加。

2. 全球化学品与废弃物治理体系

为防治工业发达国家将有害废物倾倒到发展中国家和经济转型国家,1989年,UNEP在瑞士巴塞尔通过《巴塞尔公约》(Basel Convention),控制危险废料越境转移及其处置。该公约于1992

---

① Cornelis P. Balde, Vanessa Forti, Vanessa Gray, Ruediger Kuehr and Paul Stegmann, "The Global E-waste Monitor 2017," *Quantities, Flows, and Resources*, 2018, p. 5.

② Zhaohua Wang, Bin Zhang and Dabo Guan, "Take Responsibility for Electronic-waste Disposal," *Nature*, Vol. 536, No. 7614, 2016, pp. 23-25.

年 5 月正式生效,旨在控制和减少公约所管制的危险废料和其他废物的越境转移,最大限度减少危险废料的产生,对废物进行环境无害化管理。公约还呼吁发达国家和发展中国家在危险废料处理领域内加强清洁生产技术转让和使用方面的国际合作。1995 年 9 月,UNEP 在日内瓦通过《巴塞尔公约》修正案,禁止发达国家以最终处置为目的向发展中国家出口危险废料。

化学品贸易的高速增长加重了危险化学品的潜在风险,对缺乏足够监管能力的国家而言尤其严峻。1998 年 9 月,UNEP 和联合国粮食及农业组织(Food and Agricultural Organization of the United Nations,FAO)在荷兰鹿特丹制定《关于在国际贸易中对某些危险化学品和农药采用事先知情程序的鹿特丹公约》(Convention on International Prior Informed Consent Procedure for Certain Trade Hazardous Chemicals and Pesticides in International Trade Rotterdam),简称《鹿特丹公约》(The Rotterdam Convention)。该公约旨在推动缔约国在国际贸易中就某些有毒化学品和农药的潜在危害性进行信息交换,实施强制性的事先知情同意程序,监控危险化学品的进出口,保护包括消费者和工人在内的人类健康和环境安全。该公约于 2004 年 2 月 24 日正式生效,其管控物质共包括 46 种化学物质。

在《寂静的春天》给人类发出化学品环境健康风险警告的 40 年后,2001 年,为了保护人类健康和环境免受 POPs 的危害,UNEP 在瑞典斯德哥尔摩制定《关于持久性有机污染物的斯德哥尔摩公约》(Stockholm Convention on Persistent Organic Pollutants,以下简称《斯德哥尔摩公约》)。该公约于 2004 年 5 月

17日生效,第一批受控的是包括DDT在内的12种POPs物质。目前《斯德哥尔摩公约》共有179个缔约方。

为实现约翰内斯堡执行计划的目标,2006年2月,UNEP开始实施国际化学品管理战略(Strategic Approach to Intentional Chemical Management,SAICM),旨在在生产和使用化学品领域最大限度减少对环境和人类健康的不良影响。由于各国化学品管理水平的差异,SAICM最终只被定位为自愿型的政策框架。[①] 但是SAICM的达成意味着化学品安全无害化管理步入全球化时代,对各国特别是发展中国家的化学品生产、使用和安全管理产生重要影响。

《巴塞尔公约》《鹿特丹公约》《斯德哥尔摩公约》和SAICM为全球化学品和废弃物管理提供了强制性和自愿型的框架。过去40多年来,许多国家通过立法、设立监管机构等方式来减少危险化学品带来的风险。但是全球化学品管理体制尚未跟上世界化学品生产的快速发展。当前,全球化学品管理存在基础数据信息缺失问题,导致化学品评估机制和风险管理制度发展长期滞后。国际化学品环境无害化管理需要各国政府、私营部门和化学品供应链中各环节的利益攸关方展开紧密合作,将化学品管理提高到国际政策议程的中心。

---

① 葛海虹等:《国际化学品管理战略方针(SAICM)最新实施进展与对策建议》,载《现代化工》2014年6月,第1页。

## 三、全球环境治理的参与主体

全球环境治理是指主权国家、联合国体系以及其他非国家行为体等按照国际环境法的规则和制度,在资源和环境可持续发展等方面进行多元合作、竞争博弈的过程。① 主权国家是全球环境治理的行为主体,通过双边或多边国际合作机制在全球环境治理中发挥着最重要的主体作用。联合国等政府间国际组织在全球环境治理中发挥着战略性和综合性的指导作用。UNEP 是全球环境问题的政府间决策组织,制定、维持和管理国际环境合作的规则,推动并协调各国政府的环境行动。跨国城市网络等次国家行为体以及非政府组织等非国家行为体正在全球环境治理中发挥越来越重要的角色,共同推动全球环境治理体制的不断完善。全球环境治理的主体呈现多元化趋势。

### (一) 联合国体系

1968 年,联合国教科文组织在"关于生物圈资源合理利用及保护的政府间会议"提出了"生态可持续发展"的概念,首次将环境问题纳入联合国的国际议程。1972 年,联合国斯德哥尔摩人类环境会议在联合国框架下成立专门负责环境事务的联合国环境规划署(UNEP),统一协调和规划全球环境事务。作为环境领域的主要联合国机构,UNEP 负责设置全球环境议程,促进全球资源的

---

① 于宏源、于雷:《二十国集团和全球环境治理》,载《中国环境监察》2016 年第 8 期,第 9 页。

合理利用并推动全球环境的可持续发展。随着全球环境问题的主流化,许多联合国机构和国际组织也在工作中加入环境议程并下设了环境分支,对其决策的环境影响进行审查。[①] 如联合国粮农组织的工作内容包含土壤管理与环境保护,联合国工业发展组织的工作内容包含工业发展的环境保护。

为落实里约环境与发展大会的可持续发展战略和《21世纪议程》,1992年12月,第47届联合国大会批准成立可持续发展委员会(UN Commission on Sustainable Development),确保环境与发展目标的有效实施。可持续发展委员会是联合国系统内有关可持续发展问题的高级别论坛,隶属于联合国经济及社会理事会。可持续发展委员会也为2002年约翰内斯堡世界可持续发展峰会《约翰内斯堡执行计划》的后续行动提供政策指导。

1992年,里约峰会成立了全球环境基金(Global Environmental Facility,GEF)来帮助解决全球最紧急的环境问题。GEF是一个由183个国家和地区组成的国际合作机构,旨在联合国际机构、社会团体和私营部门,共同资助各国以保护全球环境和促进可持续发展的项目。作为独立的财政组织,GEF由联合国环境规划署、联合国开发计划署和世界银行三方共同实施,为发展中国家和部分经济转型国家提供生物多样性、气候变化、国际水域、臭氧层保护和土地退化领域的资金支持。[②] 迄今为止,全球环境基金已为

---

① 张洁清:《国际环境治理发展趋势及我国应对策略》,载《环境保护》2016年第21期,第68页。
② 蔺雪春:《变迁中的国际环境机制:以联合国环境议程为线索》,载《国际论坛》2007年第3期,第17页。

170个发展中国家的4 500多个项目提供了179亿美元的赠款,并撬动了932亿美元的联合融资。

全球环境基金是当前唯一的国际环境公约综合性资金机制,承担着《生物多样性公约》《联合国气候变化框架公约》《斯德哥尔摩公约》《联合国防治荒漠化公约》和《关于汞的水俣公约》这五个国际环境公约的多边资金机制。全球环境基金也与《关于耗损臭氧层物质的蒙特利尔议定书》下面的多边基金互为补充,帮助经济转型国家逐步淘汰消耗臭氧层物质提供资助。此外,全球环境基金还与许多有关国际水域或跨界水体的全球性和多边协议有关联,并支持相关联合国机构行动计划。

在"里约+20"峰会的呼吁下,2013年,UNEP环境理事会升级为普遍会员制的联合国环境大会。联合国环境大会是全球最高层次的环境决策机构,每两年举办一次,旨在确定全球环境政策的优先事项,通过制定国际环境法引导全球环境治理的新实践,并推动政府间的环境行动。

(二) 主权国家

主权国家是全球环境治理的主体。美国和欧洲是全球环境治理的传统领导力,主导了全球环境治理的形成与发展。20世纪70至90年代,美国主导了全球环境治理的发展,促使了《巴塞尔公约》《蒙特利尔议定书》《生物多样性公约》以及《斯德哥尔摩公约》等多边环境协定的签署。随着发达国家和发展中国家在"共同但是有区别的责任"原则上的分歧不断扩大,美国于2001年退出《京都议定书》。欧盟成为推动全球环境治理最重要的政治力量。新兴发展中大国的崛起也深刻影响着全球环境治理格局。受金融危机影响,欧洲各国将主要精力放在拯救欧元和解决国内事务,对全球环境治理的议程设置能力逐渐收缩。

以中国和印度为代表的新兴国家在全球环境治理体系中获得了越来越多的话语权。1972年斯德哥尔摩人类环境会议以来,中国逐渐从全球环境治理体系的被动接受者和参与者转变为积极参与者、塑造者和引领者。最不发达国家是在全球环境问题面前最脆弱、应对能力最低的一群国家。亟待摆脱环境与贫困恶性循环的最不发达国家希望发达国家和新兴经济体承担更多的责任,帮助最不发达国家增强应对全球环境问题的能力。各方在全球环境治理中的博弈逐步形成了传统发达国家、新兴经济体和发展中国家共同参与、合作和竞争的新型全球环境治理体系。

全球环境治理的领导力开始向东转移,传统领导力不断弱化并转移,新兴国家的领导力逐步增强。[1] 下文以美国、欧盟和中国在全球环境治理体系中立场和影响力的变化来阐释全球环境治理领导力的变迁。

1. 美国

在20世纪70至80年代,美国是全球环境治理的领导者和积极参与者。美国尼克松政府和卡特政府在多项国际环境公约的形成与生效过程中发挥了重要的作用,主导了全球环境治理的议程设置。保护濒危野生动植物的《华盛顿公约》(1973年)、管制臭氧层耗损物质的《蒙特利尔议定书》(1987年)、控制危险废料越境转

---

[1] 刘冬、徐梦佳:《全球环境治理新动态与我国应对策略》,载《环境保护》2017年第6期,第62页。

移的《巴塞尔公约》(1989年)、《生物多样性公约》(1992年)和管制持久性有机污染物的《斯德哥尔摩公约》(2001年)的形成、签署和生效都离不开美国的大力推动。

21世纪以来,美国却一度成为全球环境治理的消极参与者甚至阻碍者。① 由于对"共同但是有区别的责任"这一国际合作原则的不满,2001年3月小布什总统宣布退出《京都议定书》。美国的退出极大地挫伤了国际社会参与全球环境治理的信心和努力,直接导致《京都议定书》于2005年2月才正式生效。美国政府在国际环境事务中有巨大影响力,是很多国家采取行动的重要参照。美国、加拿大、澳大利亚和日本等伞形集团在《京都议定书》第二承诺期的谈判中非常消极,要求以发展中国家参与减排为前提。② 美国在全球气候治理上的不合作态度也导致其在全球环境治理中的领导力和影响力丧失。

奥巴马总统在执政期间积极推动各国在能源气候领域的多边合作,积极争取国际气候谈判的主导权,高调回归全球环境治理舞台。奥巴马政府积极推动新能源战略和气候应对政策。2009年3月,美国举行"经济大国能源与气候论坛"(Major Economies Forum on Energy and Climate),积极推动发达国家和发展中国家

---

① 丁金光、赵嘉欣:《奥巴马执政时期美国环境外交新变化及影响》,载《东方论坛》2018年第3期,第24页。
② 庄贵阳、薄凡、张靖:《中国在全球气候治理中的角色定位与战略选择》,载《世界经济与政治》2018年第4期,第18页。

主要经济体在气候变化问题上的合作。① 奥巴马在 2009 年的哥本哈根气候变化大会承诺美国 2020 年温室气体排放量在 2005 年的基础上减少 17%。

奥巴马总统的第二执政期将气候变化列为美国优先关注的事项。2013 年 6 月,奥巴马总统推出《总统气候行动计划》(President's Climate Action Plan),从减少温室气体排放、适应气候变化的不利影响和领导全球共同努力应对气候变化三方面系统阐述了美国联邦政府的气候政策。② 2015 年 8 月,奥巴马政府推出《清洁电力计划》(Clean Air Plan),提出到 2030 年美国电力行业碳排放在 2005 年的基础上减少 32% 的目标。

奥巴马政府在环境外交中也呈现出积极和主动的姿态,努力使所有温室气体排放大国参与全球气候治理的行动中,共同应对全球气候变化。③ 奥巴马总统陆续与墨西哥、加拿大、中国、印度、欧盟和日本等国开展清洁能源和气候变化方面的对话,并形成一系列双边环境协议,加强美国和这些国家在清洁能源和低碳技术等方面的合作。2014 年 11 月,中美双方共同发表的《中美气候变化联合声明》,宣布 2020 年后各自的行动目标。美国计划在 2025 年实现温室气体排放相对 2005 年下降 26%—28% 的目标。中国

---

① 高翔、徐华清:《"经济大国能源与气候论坛"进展及前景展望》,载《气候变化研究进展》2010 年第 6 期,第 301 页。
② 仲平:《美国奥巴马总统"气候行动计划"解读》,载《全球科技经济瞭望》2014 年第 3 期,第 5 页。
③ 庄贵阳、薄凡、张靖:《中国在全球气候治理中的角色定位与战略选择》,载《世界经济与政治》2018 年第 4 期,第 18 页。

则计划到 2030 年左右使二氧化碳排放达到峰值,并争取提早实现。奥巴马政府的环境外交为《巴黎协定》的制定奠定了基础,积极推动了全球气候治理模式从原来的"自上而下"的强制性分配转向"自下而上"为主的国家自主贡献减排模式。① 奥巴马政府通过开展国际环境合作、推动国际气候谈判等积极推动了全球气候治理进程,重塑了其全球环境治理大国的形象。

美国在气候政策上的连续性较差,特朗普总统的气候观念与奥巴马完全相悖。2017 年 1 月,特朗普总统一上台就宣布以《美国优先能源计划》取代奥巴马总统的《总统气候行动计划》。2017 年 6 月 1 日,特朗普总统宣布退出《巴黎协定》,为全球环境治理进程带来了严重的不确定性。2017 年 10 月 10 日,美国环境署正式废除奥巴马政府推出的《清洁电力计划》,进一步损害了美国在全球环境治理中的国际形象。与全球气候治理的若即若离关系使美国逐步丧失全球气候治理的领导力。

2. 欧盟

20 世纪 70 年代以来,欧盟逐渐活跃于全球环境治理的舞台,以区域治理为依托,积极参与跨国双边或多边环境合作机制建设,是全球环境治理进程的积极推动者。欧盟区域环境公约如《长程越界空气污染公约》为其他区域一体化的环境管理体系建设提供指导。2014 年,由联合国欧洲经济委员会制定的《跨界环境影响评价的埃斯波公约》开放至全球签署,从欧洲区域性公约升级为全

---

① 丁金光、赵嘉欣:《奥巴马执政时期美国环境外交新变化及影响》,载《东方论坛》2018 年第 3 期,第 27 页。

球性公约。①

作为国际气候谈判的发起者,欧盟一直积极推动气候变化谈判,通过积极应对气候变化来降低其对海外能源的依赖,并增强欧盟一体化进程中的凝聚力。自美国在气候变化问题上消极不作为以来,欧盟逐步取代美国成为全球环境治理中的领导者,在多项国际多边环境协定的谈判与签订中发挥着主导作用。2001年美国退出《京都议定书》后,欧盟的积极斡旋为议定书正式生效铺平了道路,成为全球气候治理领域绝对的领导者。《京都议定书》第一承诺期,欧盟采用碳排放交易、资金、技术合作、履约、低碳发展等多方面措施来积极推动全球气候治理。2005年欧盟建立欧洲碳排放交易体系(EU-ETS),是全球首个国际碳排放交易体系,推动了其他国家和地区碳排放交易的发展。EU-ETS是一个开放的交易体系,与《京都议定书》的清洁发展机制等衔接,允许欧盟外的减排信用在一定程度上被纳入欧盟碳排放交易体系。在第一承诺期,欧盟为购买《京都议定书》下的减排信用支付了大约400亿欧元,引起了全球可再生能源投资领域的革命。② 2007年欧盟立法确定到2020年温室气体排放量比1990年排放水平减少至少20%,可再生能源占能源消耗量比例达到20%的目标,进一步巩固其在全球气候治理中的领导地位。

在"后京都议定书"的谈判阶段,欧盟的债务危机使其无力主

---

① 梅凤乔、包埇含:《全球环境治理新时期:进展、特点与启示》,载《青海社会科学》2018年第4期,第62页。
② 王谋:《〈京都议定书〉第二承诺期可以也应该继续》,载《中国能源报》2011年12月5日,第9版。

导全球气候治理的进程。欧债危机迫使欧盟将应对危机、复苏经济视为亟须解决的议程,欧盟在全球气候谈判中的领导性地位遭受内外交困。来自以波兰为首的部分欧盟成员国和能源密集型行业的压力使欧盟不愿意承担更多的减排压力。2009年哥本哈根气候变化大会上,身为东道主的欧盟对《京都议定书》第二承诺期的存续问题持消极态度,企图放弃"共同但是有区别的责任"原则,要求发展中大国承担强制性减排任务。欧盟的这一主张导致发展中国家强烈反弹。最终哥本哈根会议只形成了不具法律约束力的《哥本哈根协议》,与欧盟的既定目标相去甚远。尽管欧盟是少数几个同意签署《京都议定书》第二承诺期的缔约方,但是奥巴马政府重返全球气候治理舞台和中国积极应对气候变化使欧盟在国际气候治理中的领导力不断弱化。

在哥本哈根气候会议上沦为边缘者之后,欧盟积极调整其气候变化政策,通过气候变化多边合作,意图重拾全球气候治理的主导权。2015年3月,欧盟率先向联合国提交温室气体减排承诺,提出到2030年实现温室气体排放量比1990年减少40%,可再生能源占能源消耗量比重提高到27%,能源效率提高27%的目标。2015年10月,欧盟宣布未来5年向全球欠发达国家提供3.5亿欧元的气候援助资金。此外,欧盟也积极与小岛国家联盟、最不发达国家集团和中国等国进行交流和合作,积极协调各谈判集团的利益分歧,发表应对气候变化的联合申明。① 欧盟的系列努力彰

---

① 巩潇泫、贺之杲:《欧盟行为体角色的比较分析——以哥本哈根与巴黎气候会议为例》,载《德国研究》2016年第4期,第26页。

显了其气候治理的软实力,推动巴黎气候大会的成功。虽然欧盟在《巴黎协定》的形成和生效过程中扮演了非常重要的角色,但是其全球气候治理的领导地位已经难以恢复到2009年哥本哈根气候会议前的一枝独秀状态。

除了气候治理议程外,欧盟在其他环境治理议题中也扮演了非常重要的角色。欧盟是全球生物多样性保护、海洋垃圾治理、化学品与废弃物管理和跨界空气污染防治等议题的积极领导者。在全球化学品环境管理中,欧盟在管理制度、技术和信息等方面的优势,也使其在该议题上扮演者领导者的角色。欧盟《化学品注册、评估、授权与限制制度》呈现广泛的国际影响,已成为世界各国化学品监管立法的蓝本。但是英国脱欧和欧洲内部经济压力等因素都对欧盟环境政策产生不可估量的影响,弱化了欧盟在全球环境治理中的领导力。

3. 中国

自1972年中国派代表团参加斯德哥尔摩联合国人类环境会议以来,中国在全球环境治理中从被动参与者逐步转变为重要的引导者,正深度参与到全球环境治理中。联合国人类环境会议为当时正处于"文革"混乱中的中国敲响了一记警钟,使其意识到环境保护的重要性。在该会议的推动下,1973年中国召开了第一次全国环境会议,制订了保护环境的若干行动计划,开创了中国环保事业。中国在国际气候谈判中立场的转变很好地阐释了中国在全球环境治理中角色和影响力的变化。

在气候变化刚进入全球环境治理议程之时,中国仅将气候变化视为一个科学和环境问题,由中国气象局负责国际气候治理合作。1994年《联合国气候变化框架公约》的签署和生效使中国意识到全球气候治理和合作的重要性。中国谨慎地参与了早期国际气候变化谈判,是全球气候治理的学习者和应对者。尽管《京都议定书》并没有规定中国强制性的温室气体减排目标,中国还是保持高度警惕,采取战略防御为主的策略,积极维护自身发展的权利。1998年,中国设立国家气候变化对策协调小组,并将应对气候变化的职能从中国气象局转移到综合拟定国家经济和社会发展政策的国家计划委员会。

在国际气候谈判的曲折进程中,中国坚持"共同但有区别的责任"原则,不断强调其发展中国家的地位,争取并维护发展的权利。2005年《京都议定书》生效后,中国积极利用清洁发展机制(Clean Development Mechanism,CDM),在发达国家资金和技术的支持下积极应对气候变化。截至2012年6月5日,中国发改委共批准了4 239个CDM项目,其中2 060个项目获得成功注册,占全球CDM注册项目的48.6%。新能源和可再生能源类项目占中国发改委批准项目的74.7%。[1] CDM项目极大地推动了中国的低碳发展,为中国建立国内碳交易体系奠定基础。

随着对气候变化认识和国际气候治理合作的不断深入,中国政府应对气候变化的立场也发生了转变,从战略防御转变为发展协同。[2] 改革开放以来,随着经济的快速发展,中国能源消耗量和

---

[1] 惠葭依、王琳佳、唐德才:《后京都时代中国CDM的风险分析及对策研究》,载《产业与科技论坛》2014年第8期,第110页。

[2] 庄贵阳、薄凡、张靖:《中国在全球气候治理中的角色定位与战略选择》,载《世界经济与政治》2018年第4期,第14页。

温室气体排放量迅速增长。2007年中国取代美国成为全球温室气体排放量最大的国家。在国际气候谈判中,中国在温室气体减排方面面临着很大的国际压力。欧美发达国家不断对中国和印度等新兴经济体施加压力,要求他们承担强制减排目标。

中国应对气候变化立场的转变也是由于节能减排成为国内优先的政策议程驱动的。中国的化石能源储量相对不足,面临严峻的能源安全压力。中国自1993年开始成为能源的净进口国。2014年,能源进口量占全国能源供应量的16.8%,其中石油的对外依存度接近60%,天然气和煤炭的进口量也日益增加。由于粗放式的经济发展,中国的能源利用效率总体偏低。2010年,中国的单位国内生产总值能耗是世界平均水平的两倍以上,钢铁、建材、化工等行业单位产品能耗也比国际先进水平高10%—20%。①节能减排是中国经济增长方式从粗放型向集约型转变的重要抓手。温室气体与空气污染物的产生具有同源性,大部分来源于化石能源的燃烧。大气污染防治在2010年后进入中国优先的政策议程。节能减排也是中国解决居民最关心的空气污染问题的主要政策。中国政府逐步发现在应对气候变化问题上,温室气体减排与自身发展需要具有一致性。

国内外的减排压力使中国逐步改变在气候变化问题上的国际立场,更加积极主动地应对气候变化。2007年,中国政府在国家发展和改革委员会(原国家计划委员会)下专设应对气候变化司,

---

① 国务院:《国务院关于印发节能减排"十二五"规划的通知》,2012年8月6日,http://www.gov.cn/zwgk/2012-08/21/content_2207867.htm。

扩充应对气候变化领导小组的地位和力量。应对气候变化司综合负责制定中国应对气候变化的重大战略和政策,开展应对气候变化国际谈判与合作,组织实施清洁发展机制工作。2007年6月,国务院制定并发布《中国应对气候变化国家方案》,明确到2010年中国应对气候变化的具体目标、基本原则、重点领域和政策措施。自"十一五"开始(2005年至2010年),中国将单位国内生产总值能耗列入国民经济和社会发展规划的约束性指标,列入地方政府官员的政绩考核中。自"十二五"开始,中国也将非化石能源占一次能源比例以及单位国内生产总值二氧化碳排放列入社会经济发展的约束性指标,充分体现了中国政府在节能减排和低碳发展方面的决心和意愿。

在国际气候谈判中,中国开始发挥发展中大国的担当,积极参与全球气候治理,为推动全球气候谈判做出积极贡献。2009年哥本哈根气候大会上,中国政府承诺到2020年国内单位生产总值二氧化碳排放量比2005年下降40%—45%。2013年11月,中国发布首部《国家适应气候变化战略》,正视气候变化的严峻挑战,将适应气候变化提高到国家战略的高度。在2014年发布的《中美气候变化联合声明》中,中国首次承诺达到碳排放峰值的时间,提出到2030年左右碳排放达到峰值,为中国化石能源消费的增长设置了"天花板"。2015年6月,中国承诺到2030年单位国内生产总值二氧化碳排放比2005年下降60%—65%,为《巴黎协定》的达成发挥了巨大的推动作用。中国还将应对气候变化的行动纳入"十三五"规划中,并于2017年底正式启动全国碳排放交易体系,切实落实国际承诺,推动中国低碳经济的发展。

2010年以来,中国积极推动气候变化南南合作,通过提供资金、技术和能力建设等方面的援助,帮助发展中国家应对气候变化。2012年"里约+20"峰会上,中国宣布将拨款2亿元人民币(约每年1 000万美元)开展为期3年的气候变化南南合作,帮助最不发达国家、非洲国家和小岛屿国家应对气候变化。① 2015年9月,中国宣布设立200亿元人民币的"中国气候变化南南合作基金",支持其他发展中国家应对气候变化。2011年至2017年,中国政府累计为发展中国家提供了超过7亿人民币的应对气候变化资金支持。② 除了资金援助外,中国还通过在发展中国家建设低碳示范区、实施减缓和适应气候变化的项目、组织人员培训和赠送节能设备等帮助其他发展中国家提高应对气候变化能力。中国已经从全球气候治理的被动参与者转变为贡献者和引领者。

随着国内人民对优美生态环境的需求不断增长,中国正持续推进生态文明建设,将可持续发展纳入国家总体发展战略。在生态文明的实践探索中,中国不仅持续向世界各国学习先进的环境治理经验,也为全球环境治理贡献中国经验。2017年10月,习近平主席在中国共产党第十九次全国代表大会的报告中指出中国要"引导应对气候变化国际合作,成为全球生态文明建设的重要参与者、贡献者、引领者"。在全球环境治理中,中国参与议程设置的能

---

① 李警锐:《应对气候变化,中国曾作出哪些承诺》,人民网,2015年12月1日,http://world.people.com.cn/n/2015/1201/c1002-27877413.html。
② 冯志军:《中国六年斥资逾7亿元开展气候变化南南合作》,中国新闻网,2017年9月16日,http://www.xinhuanet.com//politics/2017-09/06/c_1121617684.htm。

力和话语权不断提升,正在多项全球环境议程中发挥着负责任大国的引领性作用。中国在全球气候治理中角色的转变体现了中国正日益走入全球环境治理舞台的中央,从被动的接受者转变为全球环境治理体系的重要参与者和塑造者。

### (三) 次国家行为体

地方政府是国家环境政策的具体实施者,对全球环境治理产生推动作用。城市是环境污染的主要制造者,也是最直接的受害者。所以,地区和城市对加强环境治理合作的意愿比较强烈,在实践中"搭便车"的现象比各国家间"搭便车"的倾向要少很多。[1] 尽管有些国家在全球环境治理的一些议题上比较消极,但是地方政府可以通过更严格的标准、构建城市环境合作治理网络、影响所在国家的环境政策等方式推动了全球环境治理的发展。

尽管美国联邦政府与全球气候治理体系若即若离,美国的加利福尼亚州(简称加州)一直是全球环境治理的"绿色先锋"。加州在机动车排放标准和燃油标准方面更严格的立法推动了美国联邦政府以及其他州相关环境政策迈向更高的标准。由于加州在引领美国和国际环境政策方面的积极作用,学界又将次国家行为体的环境政策创新通过横向和纵向的传播扩散推动全球环境治理的"环境竞优"(race to the top)过程称为"加利福尼亚效应"。[2] 当特

---

[1] 李昕蕾:《跨国城市网络在全球气候治理中的行动逻辑:基于国际公共产品供给"自主治理"的视角》,载《国际政治经济》2015 年第 5 期,第 108 页。

[2] David Vogel, *Trading up: Consumer and Environmental Regulation in a Global Economy*, Harvard University Press, 1995.

朗普总统宣布美国退出《巴黎协定》后,加州、纽约州和华盛顿州立刻成立"美国气候联盟",支持《巴黎协定》,承诺在三个州将继续实现美国的承诺,并进一步强化各州已有联邦清洁能源计划中的气候变化行动。截至2019年5月底,美国气候联盟已有24个成员州。

在次国家行为体中,城市在全球环境治理中所发挥的作用也在不断加强。面对日益严峻的环境问题,部分城市正在绿色经济和温室气体减排等领域发挥"地方性领导者"的作用。① 自20世纪90年代以来,全球各区域陆续出现了各类环境治理的跨国城市网络。② 目前,气候治理领域中重要的跨国城市网络平台包括地方政府环境行动理事会(International Council for Local Environmental Initiatives)、C40城市气候领导联盟(C40 Cities Climate Leadership Group)、世界低碳城市联盟(The World Alliance of Low Carbon Cities)、全球气候与能源市长盟约(Global Covenant of Mayors for Climate & Energy)等。与国家间协定相比,跨国城市网络具有更强的灵活性和务实性,有助于环境治理经验和技术的传播和扩散,形成环境治理的规则,并在城市

---

① 李昕蕾:《跨国城市网络在全球气候治理中的行动逻辑:基于国际公共产品供给"自主治理"的视角》,载《国际政治经济》2015年第5期,第105页。

② 于宏源:《城市在全球气候治理中的作用》,载《国际观察》2017年第1期,第48页。

之间提供技术和资金支持。① 这些跨国城市网络通过城市的示范作用以及城市层面环境治理的合作引领国家乃至全球环境治理的发展。②

### (四) 非国家行为体

自 20 世纪 60 年代环保非政府组织大量成立以来,环保非政府组织就通过追求对国际环境合作规则和体系产生影响来推动全球环境治理的发展。随着全球化的深入,国际环保非政府组织已逐渐成为解决全球环境问题不可忽略的主体之一。世界自然保护联盟(IUCN)、世界自然基金会(WWF)、地球之友(FOEI)和绿色和平组织(Greenpeace)等具有全球影响力的国际环保非政府组织积极参与全球环境议题的设定与实施,并努力推动联合国等国际组织以及各国政府加强环境治理的合作。

国际环保非政府组织具有非政府性、非营利性、公益性和跨国性等基础特征。国际环保非政府组织主要通过以下三个途径参与全球环境治理。首先,国际环保非政府组织可以通过提案、环保运动、联合国咨商地位等机制参与联合国以及各主权国家环境议程的设置与实施;其次,国际环保非政府组织可以通过独立或联合开

---

① Michale M. Betsill and Harriet Bulkeley. "Transnational Networks and Global Environmental Governance: The Cities for Climate Protection Program," *International Studies Quarterly*, Vol. 48, No. 2, 2004, pp. 471 - 493.

② 李昕蕾:《跨国城市网络在全球气候治理中的行动逻辑:基于国际公共产品供给"自主治理"的视角》,载《国际政治经济》2015 年第 5 期,第 105 页。

展环保活动,提供资金、技术和管理上的援助等,帮助项目实施国提升可持续发展能力;第三,国际环保非政府组织可以通过与企业建立绿色联盟,协助企业履行社会责任,推动绿色供应链发展。[1]

非政府组织的独立性和专业性等优势使得其能够在全球环境治理中弥补政府和市场机制的不足,以灵活和广泛的形式参与全球环境治理,优化资源配置。许多国际环保非政府组织具有高度的专业性,能够针对重大环境问题展开调研,评估环境影响,推动全球环境议题的制定与实施。世界自然保护联盟编制和维护的《濒危物种红色名录》是当前全球公认的表征生物多样性的指标,为全球环境治理提供专业的政策参考。国际环保非政府组织也通过国际舆论、监督和协调国际环境条约的履约情况等方式与国际机构和各国展开合作,保障全球环境治理的有效开展。此外,国际环保非政府组织也通过环保宣传教育、公开环境破坏行为信息等方式推动各国公众和企业环保意识的提高并传播国际规范。

随着环境问题全球化趋势的不断增加,国际环保非政府组织等非国家行为体正在全球环境治理中扮演着越来越重要的角色。《2030年联合国可持续发展议程》将致力于可持续发展的非政府组织、民间社会和私营部门与各国政府以及联合国机构一起列为"多利益攸关方",通过加强全球可持续发展伙伴关系支持全球可持续发展目标的实现。[2] 2017年的第一届联合国环境大会也通

---

[1] 安祺、王华:《环保非政府组织与全球环境治理》,载《环境与可持续发展》2013年第1期,第19页。
[2] 梅凤乔、包埒含:《全球环境治理新时期:进展、特点与启示》,载《青海社会科学》2018年第4期,第64页。

过赋予非政府组织普遍的参与资格,促进非国家行为体在全球环境治理中的广泛参与。

## 四、当前全球环境治理的主要特点与前景

### (一)当前全球环境治理的主要特点

近50年来,全球环境治理体系逐步完善,从全球治理的边缘逐渐转移到中心地带。全球环境治理的议程也从大气污染、水污染、化学品和废弃物逐步扩展到臭氧层破坏、生物多样性和全球气候变化等。全球环境治理的手段从最初的缺乏强制约束力的议程设定转向治理制度框架的设定,从注重各国的目标承诺转向更注重各国承诺执行效果的评估。[①] 全球环境治理体系展现如下四点特征:

1. 环境问题的全球性与公共性

全球环境问题具有公共物品属性和跨地域性特点,是当今人类社会共同面临的严峻挑战。首先,环境问题无论是从影响范围还是治理范围都具有跨地域性的特点,需要世界各国共同努力与合作来解决。经济全球化的进程也进一步加剧了全球环境问题的蔓延和扩散。其次,全球环境问题的出现及解决具有长期性和滞后性特性。气候变化问题是工业革命以来人类过度使用煤炭和石油等化石燃料,排放大量温室气体累积的结果。国际社会意识到

---

① 叶琪:《全球环境治理体系:发展演变、困境及未来走向》,载《生态经济》2016年第9期,第159页。

气候变化的环境影响,形成科学共识,并且展开有效的环境治理具有滞后性。全球气候治理效果的显现也需要数十年甚至上百年的时间。最后,全球环境问题具有复杂性特征。以气候变化为例,全球气候治理中气候变化不仅是单纯的气候科学问题,也是涉及经济、社会、技术、生态、政治等多领域的复合问题。① 在全球环境状况持续恶化的趋势下,全球环境问题的跨地域性、长期性、滞后性和复杂性导致全球环境治理超越了政治、经济和军事等其他方面的全球治理议题,需要世界各国共同参与合作。

环境具有公共物品的特征。全球环境治理的是一种典型的国际公共物品供给,具有非排他性和非竞争性的特点。全球环境治理有利于全人类的长远福祉。以气候变化为例,气候变化是一个典型的全球尺度的环境问题。全球大气空间的非排他性意味着如果世界各国都对温室气体排放不加管控,很可能会产生"公地悲剧"(Tragedy of the Commons),对全球生态环境产生不可逆转的危害。② 气候治理的非竞争性也会导致各国在实现全球气候治理目标时具有坐享其成搭便车的倾向,导致全球气候治理投入不足。③

全球环境问题的全球性意味着环境问题是任何国家和组织都无法独立应对的问题,需要各国积极承担全球环境治理的责任。

---

① 石晨霞:《联合国在全球气候变化治理中面临的困境及其应对》,载《国际展望》2014年第3期,第128页。

② Garrett Hardin, "The Tragedy of the Commons," *Science*, Vol. 162, No. 6388, 1968, pp. 1243–1248.

③ 庄贵阳、薄凡、张靖:《中国在全球气候治理中的角色定位与战略选择》,载《世界经济与政治》2018年第4期,第8页。

全球环境治理的国际公共物品属性导致建立稳定有效的全球环境治理框架窒碍难行。

2. 科学共识推动全球环境治理

全球环境问题的复杂性使科学共识成为推动全球环境治理进程的重要手段。全球环境影响的跨地域性、长期性、滞后性和复杂性等特征使决策者在应对这些问题时不得不求助于科学认知共同体的帮助。[1] 对环境问题的科学共识有助于帮助决策者应对环境治理决策过程中的复杂性和不确定性。全球环境治理体系一直保持着科学与政策之间的紧密联系,通过科学共同体与决策者的信息交换不断塑造更有效的环境治理政策机制。不断增长的科学认知和科技进步推动了包括生物多样性保护、臭氧层保护和气候变化等多项多边环境条约和协议的缔结与实施。

"认知共同体"是基于知识的来自不同学科的科学共同体联系网络。[2] 科学共同体对他们领域社会或自然现象的因果关系有共同的认知和理解,并对在这一领域采取何种行动能够对促进人类福祉持有共同的看法。科学共同体对该领域的相关知识拥有权威的解释,可以让各国政府和利益相关方充分了解到全球环境问题现状和发展趋势,将科学发现导入全球环境治理的政策制定中,并提出更加协调的综合应对政策。

政府间气候变化专门委员会(Intergovernmental Panel on

---

[1] 董亮、张海滨:《IPCC 如何影响国际气候谈判——一种基于认知共同体理论的分析》,载《世界政治》2014 年第 8 期,第 70 页。

[2] 孙凯:《"认知共同体"与全球环境治理——访美国马萨诸塞大学全球环境治理专家 Peter M. Haas 先生》,载《世界环境》2009 年第 9 期,第 36 页。

Climate Change，IPCC）是当前全球环境治理领域最知名的科学共同体，为国际社会认识气候变化问题、推动全球气候治理体系提供科学基础。1988年世界气象组织和UNEP共同建立IPCC，旨在为决策者定期提供针对气候变化的科学依据、气候变化的影响和未来风险，以及适应和减缓措施的系统评估。目前，IPCC已经成为评估气候变化相关科学的权威国际机构，是联合国气候大会和联合国气候变化框架公约谈判的基础。

自1990年发布第一份评估报告以来，IPCC已经发布了五次报告。这些报告汇集了全球关于气候变化问题最新的研究成果。第一份评估报告直接推动了UNFCCC的形成，后续的报告也塑造了全球气候谈判的方向。IPCC的第五次评估报告引用了超过3万份的科学论文。该报告由来自80个国家的830名主要作者共同撰写，提供气候问题领域的专业知识。另有超过2 000位评审专家参与报告的编写，确保报告反映科学界全方位的观点。IPCC报告需要通过数轮的起草和评审来保证编写方式的开放、透明和报告内容的全面、客观。IPCC不独立开展科学研究，只评估已发表的文献，确定科学界的关于气候变化的共识、分歧以及需要进行的下一步工作。作为科学共同体，IPCC建立起科学家和决策者之间的桥梁，为决策者提供权威和均衡的科学信息。IPCC的研究报告具有政策相关性，但又对政策制定保持中立的关系，不具有政策指示性。

2018年10月，IPCC在联合国气候变化卡托维茨大会前夕发布题为"全球1.5 ℃增暖"的特别报告，阐述全球升温1.5 ℃的影响。最新的科学认知显示把升温控制在2 ℃以内的目标不能有效避免气候变化带来的最坏影响,全球升温2℃目标的真实影响比第五次评估报告预测的更为严重。如果将升温目标调整为1.5℃,人类社会将避免大量因气候变化带来的损失和风险。为避免不堪设想的后果,国际社会需要采取紧急行动,实现"快速、深刻和史无前例的变革"。该报告直接推动卡托维茨大会上各方同意在21世纪末将全球升温控制在比前工业化时期不高于2℃,在此基础上进一步追求1.5℃的目标。

IPCC界定了气候变化的问题维度,帮助各国厘清气候变化谈判的国际利益,有力地推动了全球气候变化谈判。尽管IPCC报告一直避免较强的政治导向,其定期报告具有极强的传播能力,会重塑国际社会对气候变化问题的认识,保持气候变化在全球政治议程中较高的排序。

以IPCC为代表的科学共同体已成为推动全球环境治理进程的重要推动力。科学共同体通过科学话语权塑造国际社会对全球环境问题的认知。由于全球环境治理决策过程的复杂性和不确定性,各国政府都需要来自政府间科学研究机构的政策建议。全球环境治理目标的实施与进展也需要科学可信的指标和信息来监督和指导。科学共同体为推动建立公平合理、合作共赢的全球环境治理体系提供重要支撑。

3. 全球环境治理体系内部的复杂性与矛盾性

由于环境问题的全球性,全球环境治理涉及世界各国。由于不同国家对环境问题的认识、社会经济发展水平和文化习俗等差异,全球环境治理体系从形成之初就是一个复杂的矛盾体。全球环境问题的严峻性需要各国消除隔阂,通力合作,共同解决。全球环境治理的公共物品属性又使各国出于各自政治和经济利益的考量,在全球环境治理中存在搭便车的倾向。

1972年,斯德哥尔摩人类环境会议宣布保护环境是全人类的"共同责任",但是发展中国家的环境问题在很大程度上是发展不足造成的。1992年,联合国环境与发展大会确立了"共同但是有区别的责任"这一国际环境合作原则。依据这一原则,1997年签署的《京都议定书》将全球气候治理的主体分为附件1国家和非附件1国家,对这两类主体的气候治理责任区别对待。附件1国家主要是发达国家,包括美国、欧盟、日本等发达国家和正向市场经济过度的东欧国家和独联体成员国。非附件1国家主要是发展中国家。《京都议定书》规定附件1的发达国家应当承担温室气体减排的定量目标,却没有严格规定发展中国家应承担的义务。①

国际气候谈判的曲折历程体现了全球环境治理内部的复杂性和矛盾性。《京都议定书》确定了发达国家"自上而下"的强制减排机制,而发展中国家暂时不承担减排义务。2001年3月,小布什总统以"减少温室气体排放会影响美国经济发展"和"发展中国家也应该承担减排义务"为由,宣布退出《京都议定书》。作为当时世界上最大的温室气体排放国,美国的退出使议定书迟迟不能生效和执行。

在《京都议定书》第二承诺期的谈判过程中,发达国家和发展中国家在"共同但是有区别的责任"原则中的分歧越来越大,发达国

---

① 黄新焕、叶琪:《全球环境治理体系的构建与战略选择》,载《经济研究参考》2016年第16期,第6页。

家对改善全球环境方面的表现也越来越消极。发达国家与发展中国家主要的分歧在于发达国家在减缓气候变化方面强调"共同责任",指出减排应该是全球共同行动,所有国家都要受到约束,回避"区别责任"。发展中国家强调"区别责任",希望发达国家承担历史责任,同时希望发达国家给予资金和技术援助,加强气候适应能力。

历次气候变化谈判大会的焦点包括发达国家应如何履行援助承诺、应对气候变化资金援助的规模与来源和发达国家是否应向发展中国家转让应对气候变化的技术等。2009年哥本哈根会议前,发达国家纷纷主动提出他们减排承诺的前提是发展中国家减排。俄罗斯、加拿大、日本、新西兰是减排第二承诺期坚定的反对者。由于《京都议定书》的减排控制并不适用于美国和中国这两个最大的温室气体排放国,加拿大也于2012年退出了《京都议定书》。

在全球气候治理谈判的徘徊阶段,世界各国通过艰难的利益博弈逐步建立新的责任分担原则。全球环境治理体系中发达国家与发展中国家责任趋同,共同责任日益强化。国际合作的原则从"共同但是有区别的责任"原则过渡到"公平、共同但是有区别的责任和各自能力"原则。在该国际合作原则下,《巴黎协定》确定了各国自下而上以"国家自主贡献"的方式参与全球应对气候变化行动。全球气候谈判的曲折进程充分体现了全球环境治理体系内部的复杂性与矛盾性。

4. 全球环境治理体系的多维性

全球环境治理呈现环境议题多样化、参与主体多元化、参与方式多样性等多维性特征。当前全球环境治理的议题主要聚焦在大气、土地、淡水、海洋、生物多样性以及化学品与废弃物六方面。全球环境问题的多维性和交叉性使在不同时期出现的聚焦单个问题的国际环境条约的实施可能存在相互矛盾的风险。1987年,全球达成的控制消耗臭氧层物质的《蒙特利尔议定书》,大幅削减了用于气溶胶和制冷系统的含氟氯烃(CFCs)。在国际社会的努力下,议定书缔约国已成功淘汰了近99%的臭氧层消耗物质,全球臭氧层正在恢复中。但是作为CFCs的替代品,被广泛使用的氢氟烃(HFCs)是一类具有非常高全球增温潜势的温室气体,对气候变化产生不利影响。2016年,《蒙特利尔议定书》缔约国终于签署了《基加利修正案》,启动全球的HFCs消减行动。

在环境治理中,由于气候变化、土地利用、水资源以及生物多样性之间的内在联系,孤立地针对某一类环境问题采取相关治理措施会对其他环境和社会经济领域带来风险。许多国家采用生物燃料作为应对气候变化的重要措施,但是生物燃料的种植常常以占用耕地或砍伐森林为代价,会对当地的生物多样性、依赖森林的当地居民的生计产生威胁。生物燃料的种植也会加重所在区域的水短缺问题。此外,各环境议题也与人类健康、城市化、全球化和性别平等议题密切相关。环境议题的多样性和内在关联性要求国际社会需采取综合性措施,将环境治理融入各部门的决策中。环境治理也需要综合地考虑社会和经济影响,使环境干预措施能够发挥更好的变革作用。

全球环境治理的参与主体也越来越呈现多元化的趋势。以UNEP为主导的政府间国际组织在全球环境治理中发挥着战略性的指导作用,通过倡导多边环境协定并监督其执行来推动并协调各国环境问题。主权国家是全球环境治理的行为主体,通过双边或多边合作机制推进相关治理。美国和欧洲是全球环境治理的传统领导力,主导了全球环境治理的形成与发展。随着全球化的深入,以中国和印度为代表的新兴大国在全球环境治理体系中获得了越来越多的话语权,全球环境治理的领导力开始向东转移。作为国家环境政策的具体实施者,以城市为代表的地方政府正通过更严格的标准、构建跨国城市环境合作治理网络等方式影响所在国家的环境政策,并推动全球环境治理。国际环境非政府组织等非国家行为体也正广泛参与并积极推动全球环境治理。

各类参与主体在全球环境治理中的参与手段方面也呈现多样化的特征。全球环境治理响应框架从孤立向整合过渡。在自上而下层面,国际社会在生物多样性、气候变化和化学品等领域达成的全球性环境条约为各国设立了新的标准和期望值,推动了缔约国国家法律、制度的完善和相关行动计划的实施。在自下而上层面,各主权国家通过协调国内政策履行国际承诺。发达国家通过资金和技术援助为发展中国家加强环境治理能力建设提供帮助。环保非政府组织等非国家行为体也通过提供咨询、介入环境诉讼等方式在不同级别上也推动了环境治理的知识交流和能力提升。在可持续发展目标的实施中,联合国等政府间机构、各国政府、非政府组织、城市网络等在一些政策议题上的合作强化了全球环境治理的能力。

### (二)全球环境治理的前景

1. 全球环境持续恶化,全球环境治理亟须转型变革

联合国环境规划署在 2019 年新发布的《全球环境展望 6》指

出,人口增长、城市化、经济发展、技术革新和气候变化等驱动力对地球环境和人类健康产生了巨大的压力。当前大气、土地、水、海洋和生物多样性等环境状况持续恶化,其中气候变化、生物多样性、氮元素的全球循环的环境压力已经超过地球边界,对地球健康产生不可逆的影响。生态环境的持续恶化也对人类社会经济系统产生了严重的不利影响,可能导致公众生计丧失、疾病负担上升以及经济放缓,甚至局部暴力冲突上升等。

尽管国际社会在许多环境议题上已达成共识并采取一系列的行动,但是主要的环境议题上取得的进展却不尽如人意。《全球环境展望5》评估了重大多边环境协议中的全球环境目标,发现除了淘汰臭氧层消耗物质、淘汰含铅汽油以及千年目标中将无法持续获得安全饮用水的人口比例减半三项目标取得重大进展外,其他全球环境目标的实际进展都未达到预期。气候变化、珊瑚礁以及湿地等生态环境状态甚至出现进一步恶化。

面对严峻的环境压力,当前国际社会亟须改变现有不可持续的线性经济发展模式,采取紧急和持续的行动扭转环境恶化的趋势。《全球环境展望6》较乐观地指出实现健康地球和可持续发展的路径是存在的。实现2030年可持续发展目标需要国际社会改变现有的生产和消费方式,提高资源能源利用效率,发展循环经济实现经济发展与资源能源消耗的脱钩。国际社会需要通过一系列政策和技术创新将环境因素纳入社会和经济发展的主流决策中,推动可持续发展的转型变革以及从地方到国际不同规模的合作。

2. 全球环境治理机制碎片化,亟须更深入的机构改革

在过去半个世纪中,国际社会对环境问题的各种响应形成了

一个相互影响的系统。但现有的以联合国机构为主导,各主权国家为行动主体的全球环境治理框架存在碎片化的困境,整体治理效果远低于预期。联合国环境规划署是全球环境治理的主要协调者。目前许多联合国机构和多边金融组织也纷纷设立环境部门,将环境因素纳入统一的决策。这些机构往往与联合国环境规划署地位相当,使其很难发挥协调全球环境治理的职责。此外,全球环境治理的转型需要将环境因素纳入社会和经济的主流决策。政府间机构组织中负责社会和经济决策的机构往往级别高于联合国环境规划署。在实际操作中,全球环境治理合作框架在运行效能方面存在耗散的风险,机构碎片化现象日渐明显。

针对大气、生物多样性、化学品、土地利用和水等环境议题,目前全球有超过500多项多边环境协定。各多边环境协定专注于自己的领域,相互之间缺乏相互联系,存在决策分散甚至决策冲突的问题。[①] 各公约秘书处所在地的分散也制约不同多边环境协定之间制度和政策的协同性。由于缺乏综合协调机构,全球多边环境协定也存在在热点议题上反复投入,在冷门议题上投入不足等资源低效配置问题。以水资源保护为例,防治荒漠化公约组织、湿地保护公约组织、联合国淡水计划、世界海事组织、联合国环境规划署、联合国开发计划署等机构都负责水资源保护议题。[②] 每个机构都有一套独立的运行机制,互不隶属,导致资源的重复投入与浪

---

[①] 王志芳、张海滨:《UEA 对 MEAs 影响与中国对策》,载《中国人口资源与环境》2015 年第 5 期,第 164 页。

[②] 于宏源、于雷:《二十国集团和全球环境治理》,载《中国环境监察》2016 年第 8 期,第 10 页。

费现象。

随着全球环境治理体系的碎片化和全球环境的状况的恶化，UNEP的组织结构和职权功能已无法应对全球环境治理的需求。在2012年"里约＋20"峰会的呼吁下，UNEP进行了一系列渐进式改革，以提高其国际影响力。2013年由54个成员国组成的UNEP的环境理事会升级为普遍会员制的联合国环境大会，升级和强化UNEP的作用。UNEP的秘书处也与多边环境条约的秘书处进行频繁互动，提高机构效率。此外，在全球治理的议程设置中，UNEP积极倡导综合考虑社会、经济和环境因素，将环境嵌入2030年可持续发展议程，推动环境议程的主流化。近年来，UNEP也积极参与全球治理的国际合作，强化环境与贫困、卫生、安全和资源等领域的协同治理，有效地提高了UNEP的全球影响力。

尽管UNEP的渐进式机构改革逐渐增强了机构的国际领导力，但UNEP目前仍无法获得类似世界卫生组织的国际法律地位。在全球环境持续恶化的背景下，UNEP的机构设置仍存在宏大的国际议程与自身机构能力不匹配的矛盾。国际社会仍需要强化UNEP的职责，推动联合国环境治理框架在融资、规则和制度方面的改革，使UNEP成为全球环境事务的权威政府间机构。

3. 全球环境治理领导力东移，亟须形成一致的多边治理合力

当前，全球环境治理的领导力开始向东转移，美国和欧盟的传统领导力不断弱化并转移，新兴国家的领导力逐步增强。在全球环境治理体系内部，发达国家和发展中国家在环境治理目标、责任分担机制以及资金和技术转让等诸多问题上存在分歧，很难形成

一致的治理合力。① 发达国家和发展中国家对"共同但有区别的责任"原则的认识分歧使全球气候治理在《京都议定书》实施后就进入徘徊分化期。在全球环境议程的实施期,发达国家在改善全球环境方面的表现也越来越消极,更倾向于发展中国家承担更多的减排责任。应对气候变化最脆弱的最不发达国家和小岛屿国家希望发达国家和新兴经济体承担更多的减排责任。

美国联邦政府与全球气候治理的若即若离关系使美国逐步丧失全球气候治理的领导力。受金融危机和脱欧等事件影响,欧盟对全球环境治理的议程设置能力不断弱化。以中国为首的新兴发展中大国的崛起也深刻影响着全球环境治理格局。中国逐渐从全球环境治理体系的被动接受者和参与者转变为积极参与者、塑造者和引领者,正在多项全球环境议程中发挥着负责任大国的引领性作用。传统发达国家、新兴经济体和其他发展中国家在全球环境治理的博弈中逐渐形成了共同参与、合作和竞争的新型多边全球环境治理体系。

《巴黎协定》的签订与生效是新型多边环境治理体系的重要成果。《巴黎协定》的责任分担原则是"公平、共同但有区别的责任和各自能力"原则。全球气候治理模式由原来的"自上而下式"的强制性分配转向以"自下而上"为主的国家自主贡献减排模式。各国的气候行动目标都建立在不断进步的"自主贡献"基础上。《巴黎协定》每5年会盘点各国的减排进展与长期目标之间的差距,确保

---

① 于宏源、于雷:《二十国集团和全球环境治理》,载《中国环境监察》2016年第8期,第10页。

气候变化长期目标的实现。《巴黎协定》巧妙地处理了各国在"共同但有区别的责任"理解上的分歧,为全球环境治理提供了一个更灵活、能凝聚共识的新框架。

由于全球社会经济发展的不平衡和环境治理能力的不协调,全球环境治理的内部矛盾依然有待解决。全球环境治理亟须在包容性理念的指导下梳理环境治理的价值共识,构建有更广泛主体参与的公平合理、合作共赢的多边治理体系。国际社会、主权国家和其他利益相关方需要在全球环境治理战略、原则、投融资和措施方面采取集体行动,通过减缓和适应行动形成全球环境治理响应的多边合力。地方、国家和国际层面的多层次治理体系将有助于全球环境治理向可持续发展模式过渡。

# 世界能源秩序与地缘政治动力 *

苗中泉 **

**内容摘要** 对世界能源演进史的分析显示,地缘政治因素与之天然纠合;对未来能源转型完成之后的研判表明,地缘政治在新能源时代的世界能源议题中仍是关键部分,甚至其竞争烈度不会逊色于以往任何时候;而从国际能源转型的现实过程来看,地缘政治不仅天然烙印于该进程,而且可能会呈现出空前加剧的态势。可以断言,地缘政治是世界能源议题天然的构成部分。世界能源的开发、获取、利用,既是一种经济行为,更是一种政治结果,地缘经济与地缘政治是世界能源这枚"硬币"的两面。鼓吹抛开地缘政治而片面强调其商品属性,主张通过纯市场化、自由化手段实现全

---

\* 本文系国家电网公司重大科技项目(项目号:SGFJJY00JJJS1800026)阶段性研究成果。

\*\* 苗中泉,国网能源研究院研究员,南昌航空大学文法学院特聘双师型教授。

球能源资源有效调控的观点,势必难以行之久远,亦必然无法经得起实践检验。

**关键词** 世界能源秩序 地缘政治 能源转型

# 导 言

依照《大不列颠百科全书》的一般解释,地缘政治描述的是国际政治中地理要素对各国政治相互关系的影响,涉及国家利益界定、主要交通线路、关键战略枢纽等内容。① 美国地缘政治学者和国务活动家布热津斯基将其解释为"地理因素与政治因素叠加于一国或地区的影响,尤其强调地理对政治的影响"。② 能源、地理和国家间政治关系三者之间的复杂互动,构成了能源地缘政治的全部内容。分而析之,主要有三个方面:一是能源在各国之间的地理分配及其对比,二是基于能源的各大国之间的相互竞争和协调,即能源对国际政治格局演变的作用,三是国际政治格局对能源的影响和重新配置。③ 在讨论世界能源议题时,地缘政治始终是一个无从逃避的因素,甚至在特殊的历史背景下某些具体能源的地缘政治属性会显著突出,压倒其作为"能量来源"与"一般资源"的

---

① Daniel H. Deudney, "Geopolitics," Britannica, https://www.britannica.com/topic/geopolitics, 2019 年 6 月 10 日访问。

② Zbigniew Brzezinski, *The Grand Chessboard: American Primary and Its Geostrategic Imperatives*, New York: Basic Books, 1997, p. 41.

③ 李红强、王礼茂、郎一环:《能源地缘政治格局的演变过程与驱动机制研究》,载《世界地理研究》2009 年第 4 期,第 57 页。

商品属性和经济社会属性,而成为塑造世界能源关系格局的决定性因素。

长久以来,无论是学术界还是产业界,关于世界能源问题,均存在一种倾向,即认为可以甩开地缘政治因素,加快世界能源的发展进程。他们认为,地缘政治是引发世界能源发展过程中诸多问题的"麻烦",是各国政府主观附加于"能源"这种商品上的非经济属性,是困扰"能源"资源在国际市场上自由交易、充分实现其商品价值的主要障碍。他们假定,如果没有各国在世界能源问题上的地缘政治考虑,如果能源如同一般商品那样通过全球统一市场自由交易,很多因能源而引发的冲突就可以有效避免;而诸如能源贫困、能源诅咒等问题也可在能源市场的调节下得到较好的解决。他们提出,如果能够彻底甩开地缘政治考虑,全球能源转型就会大大加速,从而不仅有利于化解目前全球日渐尖锐的油气资源供需矛盾,而且各国将在减少碳排放、应对气候变化方面做得更好。[1]这一观点,自20世纪70年代以来在世界能源领域一直拥有庞大的拥趸群体,其中自由主义政治经济学派和能源技术专家尤其热衷。

本文不拟讨论前述学说关于地缘政治对世界能源发展的负面影响之真伪,而聚焦分析地缘政治因素与世界能源问题的复杂耦合关系。本文认为,无论地缘政治因素是否构成世界能源发展进

---

[1] The Special Report, "A Good, Clean Fight: Global Powers Need to Take the Geopolitics Out of Energy," *The Economist*, March 15, 2018, https://www.economist.com/special-report/2018/03/15/global-powers-need-to-take-the-geopolitics-out-of-energy,2019年1月3日访问。

程中的"障碍",其都是世界能源议题自然构成的一部分,并且是至为关键的一部分,抛开"地缘政治"而讨论世界能源议题是片面的、过分理想化的。审视历史,瞻瞩未来,研判当下,地缘政治均是世界能源议题的天然构成。

## 一、天然纠合:世界能源演进与地缘政治

新航路开辟和美洲大陆的发现,掀开了原本分散在各地的市场联合发展成全球统一市场的历史大幕。在工业革命和殖民扩张的推动下,世界能源大市场开始形成,并随着人类社会主导能源的不断更迭而演进。审视其历程可以发现,地缘政治与之天然纠合在一起。

前化石能源时代,并不存在统一的世界能源市场,遑论世界能源议题。根据能源学家斯米尔的理论,能源原动机,即能够产生适合人类使用的动能(机械能)的能量转换设备,决定着人类社会能源的主要利用形式。[①] 18世纪以前,人类社会的主要原动机经历了从人类肌肉到驯化动物、简易帆船、水轮车等的演变,因而主导能源主要是生物肌力(包括人力、畜力)和薪柴(以及由薪柴烧制出来的各种"炭")、水、风等原始自然力。这些能源均为非化石能源,具有泛在、可再生的属性。加之自然地理上世界各地区的经济社会联系比较松散,甚至较大部分仍处于相互隔绝状态;单一区域内

---

① [加]瓦科拉夫·斯米尔:《能源转型:数据、历史与未来》,高峰、江艾欣、李宏达译,科学出版社,2018年版,第15页。

的能源需求总量极低，原动机对能源能量密度的需求也极为有限，各地能源市场缺少通过长距离大规模运输而连成一体的主客观动力，因而并不存在覆盖全球的能源市场。各区域内出现的能源问题，例如薪柴不足、畜力不足等，一方面，这些能源问题与其他短缺问题重叠交叉，并往往被其他问题掩盖；例如，雅典罗马的奴隶，固然充当了各类生产活动的能量来源，但主要是作为劳动力的角色出现的，提供能量仅仅是其价值的一部分。奴隶短缺时，表现出的后果主要是劳动力缺乏，而不只是能源短缺。另一方面，这些能源问题主要是局部的、地域性的，通过增殖人口、蓄养奴隶、繁殖牲畜、迁徙政治经济中心，甚至劫掠、扩张，或者小范围内市场交易等，均可得到解决。例如，雅典战船需要有足够的水手维持航行动力，当其本国公民水手不足时，雅典通过雇佣其他希腊国家的水手来维持其舰船动力；传统中国在农业活动中广泛使用耕牛作为动力源，因而在很长时间内农户蓄养耕牛都能够得到政府的奖励，而擅自宰杀耕牛则会遭到重罚。没有全球范围的能源问题，能源问题与其他问题重叠交叉，并往往被其他问题掩盖，这是18世纪以前漫长的前化石能源时代的基本情况。

进入化石能源时代，煤炭成为第一阶段的主要能源品种，统一的世界能源市场逐渐形成，地缘政治随着世界能源市场的深入发展而不断加深影响，世界能源议题与地缘政治天然纠合在一起。18世纪改良蒸汽机作为第一个以燃烧化石燃料来供能的机械原动机的出现及迅速普及，标志着人类社会开始进入化石能源时代。改良蒸汽机通过燃烧煤炭产生用于工业生产的热空气和蒸汽，能量转换密度超过了5%（在开放空间燃烧薪柴的能量转换率低于

5%),甚至可达20%,①当时出现的最大动力的蒸汽机,高达125马匹,②这大大有利于生产效率的提升。1880年,比较优势更加显著的汽轮机出现并广泛应用于铁路、船舶等交通运输和火力发电领域,自此成为世界"第一强劲的连续工作的原动机"③。蒸汽机和汽轮机的普及,推动煤炭迅速发展为欧洲先进国家最重要的能源产品。然而煤炭作为远古植物在地壳中经历漫长复杂生物化学和物理化学作用的产物,在地理分布上具有天然的不均衡性,并且一旦消耗,在同样漫长的时段内无法得到补充。这赋予煤炭以作为能源资源的稀缺属性。与此同时,尽管地表煤开采难度较小,但对煤炭的高效炼化和地下煤矿的安全采掘,依然需要极高的技术积累,由此,煤炭工业最早成为只有少数发展最快的欧洲国家才掌握其核心技术的经济部门,但技术的垄断并未妨碍煤炭在各主要国家经济社会生活中的大规模使用。迟至19世纪中后期,第一次工业革命接近尾声之际,煤炭已经成为全球范围内工业使用最广泛的能源品种。至此,煤炭作为能源资源的稀缺性与其消费区域的普遍性和消费总量的不断高涨之间出现尖锐矛盾,煤炭的主产区与消费区之间出现显著的地理错位,煤炭地缘政治开始浮现。为满足本国迅速发展中的工业化对煤炭的需要,荷兰、英国、法国、德国、俄国等欧洲列强在大力勘探、开发本国境内煤矿资源的同时,也在欧洲之外的世界各地全力争夺煤田矿山,通过建立殖民地

---

① [加]瓦科拉夫·斯米尔:《能源转型:数据、历史与未来》,第17—18页。
② Vaclav Smil, *Energy: A Beginner's Guide*, Oxford: Oneworld Publications, 2006, pp. 108 - 109.
③ [加]瓦科拉夫·斯米尔:《能源转型:数据、历史与未来》,第84—87页。

或排他性势力范畴,开采利用各地丰富的煤炭资源;或利用其发达的长途海运优势,将遍布于非洲、美洲、亚洲的煤炭资源运至母国或海外生产基地,为其大规模的社会生产提供源源不竭的能量动力。"自然力的征服,机器的采用,化学在工业和农业中的应用,轮船的行驶,铁路的通行,电报的使用,整个大陆的开垦,河川的通航,仿佛用法术从地下呼唤出来的大量人口"①,所有这些,几乎全部有赖于煤炭。从能源的视角看,正是由于煤炭的广泛使用,才使得"资产阶级在它的不到一百年的阶级统治中所创造的生产力,比过去一切世代创造的全部生产力还要多,还要大"②。

这一历史进程,就客观而言,统一的世界能源市场开始形成;就主观而言,则是煤炭地缘政治博弈趋于激烈:此二者互为表里。因此,世界能源自其成为一项历史议题开始,就与地缘政治天然纠合在一起。关于这一时期煤炭之于国家经济和国际竞争的重大作用,历史学者以英国与荷兰为考察对象分析认为,荷兰在16、17世纪经济的辉煌得益于它能够方便地得到"泥煤"这种燃料资源,而泥煤资源的衰竭则是其经济停滞的重要原因;与之相似,英国经济从18世纪以后表现出比荷兰更长久、更持续发展的原因,完全归功于英国丰富的煤炭资源,并且及早较大规模地进行了开发利用,"大量地生产和使用煤替代木炭作为热能的来源,对英国经济的发展起了很大的作用,很多工业部门的大规模扩张因为能够得到大

---

① 中文马克思主义文库:《共产党宣言》,https://www.marxists.org/chinese/marx/01.htm,2020年3月20日访问。
② 中文马克思主义文库:《共产党宣言》,https://www.marxists.org/chinese/marx/01.htm,2020年3月20日访问。

量的煤炭供应而有了可能"①。而英国强劲的经济实力则成为其日不落帝国的坚固基石:煤炭实际上在深层次上塑造着当时的全球地缘政治格局。此外,在19世纪中后期法国与普鲁士及实现了统一的德国之间爆发的历次战争,战胜一方均提出了对德国鲁尔区的声索,而该地区正是德国乃至欧洲大陆上煤炭资源最丰富、品质最优良的地区之一。争夺鲁尔区,同样集中彰显了这一时期煤炭对国家间政治关系的塑造作用。可见,自世界能源市场形成、世界能源成为一个有意义的议题时,地缘政治就与之天然纠合在一起,不可能相互剥离。

石油取代煤炭成为主导能源之后,地缘政治成为塑造世界能源格局演变的重要因素,在世界能源议题中的分量持续加重。19世纪后期,随着内燃机的发明与快速推广,石油开始在人类社会中发挥越来越大的作用。大约与汽轮机同时,以汽油为燃料的内燃机获得成功应用。比较而言,蒸汽机需要在机器外部以锅炉将水加热,再把水蒸气引入活塞腔,可谓一种外燃机;内燃机则是由高温气体在发动机内部燃烧燃料而生成,其能量转化效率更高,更稳定。内燃机和改良后使用石油的汽轮机在19世纪末20世纪初得到大规模普及,广泛应用于交通运输的奥托循环四冲程汽油燃料发动机仅仅在短短一代人的时间内就从诞生发展到了成熟阶段,并延续至今。② 这为石油成长为社会主导能源提供了最强大的动

---

① 俞金尧:《近代早期英国经济增长与煤的使用》,载《科学文化评论》2006年第4期,第57—59页。
② [加]瓦科拉夫·斯米尔:《能源转型:数据、历史与未来》,第88—89页。

力。另一方面,与煤炭相比,石油的能量密度更大:不同品质的原油所提供的能量,比同样单位煤炭高出45％至200％;运输更为方便:体积小,易储存,并且价格也很快降低到市场可接受的范围之内。① 石油在主要国家迅速取代煤炭成为主要能源产品的主客观条件均已具备,并因此成为世界能源市场最重要的交易对象。从资源分布的角度看,与煤炭相比,石油的地理集中度更高,地区之间的差异更大:石油储量主要集中分布在"两线",即包括俄罗斯—中亚—中东—北非—西非的常规资源线和北美—南美的非常规资源线,这构成了世界石油资源分布的核心区域。② 尽管随着石油勘探开发技术的不断进步,全球可采的石油资源在不断变化,但与逐年巨额增加的全球石油消费量和遍布全球的石油消费市场相比,其高度集中的地理分布态势成为引发石油地缘政治纷争的重要原因。与此同时,相比煤炭,石油的勘探、开采、炼化和运输的全环节,也随着经济社会的不断发展、对石油品质要求的不断提高而对相关技术和投资提出了更高的要求。在市场优胜劣汰作用的调节下,石油及石油工业逐渐成为只有科技最发达、工业基础最坚实的发达国家才真正占据主动权的经济部门。这同时也意味着,只有那些国家才可能真正在全球范围内自由开采、加工、使用和交易石油资源。在此背景下,全球石油市场呈现出英美两国七大石油公司垄断支配的寡头格局。世界石油市场的定价规则、交割方式等基础性制度、机制在英美寡头支配下基本确立。

---

① Vaclav Smil, *Energy: A Beginner's Guide*, p. 121.
② 徐建山:《论油权》,载《世界经济与政治》2012年第12期,第118页。

20世纪六七十年代,世界经济进入战后恢复发展的黄金时代。在新一轮科技革命的推动下,全球化发展势头更加迅猛,世界各地的政治经济联系更加紧密,跨国公司、国际组织、国际机制等超越主权国家的行为体在这一进程中扮演着越来越重要的角色。另一方面,随着亚洲、非洲和拉美民族独立运动和民主革命运动的不断高涨,在苏联、美国的推动和支持下,一大批殖民地、半殖民地国家在20世纪60年代纷纷脱离英国、法国等宗主国,实现政治上的基本独立,并随后在国际政治舞台上发出更具民族主义色彩的吁求。其中来自中东波斯湾和北非地区的产油国,开始在苏联的支持下通过完善立法、行政强制、资本赎买、公私联营等方式大力削弱外来石油公司的影响,强力推行石油产业国有化运动。这一方面沉重打击了英美传统石油公司在本地区的固有利益,另一方面也使得该地区的国有石油公司逐渐取代英美石油寡头而在世界能源领域产生越来越大的影响。因不满英美石油公司长期以来维持的低油价政策,主要产油国于1960年9月发起成立石油输出国组织(OPEC),以协调各国石油立场;1973年10月,因不满于英美等国在中东战争中支持以色列的立场,石油输出国组织一致同意减少石油产量、实施石油禁运,以石油为武器对英美等发达国家施加政治压力。在经济社会高速发展、石油供应至关紧要的背景下,此举直接引发了国际社会的第一次石油危机——主要发达资本主义国家石油供应严重紧张、物价急速飞涨、工厂关停、失业率大幅上升等一系列社会政治问题,并成功迫使美英等国调整原有的外交政策立场,重新考虑有关国家的利益诉求。此次危机,全景式向世人展示了石油作为一种现代社会必不可少的能源资源在重大国际政治事务中可以发挥多么关键的战略作用。这促使国务家和研究者不得不认真思考那些尽管规模体量较小、发展较为落后,然而天然拥有丰富石油资源的国家和地区在国际政治事务中的战略潜能;并由此诞生了"能源地缘政治"这一术语,①尽管这里的"能源"实际上指代的仅仅是"石油"。石油开始以其政治战略属性压倒性超越能源商品的经济属性而成为全球地缘政治博弈中引人瞩目的关键要素。为对冲石油输出国组织对全球石油市场的影响,尽可能维护和强化主要石油消费国在世界能源市场中的原有权益,欧美发达国家于1974年11月发起成立国际能源署(IEA),协调近30个世界主要油气消费国的能源政策立场,督促各国建立多元化石油储备体系,应对可能出现的石油供给中断问题,缓释由欧佩克产油政策的调整而导致的油价波动,以确保本国乃至世界范围内经济社会的稳定发展。自此,石油输出国组织与国际能源署成为塑造当代世界石油格局的两大重要力量。

1978年,两伊战争爆发,第二次石油危机随之到来;1986年,世界石油市场价格猛跌,苏联、中东等多个国家深受其害,第三次石油危机爆发。频频爆发、范围广远的石油危机深刻影响着全球政治经济局势,加剧了世界和地区政局的动荡,凸显石油作为政治战略资源在塑造当代世界政治经济格局中的基础性和关键性作

---

① "能源地缘政治"这一术语最早由科南特在20世纪70年代与人合作的专著中提出。见 Melvin A. Conant and Fern Racine Gold, *The Geopolitics of Energy*, Boulder, Colorado: Westview Press, 1978;任娜、孙暖:《缘政治视角下的能源安全》,载《世界经济与政治论坛》2007年第2期,第84页。

用。石油作为最重要的能源资源与国际地缘政治博弈甚至地区战争的爆发深度纠合的证据越来越显著。① 而石油输出国组织与国际能源署,则成为全球地缘政治博弈在世界石油领域的直接投射。二者之间的牵制与互动,成为世界石油地缘政治的重要内容。

随着东欧剧变、冷战结束,国际格局从苏美两极对立向一超多强发展,美国强力支持的国际自由主义意识形态和制度机制迅猛发展,"地缘政治"成为主流话语体系中不被欢迎的术语,但在实际事务中扮演着越来越关键的角色。地缘政治成为国际自由主义大潮掩盖着的潜流,世界能源领域呈现"理论上的能源自由主义、实践中的能源现实主义"两张皮的特征。

一方面,与以经济自由化、政治民主化为基本特征的第三波民主化浪潮相适应,在世界能源领域涌现出大批能源自由主义的追随者。冷战结束后,除了少数国家外,苏联及其盟友纷纷以"华盛顿共识"为指引,进入了"休克式改革"的转轨历程,经济私有化和多党选举成为其显著标志;包括国际货币基金组织、世界银行等在内的国际组织亦以"华盛顿共识"为圭臬,强制要求申请贷款的国家进行全面的自由化改革,建立与美国完全一致的国家治理体系。自由主义成为全球范围内大行其道、势不可挡的政治经济潮流。该思潮投射于世界能源领域,就是主张在全球范围内建立完全开放、各国互通有无的能源市场,由各国根据比较优势,以最低的经

---

① Melvin A. Conant, *Access to Energy, 2000 and After*, Lexington: The University Press of Kentucky, 1979, pp. 6 – 18.

济成本获取更多的能源资源,支撑各国的经济社会发展;①为此,要彻底清除掉以往附着在能源商品尤其是石油、天然气上的地缘政治色彩,彻底还原其纯粹的经济属性,由跨国能源企业在全球范围内自由开展交易,参与市场竞争,这样,才能真正实现石油、天然气等能源资源的合理配置。②

另一方面,在世界事务的实践中,国际现实主义而非国际自由主义却成为支配国际政治的实质逻辑。美国为首的霸权国家对外输出的"华盛顿共识",由其所代表的私有化、多党选举、个人主义等经济制度、政治制度、文化制度、生活方式,实际上是在全球范围内为美国营造葛兰西意义上的"文化霸权"、护持其霸权利益、维护其世界领先地位的意识形态工具。一旦此图谋被揭穿并遭到抵制,政治强制而非经济自由就接踵而来,现实主义地缘政治竞争而非自由主义和平贸易就再度凸显。这种现象,映射在能源领域,就是地缘政治考量成为真正决定世界石油市场走势的关键因素,大国霸权主义痕迹明显。对美国而言,这主要体现在三个方面。

一是强力确保并维持其在主要油气产区的绝对优势,牢牢保持对重要油气资源地区的主动权。自苏联解体后,美国先后发动

---

① Pietro S. Nivola and Erin E. Carter, "Making Sense of 'Energy Independence'," in Carlos Pascual and Jonathan Elkind eds., *Energy Security: Economics, Politics, Strategies, and Implications*, Washington, D. C.: Brookings Institution Press, 2009, pp. 105 - 111.

② Gal Luft and Anne Korin, "Realism and Idealism in the Energy Security Debate," in Gal Luft and Anne Korin eds., *Energy Security Challenges for the 21st Century: A Reference Handbook*, California: ABC-CLIO, LLC, 2009, pp. 335 - 349.

或参与鼓动、支持了海湾战争、第二次伊拉克战争、阿富汗战争、利比亚战争、叙利亚内战，不仅推翻了原本该地区强硬的反美政权，而且借战争之机以扶持本地武装、建立亲美政权、提供美元贷款、帮助经济重建等方式，不仅建立了对本地区重要油田、气源的绝对管控，而且深入扩张至本地区重要的经济社会部门；对仍处于反美状态的产油国政府或地方武装势力，如伊朗和黎巴嫩真主党、也门胡塞武装等，则利用其国际机制霸权，施行严密的国际制裁措施，试图以经济高压甚至准战争的军事行动逼迫上述势力服从美国霸权。

二是建立并坚决维持石油美元体系，使美国成为国际石油贸易的"收税人"。1971年美国尼克松政府宣布停止美元兑换黄金后，与当时最大的产油国和石油出口国沙特阿拉伯签订协议，美国向沙特提供军火和国际保护，沙特则允诺所有的石油交易均以美元进行结算。由于沙特在国际石油市场中的特殊地位，其他产油国纷纷跟进，美元成为国际石油交易的通用货币，石油美元体系开始确立。该体系创造了巨量的国际美元需求，从而使得原本主要作为美国国内法币的美元，兼具国际通货的重要职能。拥有美元发行权的美国联邦储备系统，从美国一国的中央银行一跃而具有了世界中央银行的职权。由此，美国事实上成为世界油气贸易的"收税人"，坐享国际能源发展的红利。为维护石油美元体系的稳定与持久，美国在对外事务中采取双重标准，对沙特等完全驯服该体系的国家和势力一概不予干涉，决口不提推行经济自由化、政治民主化的事宜；对试图挑战石油美元框架的国家，则时常借口人权等问题蛮横干涉别国内政，甚至采取包括煽动暴乱、秘密行动在内的种种手段进行阻挠或者打击。

三是明确将能源作为其霸权护持的重要工具，推行"能源现实主义"。自尼克松政府以后，美国始终将"能源独立"作为实现和确保本国能源安全的终极目标，实际上反映了其对"能源自由主义"的深度怀疑。美国贸易代表办公室针对本国能源领域的外来投资，设定了严格的限制门槛，并对所有关涉能源领域的外来投资进行严格的国家安全审查；美国政府制定了严格限制本国先进能源技术出口的规章机制，以确保其尽可能维持能源领域的垄断性技术优势。2016年特朗普当选美国总统后，其能源部长公开宣布实施以"美国优先"为目标的"能源现实主义"政策。根据该政策，美国将取消开发国内丰富油气资源的法令限制，并制定鼓励开发举措，将加大对外油气资源的出口，将主动与国际社会共享先进的能源技术，将加大在油气领域的资本投入，但所有这些都严格限定在美国的盟友和友好国家范围之内，而将不友好、有潜在竞争的国家排除在外。① 此外，为最大程度增进美国国家利益，特朗普政府废除奥巴马政府时期已经签署的应对气候变化协定，大幅削减相关财政经费。在此背景下，能源，尤其是油气资源，对美国而言，毫无疑问已绝不再是可以毫无限制地、完全自由流通的"商品"，而成了维持其全球霸权的地缘政治工具。

事实上，将能源视为地缘政治博弈的工具而非纯粹商品，并非

---

① Department of Energy, The New Energy Realism: Secretary Perry Remarks at CERA Week—As Prepared for Delivery, March 7, 2018, https://www.energy.gov/articles/new-energy-realism-secretary-perry-remarks-cera-week-prepared-delivery, 2019年6月1日访问。

美国所独有。俄罗斯,早在普京首任总统任期时就已经明确将其丰富的石油和天然气资源作为振兴国家权势的基本依托,并在与西欧、乌克兰、格鲁吉亚发生的地缘政治纷争中屡次直接以油气资源为筹码,以断供、涨价等策略吓阻其竞争对手的其他意图,油气资源成为普京复兴俄国大略的"战略撒手锏";①除美、俄外,其他主要国家也不断强调能源安全问题,甚至将能源安全与能源转型挂钩,视能源转型为解决能源安全问题的重要出路。由此可见,对石油时代而言,能源的地缘政治属性始终在事实上压倒其作为纯商品的经济属性,或者至少与其同等重要。因而,地缘政治因素始终是这一时代世界能源议题中不可或缺的重要构成。

## 二、关键支柱:能源转型后的地缘政治

当前国际能源体系正处于从煤炭、石油、天然气等化石能源向太阳能、风能、核能、水能、地热等非化石能源转型的进程当中。主要国家正纷纷加足马力,加快部署以泛在、可再生、低碳、清洁为特征的新能源系统。在此背景下,学术界和实业界产生了一种比较乐观的观点,认为未来能源转型完成后,新能源取代传统能源,原本由化石能源的稀缺性和供需双方的地理错位而导致的能源地缘政治问题将会大幅衰减,直至不复存在,以往附着在能源上面的地缘政治属性将会消失,能源还原为纯粹的商品。然而,这样的看法

---

① [日]木村泛:《普京的能源战略》,王炜译,社会科学文献出版社,2013年版,第1—16页。

恐怕过于表面。

首先,当新能源取代传统化石能源成为主导能源后,从煤炭时代到油气时代先后呈现出的煤炭地缘政治、油气地缘政治确实会发生较大变化,其中最明显的就是能源产地的地缘政治意义大幅下降,并连带造成能源运输、消费等环节地缘政治方面的变迁。工业革命以前,世界主导能源经历了从煤炭到石油、天然气的转型,但都属于不可再生、具有鲜明地域属性的化石能源,能源供需之间的地理错位赋予其天然的地缘政治属性。在未来世界能源转型完成后,绿色、低碳、泛在、可再生的能源,如核能、风能、太阳能、地热、潮汐,乃至生物质能,取代传统化石能源,能源变为无处不在、无处不有的资源,其可获取性较化石能源已不可同日而语。由此,能源供给侧的泛在化与需求侧的普遍化形成调适关系,以二者之间的错位矛盾为工具声索、谋求政治上的利益不再是一个有效的手段,这驱使各方将原本聚焦于能源产地上的地缘政治关照转移至其他方面,从而大幅削弱能源产地的地缘政治意义。能源产地的地缘政治削弱,会级联引发能源运输通道、能源消费区域地缘政治意义的重塑。例如,在石油时代,远洋航线、运输通道往往被视为"石油生命线",争夺对石油运输通道的控制权,包括主要的远洋航线及其沿线的关键港口、码头,主要的运输管道所在国家和地区等,构成了能源地缘政治博弈的重要内容,那些对保持地缘政治优势至关重要的港口、码头、中转站等,形成了石油地缘政治的枢纽。[①] 争夺、控制或者保持对这些枢纽的影响力,构成了各国进行

---

① 徐建山:《论油权》,载《世界经济与政治》2012年第12期,第10页。

地缘政治战略谋划的重要部分。① 显然,当石油不再是主导能源,其地缘政治意义下降后,这些在石油时代被高度重视的枢纽节点也会被重新评估,其重要性势必会发生深刻变化,进而带动国际能源地缘政治结构出现重大而深刻的调整。

其次,能源产地的地缘政治意义削弱并不代表着能源的地缘政治属性消失,而是转移到了能源产业链条上的其他环节,甚至在新的环节上可能会更加突出。依照目前能源技术发展程度看,这起码包含两个方面的内容。

一是地缘政治竞争从能源资源本身转移到了与新能源的充分利用紧密相关的矿产资源之上。根据目前新能源技术的发展情况判断,在未来可预期的时段内,当新能源成为主导能源后,包括太阳能、光伏、核能等都将通过发电装置转换为电能才能够被人类社会大范围地使用。亦即,正如同煤炭需要经过蒸汽机、石油需要经过内燃机才能转换为人类所需的能量一样,未来新能源必须经由光伏板、核电机组、风车发电机组等,转换为电能后才能被普遍使用。各种新能源固然是泛在、可再生的,取之不尽、用之不竭,但是假如缺少新能源转换为电能所必需的装备,则所有的新能源将与过去亿万年间一样,原始裸露于大自然之中,而不能成为人类社会运转的动力。

换言之,如果要真正实现新能源的大规模使用,就必须同时大规模建设、部署光伏、风能、核能等发电系统。而部署这些发电系

---

① Mahan, *Sea Power Upon History 1660 – 1783*, Boston: Little, Brown, and Company, 1898, pp. 29 – 35.

统势必产生对诸如多晶硅、钴、锂等元素的巨大需求,这就使得新能源时代的能源系统再次如同化石能源时代一样,产生了高度依赖自然地理分布的矿产需求。这些矿产与煤炭、石油、天然气一样,天然具有地缘属性,其在地球上的分布集中程度甚至不亚于石油、天然气等化石能源。以钴为例,BP公司统计数据显示,截至2017年底,全球已探明的钴储量仅有710万吨,其中刚果(49.3%)、澳大利亚(16.9%)、古巴(7.1%)等12个国家拥有全球92.4%的储量;产量方面,2017年刚果一国生产了9万吨钴,占全球总产量的65.7%,超过世界其他国家和地区钴产量的总和。① 对这样一种关乎新能源发电系统部署规模的战略资源,全球接近一半的储量、高达全球三分之二的年产量,全部集中在一个可预期范围内不大可能成长为世界强权的国家,如此高的地理集中度,远超煤炭、石油和天然气中的任何一种。

这就意味着,倘若要在全球范围内大规模部署新能源,对钴等矿产资源的争夺将会远超出历史上对煤炭、石油、天然气等能源资源本身的争夺烈度,并且很可能会推导出诸如"谁控制了钴矿产,谁就控制了新能源;谁控制了新能源,谁就控制了全世界"这样全球能源地缘政治竞争"公式"。诚然,随着新能源科技的进步,对钴或者锂等特定稀有矿物元素的需求会有变化,但无论该具体矿产元素是什么,只要不是同样泛在、可再生的,就势必会高度依赖自然地理,天然具有地缘属性。而该关键矿产的地缘政治属性,将成为新能源时代世界能源议题不可忽视的内容。因此,在能源转型

---

① *Bp Statistical Review of World Energy*, 2018.

完成后的新能源时代,地缘政治并未消失,而只是从原本明眼可见的一个环节(即能源资源本身),转移到了能源产业链中的其他环节(即制约整个生产链发展的至关紧要的某个或某些矿产资源);其竞争激烈程度,未必一定会比传统化石能源时代更缓和。

二是地缘政治竞争从能源资源、运输、市场全环节更加集中到运输这一环节,围绕大电网及其控制系统而展开的地缘政治博弈将成为未来世界能源地缘政治的重要内容。如前所述,70%以上的新能源都必须转化为电能才能得到大规模的使用,而包括风能、太阳能、潮汐等在内的新能源,其转换为电能的过程受到自然条件的天然限制,无法实现全时、稳定发电;电流、电压的波动亦比传统能源发电时更为剧烈。[①]

对此,电工领域大致有两种解决思路:其一,建设规模巨大、泛在互联的储能系统,在新能源发电高峰期将多余电能储存起来,而在其发电低谷或者停止发电时放电,通过储能系统实现削峰填谷。其二,建设规模巨大的输电网络,将不同地区的电能连在一起,由于电能传输速度与光速相近,因而可以实现实时调度;当联网范围足够大时,便可以通过地域空间补偿实现新能源发电的全时和实时调度。

从中长期来看,储能技术得到突破后,大规模建设储能装置固然可行,但其成本要远大于建设大电网系统,而且其削峰填谷能力

---

① IRENA, *A New World: The Geopolitics of the Energy Transformation*, IRENA 2019, p. 21, 该报告可通过如下链接获取:www.geopoliticsofrenewables.org.

有待检验。而以特高压输变电技术为核心的大电网系统不仅早已经实现了技术突破,而且在实际生产中已经得到了较为充分的检验。通过建设洲际乃至全球能源互联网,①以特高压输变电技术将全球大电网充分连接起来,辅之以必要的储能设备建设,从技术上看将是未来世界能源发展的一个重要趋势。由此判断,在未来能源转型完成后,尽管能源产地是泛在的,能源消费地是泛在的,但受限于新能源无法克服的自然特性,能源转化与调度将高度依赖大电网系统,依赖特高压输变电技术。

与化石能源时代油气管网建设要受到过境国地缘制约相似,大电网建设同样要受到过境国的地缘制约,这将大大突出重要网联节点、关键枢纽区域的地缘意义。尤为重要的是,大电网系统兼具工业装备基础设施网络与虚拟信息网络的双重属性,其运维管理与目前国际互联网、电信通讯网具有较大的一致性。国际互联网领域的国家权势之争正如火如荼,电信通讯领域围绕5G技术的国家间竞争已经引发了全球范围内新兴国家与传统霸权国家之

---

① 在能源专业领域,能源互联网与全球能源互联网是两个有着较大区别的概念,但由于均属于新的正在发展中的事物,尚未有定论。中国第一个经政府批准成立的国际非政府组织全球能源互联网合作发展组织将"全球能源互联网"界定为"以特高压电网为骨干网架(通道),以输送清洁能源为主导,全球互联泛在的坚强智能电网"。其核心是"特高压"+"清洁能源电力"。参见刘振亚:《全球能源互联网》,北京:中国电力出版社2015年版,第204页。本文正是在此语义下使用该术语。

间激烈的权势争夺;①未来电网运行标准、装备技术规则、调度规程等,将成为大电网赖以运行的基本法则,也势必成为各国努力争夺的新的地缘空间。谁率先掌握大电网的关键技术、核心管理规程,谁就能影响整个产业生态系统,成为全球能源互联网的主导者,进而成为新能源时代能源地缘政治博弈的胜出者。因此,在完成向新能源的转型后,世界能源地缘政治将从化石能源时代主要集中于实体地理空间的竞争加速转移至网络规则、技术标准等虚拟空间。② 其竞争烈度不仅不会有所缓和,反而因为"网络"规则的单一性而更趋紧张。

由此可见,即便是在全球能源转型成功后,化石能源被泛在、可再生的新能源取代,围绕着主导能源的地缘政治竞争仍将继续存在。与化石能源时代的地缘政治竞争集中于能源资源产地和运输通道略有不同,能源转型完成后的地缘政治竞争将集中在那些对转化、使用新能源具有至关重要意义的矿产资源和电网工业系统领域,因而主要国家将同时在实体空间和虚拟空间展开竞争。就目前形势判断,其竞争烈度不仅不会比化石能源时代有所缓和,反而有可能会更加剧烈。因此,在全面完成能源转型、新能源取代传统化石能源成为主导能源的时代,地缘政治仍将是世界能源议

---

① Defense Innovation Broad, *The 5G Ecosystem: Risk and Opportunities for DoD*, 3 April 2019. 该报告可通过美国国防部网站获取: media.defense.gov/2019/Apr/03/2002109302/-1/-1/0/DIB_5G_STUDY_04.03.19.PDF.

② Meghan O'Sullivan, Indra Overland and David Sandalow, "The Geopolitics of Renewable Energy", Working Paper, New York: Columbia University, 2017, pp.19-23.

题中无可逃避的关键部分。

## 三、空前显著：世界能源秩序转型中的地缘政治角色

无论是从世界能源发展史的角度看，还是从未来新能源时代的世界能源体系情况看，地缘政治都将是世界能源议题中不可分割的重要部分。那么，在国际能源大转型的当下，在地缘政治因素被认为是阻挠能源转型的重要因素的背景下，各国能否开诚布公，彻底"甩开地缘政治纷争"，[1]加快实现国际能源转型呢？答案恐怕是否定的。在当前能源转型的历史进程中，地缘政治因素不仅不可能被"甩开"，反而会空前突出，成为世界能源议题中的最引人瞩目的部分。

首先，能源转型并不仅仅是各国或者人类社会选择何种主导能源的问题，从历史形态上讲，它是涉及国际能源利益和能源权势重新分配的历史大变动，天然带有地缘政治冲突的属性。在能源转型进程中，由于主导能源的变化，原本在国际能源领域占据主导或者垄断地位的能源大国，将不可避免地失去其原有的国际优势，这既包括能源资源优势，也包括交通运输优势，还包括国际交易的制度机制优势等；原本由这些优势所衍生的国际特殊权益，也将因此丧失。就国际事务而言，这意味国家间权力关系的大规模重新

---

[1] The Special Report, "A Good, Clean Fight: Global Powers Need to Take the Geopolitics Out of Energy," *The Economist*, March 15, 2018, https://www.economist.com/special-report/2018/03/15/global-powers-need-to-take-the-geopolitics-out-of-energy, 2019 年 1 月 3 日访问。

调整,连带造成国际格局的剧变;就内部事务而言,这意味着那些原本拥有显著能源优势的国家,将不得不对其国内能源工业部门进行大规模调整,承受大规模能源工人失业、国税迅速下降、社会秩序紊乱,甚至迸发政治经济动荡的后果。为防止能源转型造成的大规模危机,能源大国一方面固然可能加快在新能源领域的部署,以期在未来同样保持领先优势,另一方面也有更大的可能通过种种方式阻挠能源转型,遏阻新的能源强国的出现,以巩固、维系和尽量延长其传统能源强国地位。例如,传统能源大国可能会通过培植国际利益集团、广泛制造舆论、影响大众认知、支持利益代言人获得政权,改变主要国家政策走向等方式,废除或者取消支持能源转型的各种努力,从而延迟世界能源转型的速度,甚至扭转其方向。其最剧烈的方式之一,就是传统能源大国以其雄厚的资金支持,怂恿其他国家之间发生高烈度冲突,刺激其军备对传统能源的大规模需求,重新抬升油气等传统能源的主导地位,同时也搅乱世界局势,重挫国际社会对能源转型的信心。而一旦对能源转型的信心丧失,则能源转型的步伐就很可能面临长期的停滞。就此而言,如果不认真考虑地缘政治因素,能源转型几乎不可能实现。

其次,从国际能源转型的政治经济属性看,其本身深刻烙下了地缘政治印记。能源转型意味着对新能源生态系统的大规模技术和资本投入,伴随着对关乎新能源利用效率的战略资源的提前布局与深度控制。就资本侧而言,目前大力投资于能源转型的主流资金,无一例外来自发达国家、新兴强国和依靠出口稀有资源而积累起来的公私财富,投资主体越来越体现为主权财富基金、国际投资集团、能源投资基金等纯粹资本运作单位。这使得能源转型在当前的世界政治经济进程中更具金融资本性质。而如果放在世界体系理论的视野下，这些金融资本全部来自世界生产力的中心或者半中心地带，并形成了对外围地区的绝对控制。由此，在全球能源转型发轫之初，地缘政治属性就已经深深地嵌入其中：处于中心地区的先发国家不仅在技术研发、人力投入、财政支持等方面远远走在其他国家前列，而且可以凭借这些先发优势长久保持垄断地位——倘若能源转型在较短时间内有了重大的进展，因而得以加速实现，那么他们就会在新的世界能源格局中继续维系其原有的特殊权势，其他国家除了追随和服从外，几乎很难有别的选择余地；倘若能源转型在技术上无法有效突破，转型进程遭遇挫折，来自世界中心地带的资本集团就会基于其逐利特性，迅速从新能源领域撤离，进而破坏新能源的自然发展历程。更重要的是，当这些世界中心地带的资本投放于新能源领域时，也超前延伸至该领域的角角落落，从而使得早在新能源大规模采纳之前，那些将来关乎新能源转换使用的关键资源、重要技术等，均可能已经被来自世界中心地带的资本集团控制，成为中心国家控制未来世界的基本手段之一。这种资本控制并不必然伴随着血与火的历程，但同样将是高度集中、高度排他性的，并在世界权势投影图上呈现出鲜明的地缘属性。

最后，能源转型进程中原本由紧密的能源相互依赖关系而掩盖起来的国家间矛盾，有可能会被能源转型的乐观神话释放出来并趋于激化，从而加剧当前国际地缘政治冲突。化石能源时代，尤其是石油时代，围绕着油气资源而爆发的能源地缘政治博弈，固然会激化各国之间的矛盾,但也会因为世界能源市场各部分之间的相互依赖、休戚与共而生出制约矛盾激化的内在动力。因此,在油气主产国、消费国、通道国之间,尽管可能会频频围绕油气问题而发生纠纷,但受制于稳定国际能源市场的需要,一般不会频繁爆发高烈度的国家间冲突,斗而不破,可谓是对这种状态的简单概括。然而随着能源转型的发展,油气等化石能源在世界能源中的地位不断下降,加之主要由新能源资本集团创造出来的关于能源转型的乐观神话的鼓吹,传统化石能源尤其是油气资源对国际冲突的牵绊作用迅速减弱,有关国家甚至逐渐滋生出可以无视国际油气相互依赖关系而率性从事的观念。原本掩盖在油气相互依赖之下的国家间矛盾因此可能会迅速迸发,引发又一轮国际局势动荡。[①] 所不同之处在于,以往围绕着油气资源的地缘冲突是由于这些资源太重要,而新一轮地缘冲突则可能是因为这些资源被认为不再重要了。[②] 正是能源转型塑造或强化了这样的观念。因此,如果不能正视并慎重对待能源转型进程中的地缘政治因素,世界局势的发展前景可能就会更加晦暗不明,世界能源转型也势必因之而中断或延宕。

归根到底,能源转型是世界范围内一场深刻的生产力与生产

---

[①] The Special Report, "The New Power Superpowers: Clean Power is Shaking up the Global Geopolitics of Energy," *The Economist*, March 15, 2018, https://www.economist.com/special-report/2018/03/15/clean-power-is-shaking-up-the-global-geopolitics-of-enegy, 2019 年 1 月 5 日访问。

[②] 苗中泉:《当前中东地区的能源地缘政治博弈》,载《时事报告》2020 年第 2 期,第 43 页。

关系的调整过程，是人类社会关系的深刻变革。在这一过程中，旧的生产方式将会被改造甚至被彻底抛弃，新的生产关系将占据社会生产的各个部门，与之相应的则是社会利益的全面深刻的重新分配。这一过程将塑造新的人际关系、新的道德法则、新的增长源泉，其趋势是不可阻挡的，但其进程则时刻充满了守旧与创新、封闭与开拓、反动与进步等相互尖锐对立关系的斗争，不可避免的社会后果之一就是大规模的社会动荡。当这种动荡投射到国家间关系时，连绵不断的国家间纷争就无可避免了。因此，必须严肃对待并高度重视国际能源转型进程中的地缘政治因素，客观审慎评价其影响后果。

## 四、结　论

世界能源演进史显示，地缘政治因素与之天然纠合；对未来能源转型完成之后的研判表明，地缘政治在新能源时代的世界能源议题中仍是关键部分，甚至其竞争烈度不会逊色于以往任何时候；而从国际能源转型的现实过程来看，地缘政治不仅天然烙印于该进程，而且可能会呈现出空前加剧的态势。因此，可以断言，地缘政治是世界能源议题天然构成部分。那些试图将在世界能源议题中甩开大国博弈、地缘政治的主张和论断，未免显得过于简单美妙。世界能源的开发、获取、利用，既是一种经济行为，更是一种政治结果，地缘经济与地缘政治是世界能源这枚"硬币"的两面。鼓吹抛开地缘政治而片面强调其商品属性、主张通过纯市场化、自由化手段实现全球能源资源有效调控的观点，势必难以行之久远，亦必然无法经得起实践检验。毕竟,"能源问题太重要了,它不能仅仅交给经济学者和技术专家来处理"①。

---

① 此为模仿法国总理克里蒙梭评价战争与军人关系的话。克里蒙梭的原话是:"战争太重要了,它不能留给将军们去处理。"参见[美]埃利奥特·A. 科恩:《最高统帅:战争中的元首与他的将军们》,徐刚、杨莉译,新华出版社,2004年版,第70页。

# 全球公共卫生、药品专利与药品可及性：
# 以马来西亚对索非布韦专利实施强制许可为例

朱贞艳　王　玮[*]

**内容摘要**　公共卫生已经成为全球治理中的显著议题。药品专利与药品可及性是全球卫生治理体系建构与改革的重点领域。本文详述2017年马来西亚对治疗丙型肝炎的直接作用抗病毒药索非布韦授予政府使用强制许可的理由、过程及重要意义。这一案例可能为包括中国在内的发展中国家运用作为TRIPS灵活性的专利强制许可摆脱专利壁垒，加快仿制药尽早上市参与竞争，降低药品价格，促进救命药的广泛可及和维护公共健康提供了重要的经验和启示。

**关键词**　公共卫生　药品专利　强制许可　索非布韦　仿制药

---

[*] 朱贞艳和王玮为无国界医生"病者有其药"项目顾问，主要研究方向为药品专利与药品可及性。文章观点不代表无国界医生机构立场。

## 一、作为 TRIPS 灵活性的政府使用强制许可的含义及初期实践

药品对于保障人民健康权的重要性不言而喻。专利制度激励药品的创新和研发,但不合理专利的过度保护以及滥用专利权也会妨碍病患及时、充分地获得急需药品,影响疾病救治。世界贸易组织(WTO)《与贸易有关的知识产权协议》(The Agreement on Trade-Related Aspects of Intellectual Property Rights,下称 TRIPS 协议)于 1995 年生效并在 WTO 各成员方实施后,在药品领域,受专利保护的原研药价格不断上扬,并形成市场垄断,极大地推迟了仿制药的上市,严重影响了药品的可及性和可负担性,严重威胁公共健康,并加重政府公共财政负担。尽管 TRIPS 协议为如何救济专利权滥用带来的负面影响提供了法律保障,但在实践中,很多国家并不知道如何使用这些保障措施。[①] 药品专利极大地阻碍了药品可及性,让很多发展中国家不堪重负,引发了关于公共健康与知识产权保护的广泛讨论。在众多发展中国家的努力下,WTO 在 2001 年第四次部长级会议上通过了《TRIPS 协议与公共健康多哈宣言》(下称《多哈宣言》)。《多哈宣言》本身并没有创设新的权利义务或建立新的制度,而是重申了 WTO 成员方采

---

[①] Ellen F. M. 't Hoen, "TRIPS, Pharmaceutical Patents, and Access to Essential Medicines: A Long Way from Seattle to Doha," *Chicago Journal of International Law*, Vol. 3, No. 1, 2002, pp. 27–46.

取政策措施保障公共健康的权利,包括专利强制许可在内的TRIPS协议灵活性规定。

TRIPS协议第31条(未经权利人授权的其他使用)对专利强制许可的不同形式做出了规定,尤其列举了可以授权强制许可的几种理由,包括国家紧急状态与其他极端紧急情况、反竞争行为、公共非商业使用和从属专利。但是TRIPS协议并没有限制成员方规定其他理由使用强制许可(半导体技术除外),比如,成员方可以规定为了保护环境(如《21世纪议程》的建议)或者为了"公共利益"(如德国专利法的规定)而实施强制许可。[1] 也就是说,强制许可的理由可以留给成员方在国内法中自行决定。

"公共非商业性使用"或者"政府使用"是专利强制许可的一类,其授权某一专利产品的生产或进口,而无须事先得到专利权人的同意或授权。当药品专利实施政府使用强制许可时,政府或其授权的第三方可以生产或进口受专利保护的药品(通常称为原研药)的仿制药用于非商业性目的。TRIPS协议第31条(未经权利人授权的其他使用)第b项对此做了具体规定,即未经专利权人授权,允许成员方在全国处于紧急状态或在其他极端紧急情况下,或在公共非商业性使用的情况下对某一专利做其他使用,包括政府使用或经政府授权的第三方使用,并且不要求拟使用者事前以商业方式努力从专利权人处获得授权但合理时间内未获成功为前提

---

[1] Carlos M. Correa, *Intellectual Property Rights and the Use of Compulsory Licenses: Options for Developing Countries*, South Centre, October 1999.

条件。我国现行《专利法》第49条也有相关规定。

作为TRIPS协议灵活性之一的政府使用强制许可对于促进药品可及和可负担性,缓解药品专利制度对很多发展中国家带来的不利影响起到了积极作用。2003年11月,即《多哈宣言》通过后的两年,马来西亚首次实施政府使用强制许可应对国内治疗艾滋病的药品价格过高而无力负担的问题。彼时,马来西亚国内贸易合作和消费者事务部向本国一家药厂给予为期两年的进口授权,允许其从印度进口三种抗反转录病毒仿制药用于本国艾滋病患者的治疗,即百时美施贵宝的去羟肌苷(Didanosine)与葛兰素史克的齐多夫定(Zidovudine)和拉米夫定(Lamivudine)。此举使其国内抗逆转录治疗的平均费用降低81%。[①] 此前,马来西亚卫生部也曾试图针对抗艾滋病药品的价格与上述两家药厂谈判,但均未取得成功。强制许可实施之后,其他一线和二线抗反转录病毒原研药的价格也有了明显下降。

马来西亚是亚洲第一个使用政府使用强制许可的国家。除了马来西亚之外,还有不少国家(印度尼西亚、泰国、津巴布韦、加纳、巴西等)通过政府使用强制许可获得了价格可负担的救命药,特别是为获得抗反转录仿制药抗击艾滋病。[②] 这些实践对全球范围内

---

[①] Chee Yoke Ling, *Malaysia's Experience in Increasing Access to Antiretroviral Drugs: Exercising the "Government Use" Option*, Third World Network, 2003.

[②] 例如 Martin Khor, *Compulsory License and "Government Use" to Promote Access to Medicines: Some Examples*, Third World Network, 2014.

缓解艾滋病等传染性疾病带来的公共健康危机,控制疾病蔓延,减轻政府公共财政负担具有非常重要的意义。

## 二、马来西亚对索非布韦实施政府使用强制许可的经验

TRIPS协议至今已实施二十年余年,《多哈宣言》的通过也超过十五年,但全球范围内很多国家尤其是发展中国家仍然面临着获取价格可负担药品的挑战,受高标准专利保护的原研药价格过高依然严重影响着药品的可及性。近年来典型的例子是以索非布韦(Sofosbuvir)为代表的治疗丙肝的直接作用抗病毒药。

### (一) 治疗丙肝的直接作用抗病毒治疗方案的药品负担

丙肝,全称丙型肝炎,是由丙肝病毒经血液传播引起的一种疾病,可导致肝硬化、肝功能衰竭和肝癌,以及一系列健康问题。根据世界卫生组织(WHO)的数据,全球预计有7 100万人感染慢性丙肝,每年大约有39.9万人死于丙肝,主要是肝硬化和肝癌。抗病毒药物可使96%以上的丙肝感染者得到治愈,从而降低肝癌和肝硬化的死亡风险,但可及性较低。[1] WHO在其《全球卫生部门病毒性肝炎战略》中提出,到2030年乙肝和丙肝患者检测比例达90%,治疗比例达80%的目标,[2]但是各国离这个目标还很远。

---

[1] 世界卫生组织,"丙型肝炎",http://www.who.int/zh/news-room/fact-sheets/detail/hepatitis-c.

[2] World Health Organization, *Global Health Sector Strategy on Viral Hepatitis 2016 - 2021: Towards Ending Viral Hepatitis*, June 2016.

索非布韦最初由美国新泽西州的法莫赛特（Pharmasset）公司研发。美国吉利德科学公司于2011年11月以110亿美元收购了法莫赛特，从而获得索非布韦及其相应的专利。索非布韦是一款治疗慢性丙肝的直接作用抗病毒药，它的诞生开创了丙肝纯口服治愈时代，其12周治愈率可达95%以上，为全球丙肝患者带来了希望。此前，丙肝的治疗用药方案是24至48周的聚乙二醇联合利巴韦林。这个治疗方案不仅价格昂贵，且治愈率仅为50%，患者还会承受诸多毒副作用。2013年12月6日，索非布韦（商品名：Sovaldi®）经美国食品药品监督管理局（FDA）批准在美国上市，2014年1月16日经欧洲药品管理局（EMA）批准在欧盟上市。索非布韦上市大获成功后，吉利德又相继推出了索非布韦/来迪派韦组合（商品名：Harvoni®）、索非布韦/维帕他韦组合（商品名：Epclusa®），以及索非布韦/维帕他韦/Voxilaprevir组合（商品名：Vosevi®）等固定剂量组合制剂，不断优化以索非布韦为核心的抗丙肝鸡尾酒疗法，扩大治疗范围。其中，后两款为泛基因型组合药物，可治疗所有6种基因型，免除了患者基因分型检测的负担。

2017年9月22日，中国国家药品监督管理局批准索非布韦（商品名：索华迪®）上市。2018年5月30日，中国国家药品监督管理局批准了索磷布韦400毫克/维帕他韦100毫克（商品名：丙通沙®）上市，用于治疗泛基因型慢性丙肝病毒的成人感染患者。

索非布韦/达拉他韦组合以及索非布韦/来迪派韦组合都是2016年世界卫生组织出版的《丙型肝炎感染者筛查、护理和治疗指南》(下称《指南》)中推荐的治疗方案,治愈率可达95%以上。①该《指南》出版后,相继又有三个泛基因型直接作用抗病毒药获得美国食品药品监督管理局和欧洲药品管理局批准,分别是前述吉利德生产的索非布韦/维帕他韦组合,索非布韦/维帕他韦/Voxilaprevir三联组合,以及艾伯维的 Glecaprevir/Pibrentasvir 组合(商品名:Mavyret®)。但是,尽管丙肝这一疾病被攻克,这些治愈率极高的药品的可及性却非常有限,特别是在很多中低收入国家。②

索非布韦最初在美国上市定价为一个疗程12周84 000美元,即每片1 000美元(按克计算,是黄金价格的67倍③)。2014年,吉利德凭借索非布韦以及索非布韦/来迪派韦组合获得179.75亿美元的处方药销量,登顶当年全球制药巨头收入排行榜。但同时,索非布韦如此高昂的定价对世界很多国家的公共卫生体系造成了极大负担,包括美国。2014年,即索非布韦上市后第一年,美国面向低收入群体的联邦医疗补助 Medicaid 仅丙肝治疗花费就增加了近10亿美元——这几乎完全归功于索非布韦。美国众议院、患者维权组织等机构曾强烈呼吁索非布韦降价。美国药品福利管理

---

① World Health Organization, 2016 *WHO Guidelines for the screening, care and treatment of persons with chronic hepatitis C infection*, http://www.who.int/hepatitis/publications/hepatitis-c-guidelines-2016/en/.

② World Health Organization, 2018 *WHO Progress Report on Access to Heptatis C Treatment: Focus on Overcoming Barriers in Low-and Middle-Income Countries*, March 2018, http://www.who.int/hepatitis/publications/hep-c-access-report-2018/en/.

③ MSF, *Hepatitis C: The Cost of Eradicating the Disease*, https://msf.lu/en/news/focus/hepatitis-c-the-cost-of-eradicating-the-disease.

者给索非布韦设置了各种限制：比如要求医生在条件允许的情况下，对于丙肝患者延时治疗，直到价格降低。

### （二）针对吉利德索非布韦等直接作用抗病毒药的专利反对行动

吉利德对包括索非布韦在内的直接作用抗病毒药及其组合制剂在全球很多国家进行了缜密的专利布局，以此确保其他药厂无法通过仿制进入市场。但以索非布韦为主的丙肝治疗方案的高昂价格让很多国家的病患和政府财政都无力负担，包括一些中高收入国家，患者、民间组织、政府公共卫生部门都对此表示担忧和不满。

埃及和印度作为丙肝大国，为获取可负担的丙肝药物做出了极为有效的努力。埃及在本国范围内拒绝授予吉利德和百时美施贵宝丙肝药物专利，使得本国药厂可以生产仿制药并出口到其他无专利保护的国家。

表1 吉利德丙肝药物各国定价

|  | 价格($) | 中国 | 巴基斯坦 | 印度 | 埃及 | 泰国 | 马来西亚 |
|---|---|---|---|---|---|---|---|
| 疾病负担 |  | 1 000万 | 720万 | 620万 | 560万 |  |  |
| Sovaldi/索华迪 | 原研药 | 8 936 | 750* | 750* | 750* | 3 600 | 33 159 |
|  | 仿制药 |  | 45 | 66 | 153 |  | 300 |
| Epclusa/丙通沙 | 原研药 | 10 388 |  |  |  |  | 54 717 |
|  | 仿制药 |  | 540 | 849 |  |  |  |
| Harvoni/夏帆宁 | 原研药 | 未知 |  | 900* | 900* | 6 000 |  |
|  | 仿制药 |  | 未知 | 65 | 未知 |  |  |

\* 药厂以该价格向这些国家的政府提供原研药。

\* 资料来源：MSF：*Hepatitis C-Not Even Close*，https://msfaccess.org/hepatitis-c-not-even-close.

2014年,迫于印度药厂迅速仿制索非布韦和注册进程,吉利德与印度7家仿制药厂达成仿制协议(即专利自愿许可协议),约定由这些印度药厂向91个发展中国家生产并提供以索非布韦为基础的丙肝治疗药物,包括索非布韦、索非布韦/来迪派韦组合以及索非布韦/维帕他韦组合,之后获得许可的印度药厂增加至11家,并且这一协议扩展覆盖至105个国家。① 仿制协议授权的印度药厂生产的索非布韦仿制药在印度的售价可低至12周66美元,不到其原研药价格的千分之一。② 很多中低收入国家的丙肝患者得以获得这些可负担的仿制药。2016年以来,国际人道医疗组织无国界医生(Médecins Sans Frontières,MSF)在11个国家为当地丙肝患者提供免费的直接作用抗病毒药治疗,其从这些被授权的仿制药厂购买索非布韦和达拉他韦12周疗程仅需120美元。分析显示,2017年索非布韦仿制药12周疗程的生产成本只需62美元。③ 但是,丙肝患者人数较多的中国、马来西亚、泰国和巴西等国一直被排除在仿制协议覆盖的国家范围之外。

为使更多国家获得索非布韦仿制药,倡导药品可及性的公民社会组织、患者组织以及部分有生产能力的仿制药厂在一些国家开展

---

① Gilead, *Chronic Hepatitis C Treatment Expansion Generic Manufacturing for Developing Countries*, http://www.gilead.com/-/media/files/pdfs/other/hcv%20generic%20agreement%20fast%20facts%2020101615.pdf?la=en

② MSF: *Hepatitis C-Not Even Close*, https://msfaccess.org/hepatitis-c-not-even-close.

③ MSF: *Hepatitis C-Not Even Close*, https://msfaccess.org/hepatitis-c-not-even-close.

了针对包括索非布韦在内的直接作用抗病毒药的专利反对行动,以期清除阻碍索非布韦仿制药上市的不合理专利障碍。从2013年开始,印度公益组织和致力于倡导药品可及性的美国公益组织I-MAK(Initiative for Medicines, Access and Knowledge)对索非布韦的专利申请提出异议,取得一定成果。公民社会组织还在阿根廷、俄罗斯、乌克兰针对索非布韦的相关专利申请提出反对。2017年3月,无国界医生向欧洲专利局(EPO)提出了针对索非布韦的专利挑战,旨在清除不合理专利,提高对可负担的丙肝治疗药物的可及性。①

同样的行动也在中国展开。依据中国《专利法实施细则》第48条的规定,"自发明专利申请公布之日起至公告授权专利权之日前,任何人均可以对不符合专利法规定的专利申请向国务院专利行政部门提出意见,并说明理由"。据此,2014年9月,I-MAK作为第三人针对索非布韦的前药专利申请向国家知识产权局提交意见及理由,反对这一专利申请。国家知识产权局于2015年5月拒绝了吉利德的这一专利申请,在业界引起轩然大波,但吉利德随即向专利复审委员会提出复审。2017年4月,I-MAK就吉利德于2009年在中国授权的化合物专利向国家知识产权局专利复审委员会宣告无效,理由包括权利要求不具有新颖性和创造性等。②

---

① MSF, *MSF Joins Europe-wide Action Challenging Patent on Key Hepatitis C Drug*, https://www.msfaccess.org/about-us/media-room/press-releases/msf-joins-europe-wide-action-challenging-patent-key-hepatitis-c.

② 详见 Patent Opposition Database: *Initiative For Medicines, Access and Knowledge (I-MAK) Opposition, Sofosbuvir*, (CN200480019148.4), https://www.patentoppositions.org/en/drugs/sofosbuvir/patent_oppositions/5a977338fb16403ca2000000.

该专利预期将于2024年到期。2017年12月,无国界医生作为第三人针对索非布韦/维帕他韦组合的专利申请向国家知识产权局提出意见和理由,反对这一组合在中国获得专利。① 2018年6月,无国界医生又向国家知识产权局专利复审委员会请求宣告抗丙肝药物维帕他韦的化合物专利无效。②

然而,无论是对专利申请提出异议还是对已授权专利申请宣告无效,都不仅需要经历漫长的过程,而且未必所有反对专利的行动都会获得成功。一些发达国家也对以索非布韦为主的丙肝治疗方案定价过高有所抱怨。荷兰卫生部部长批评药品定价"荒唐"。2017年11月8日,荷兰政府的官方咨询机构荷兰公共卫生理事会(Netherlands Council for Public Health and Society)发布一份报告,提出了包括实施强制许可在内一系列政府可以立即采取的措施来应对高昂的药价。③

### (三)马来西亚对索非布韦实施政府使用强制许可的过程及经验

和很多国家一样,吉利德生产的索非布韦在马来西亚价格一

---

① MSF, *MSF challenges Gilead's patent application for hepatitis C treatment*, 15 December, 2017, http://www.msf.org/en/article/china-msf-challenges-gileads-patent-application-hepatitis-c-treatment

② 无国界医生:《无国界医生挑战吉利德在中国的丙型肝炎救命药的不合理专利》,http://msf.org.cn/news/18168.

③ Ellen't Hoen, *Medicines Excitement in the Netherlands-New Health Minister Announces Firm Action on "Absurd" Medicines Pricing and Gets the European Medicines Agency*, 24 November 2017, https://medicineslawandpolicy.org/2017/11/medicines-excitement-in-the-netherlands-new-health-minister-anno unces-firm-action-on-absurd-medicines-pricing-and-gets-the-european-medicines-agency/.

直居高不下,患者使用索非布韦的治疗费用是 12 周 33 159 美元。① 政府与吉利德的多轮价格谈判均未获得满意结果。2017 年 9 月 20 日,马来西亚卫生部长宣布,对美国吉利德科学公司生产的治疗丙肝的直接作用抗病毒药索非布韦实施专利强制许可,从埃及进口 400 毫克索非布韦片剂用于政府公立医院丙肝患者的治疗。这是马来西亚继 2003 年首次实施政府使用强制许可进口抗逆转录仿制药之后,第二次采取政府使用强制许可措施,做出这一决定的依据都是其专利法第 84(1)条的"政府权利"。该条具体内容为:"尽管本法中的任何规定,(1)当出现国家紧急状态或者公共利益特别是国家安全、营养、健康或者国家经济的其他重要部门的发展需要时;或者(2)当司法机关或相关部门确定专利权人实施专利或许可专利的方式是反竞争时,部长可以决定由其指定的政府部门或第三方实施专利发明,无须专利权人同意。"根据该条规定,如果出现国家紧急状态,或者公共利益需要,或者经法律认定存在反竞争行为时,政府或者第三方可以(申请)使用强制许可实施相关专利技术,无须专利权人同意。这条规定是《多哈宣言》和 TRIPS 协议有关"公共非商业性使用"灵活性规定在马来西亚国内法上的具体落实。

根据 2010 年的统计,马来西亚大约有 453 700 丙肝患者,每

---

① MSF, *Hepatitis C-Not Even Close*, https://msfaccess.org/hepatitis-c-not-even-close.

年约2 000例新增病例。① 其丙肝患者主要为基因3型。基因3型丙肝的最佳治疗方案为索非布韦/维帕他韦组合和索非布韦/达拉他韦组合。马来西亚本国药厂不具备生产直接作用抗病毒药的能力,只能依赖进口。达拉他韦由百时美施贵宝研发生产,但在马来西亚没有专利保护。马来西亚国家药品监管局在2017年初以公共健康为由拒绝了百时美施贵宝的数据保护申请。因此,达拉他韦仿制药一旦在马来西亚获批上市便可以直接进口。吉利德在马来西亚拥有索非布韦重要的化合物专利(2024年到期)和前药专利(2028年到期)。马来西亚药品监管部门还给予其5年的数据保护(自全球首个国家获批上市之日起算,2018年12月6日到期)。

过去几年,马来西亚政府一直要求吉利德将其纳入丙肝治疗仿制协议的国家名单中,都没有成功。同时,在政府使用强制许可决定做出前的两年中,卫生部与吉利德进行了几轮价格谈判,吉利德同意给出12周疗程12 430美元的报价,但卫生部拒绝了这一报价。

与此同时,一家从事药物研发的非营利组织"被忽视疾病药物研发倡议组织"(Drugs for Neglected Diseases initiative, DNDi)于2016年底与马来西亚政府合作开展索非布韦/拉维达韦组合(Sofosbuvir/Ravidasvir)的临床试验,目标是确认这一新组合为

---

① Ruksana Raihan, "Hepatitis in Malaysia: Past, Present and Future," *Euroasian J Hepatogastroenterol*, Vol. 6, No. 1, 2016, pp. 52 - 55.

泛基因型治疗方案,即可以治疗所有基因型丙肝病毒感染,并与目前的基因3型治疗方案索非布韦/达拉他韦组合进行比较。①

为开展这一临床试验,马来西亚需进口索非布韦和拉维达韦。索非布韦在埃及没有专利保护。依照马来西亚专利法第37(1)条的规定,马来西亚为此临床试验从埃及制药公司Pharco进口索非布韦仿制药属于科学研究例外。另外,由于DND*i*从美国制药公司Presidio获得了拉维达韦的非排他许可,又与Pharco达成协议生产拉维达韦,马来西亚指定本国药厂Pharmaniaga从埃及进口索非布韦仿制药和拉维达韦用于临床试验。这个新组合的价格大约为12周300美元,符合马来西亚卫生部的目标价格。根据DND*i*于2018年4月在巴黎举行的国际肝病大会上公布的消息,索非布韦/拉维达韦组合的临床试验效果很好,治愈率达97%。②DND*i*认为,当前不同直接作用抗病毒药的原研药企之间竞争仍然相当有限,索非布韦和拉维达韦组合作为一款有效的泛基因型丙肝治疗方案如果上市,可以在不少国家参与丙肝治疗的市场竞争。而且,基于DND*i*与Presidio关于拉维达韦的非排他协议以及Pharco与药品专利池(Medicines Patent Pool, MPP,一家致力

---

① DND*i*, "*Drugs for Neglected Diseases initiative and Pharco Pharmaceuticals to test affordable hepatitis C regimen with support of Malaysian and Thai governments*", 13 April 2016, https://www.dndi.org/2016/media-centre/press-releases/dndi-pharco-hepc-malaysia-thailand/

② DND*i*, "*Affordable hepatitis C combination treatment shows 97% cure rate*", 12 April 2018, https://www.dndi.org/2018/media-centre/press-releases/new-affordable-hepatitis-c-combination-treatment-shows-97-cure-rate/.

于推动治疗艾滋病、丙肝和结核等疾病药品可及性的公共卫生组织)的非排他协议,这一治疗方案价格可以负担,其潜在的地理覆盖范围比较广。最能从这一治疗方案受益的恰是那些被排除在原研药仿制协议之外的丙肝高负担国家,因为这些国家仅有几家原研药生产商互相竞争,没有仿制药的参与便不足以降低价格。① 这些国家也包括中国。

过去两年多的时间里,在南方中心(South Centre)和第三世界网络(Third World Network)等机构的倡导和支持下,马来西亚民间组织和患者群体一直在积极呼吁降低索非布韦价格,扩大其可及性。政府部门也与国内外专家商讨如何以可负担的价格获得丙肝治疗方案,强制许可亦在讨论之列。对此,吉利德亦有所耳闻。2017年8月23日,吉利德通过其推特官方账号宣布:马来西亚、泰国、乌克兰和白俄罗斯将被纳入其仿制协议的国家范围中。即便如此,马来西亚政府考虑再三,还是决定颁布强制许可决定,从埃及进口索非布韦仿制药,因为仅仅通过仿制协议从有限的几个印度仿制药厂进口索非布韦仿制药,药价仍然高于预期水平。依照该强制许可决定进口的索非布韦仿制药将用于马来西亚公立医院患者的治疗需求,并不用于本地生产。此举的法律依据仍然是其专利法第84(1)条,而且根据TRIPS第31(b)条的内容,专利的公共非商业性使用无须与专利权人事先进行谈判。

---

① DND*i*, "A public health approach to the hepatitis C epidemic: Extending the DAA treatment revolution to neglected patients", November 2017.

马来西亚卫生部长表示："希望政府权力的实施能够使更多丙肝患者获得治疗,同时降低因丙肝引发的并发症的治疗费用。"强制许可决定颁布后,马来西亚国内对索非布韦的使用会出现自愿许可和强制许可并存的局面。在吉利德的仿制协议下,马来西亚可从印度进口的治疗丙肝的仿制药(索非布韦、索非布韦/来迪派韦组合和索非布韦/维帕他韦组合)用于公立医院和私立医院的患者治疗;在强制许可下,仅公立医院可以使用从埃及进口的索非布韦仿制药。

值得注意的是,如果马来西亚仅仅接受吉利德的仿制协议而因此放弃使用强制许可,那么其丙肝患者可能还需要等待至少两年的时间才可能获得该药,因为印度生产的索非布韦仿制药申请在马来西亚注册上市需要花费一段时间。而且,参照吉利德仿制协议所覆盖国家的仿制药价格,如印度尼西亚一个月需花费240美元,缅甸需花费220美元,越南需花费570美元,[①]仿制协议下生产的索非布韦仿制药价格还是比较高。强制许可决定做出后,从Pharco进口的索非布韦仿制药价格约为12周120美元。达拉他韦没有专利权,获批上市后即可进口,与索非布韦仿制药联用。到2018年3月,各州政府的所有公立医院都已采购了索非布韦和达拉他韦仿制药用以满足丙肝患者需求。

特别值得注意的是,与其他普通产品不同,上市的原研药除受专利保护外,还可能在获批上市的国家享有药品监管部门授予的

---

[①] 由于激烈的仿制药竞争,印度以55美元这一很低的价格获得索非布韦。

一定期限的试验数据保护。一国的药监部门通常需要依赖原研药注册申请时提交的证明药品安全性和有效性的相关数据试验数据来决定是否批准同品种仿制药上市,如临床试验数据。很多时候,即便政府决定使用专利强制许可,若该原研药仍处于其数据保护期内,药监部门仍无法批准强制许可下的仿制药上市。马来西亚《数据保护令》(Directive of Data Exclusivity,2011)第5条明确规定了数据保护不适用的情形,即实施强制许可的情况或者保护公共健康和确保所有人获得药品而采取的其他任何措施;或者,政府采取保护公共健康、国家安全、非商业公共使用、国家紧急状态、公共卫生危机或者政府宣布的其他极端紧急情形。这一数据保护适用的例外规定使得强制许可下生产的仿制药可以尽快获得国家药品监管部门的上市审批而顺利上市。

马来西亚政府发布对索非布韦实施政府使用强制许可之后,美国医药研究与制造商协会(Pharmaceutical Research and Manufacturers of America,PhRMA)和生物技术创新组织(Biotechnology Innovation Organization,BIO)向美国贸易代表提出将马来西亚列入2018年《特别301报告》的"重点国家(Priority Foreign Country)"要求。美国贸易代表办公室每年都会发布关于世界各国知识产权保护现状的年度《特别301报告》,以让美国政府作为参考决定是否对不注重知识产权保护的国家进行贸易报复。马来西亚自2012年以来多年未被《特别301报告》"关照"。2018年4月公布的《特别301报告》最终未将马来西亚列入该清单中,但美国贸易代表宣布将对马来西亚启动不定期审查(Out of Cycle Review)。① 2019 年,上述两家行业协会再次要求将马来西亚列为 2019 年《特别 301 报告》的"重点国家",但依然未果,美国贸易代表继续延长对马来西亚的不定期审查。

全球很多倡导药品可及性的非政府组织以及患者组织纷纷声明支持马来西亚政府做出的强制许可决定,特别是无国界医生"病者有其药"项目于 2019 年 2 月致信马来西亚卫生部,对马来西亚实施政府使用强制许可从而促进抗丙肝药索非布韦可及性表示支持,并力挺马来西亚政府抵制制药行业试图扭转局面所施加的政治压力,指出这种施压行为违反了 TRIPS 协议所确立并被《多哈宣言》所重申的法律权利,也破坏了 TRIPS 灵活性体系的完整性和合法性。②

需要指出的是,《特别 301 报告》本身对知识产权的标准和要求就远高于 TRIPS 协议为 WTO 成员方所确立的知识产权保护最低标准,美国贸易代表将外国列入《特别 301 报告》的观察名单是美国的单边行为。即便某一 WTO 成员方关于知识产权保护的法律和措施符合 TRIPS 相关规则要求,仍有可能被美国列入观察名单。

除马来西亚以外,还有其他国家也在考虑是否对索非布韦动用强制许可来解决药价过高影响可及性进而危及公共健康的问

---

① Office of the United States Trade Representative, 2018 Special 301 Report, April 2018.

② MSF, Malaysia's compulsory license for sofosbuvir is a positive step for public health and innovation, https://msfaccess.org/malaysias-compulsory-license-sofosbuvir-positive-step-public-health-and-innovation.

题。2018年3月,智利卫生部宣布一项决议,称存在充分的公共健康理由支持对治疗用的直接作用抗病毒药索非布韦使用强制许可。① 这一决议是回应一些患者群体和智利国会议员于2017年3月向智利卫生部提出对治疗丙肝药物使用强制许可的请求。② 索非布韦在智利的价格是每位患者3.6万美元,卫生部承担的部分为每三个月7 000美元。③ 2018年初,哥伦比亚卫生部也宣布其将考虑是否有理由对治疗丙肝的直接作用抗病毒药做出公共利益宣言(Declaration of Public Interest,PIC),即强制许可,以降低丙肝药的价格。

## 三、马来西亚对索非布韦实施政府使用强制许可的启示

关于药品专利强制许可制度,中国《专利法》2008年第三次修订时依据《多哈宣言》和TRIPS协议的要求进行了细化和完善,国家知识产权局还公布了《专利实施强制许可办法》,于2012年5月1日起实施,这些都为中国在必要时实施药品专利强制许可提供

---

① Knowledge Ecology International, *Chile Ministry of Health Takes Next Step Toward Compulsory License on HCV Drugs*, *Announces Public Health Justification*, March 10 2018, https://www.keionline.org/27163.

② Knowledge Ecology International, *Background FAQ on Chile compulsory licensing request for HCV and prostate cancer treatments*, December 6, 2017, https://www.keionline.org/23660.

③ Knowledge Ecology International, *Background FAQ on Chile compulsory licensing request for HCV and prostate cancer treatments*, December 6, 2017, https://www.keionline.org/23660.

了法律依据。不过,到目前为止,我国尚未有药品专利强制许可的实践。2018年4月3日国务院办公厅印发《关于改革完善仿制药供应保障及使用政策的意见》(国办发[2018]20号),其中提出"明确药品专利实施强制许可路径",该意见的政策解读提到了印度注重发挥强制许可的威慑作用并鼓励有能力的企业积极提出强制许可申请等措施,促进仿制药发展,以及美国通过适度实施药品强制许可等政策促进仿制药产业发展的经验。[1] 中国是仿制药生产大国,仿制药具有降低医疗支出,提高药品可及性和可负担性等经济和社会效益。近几年国内开展的仿制药一致性评价大大提高了我国仿制药的质量。然而,我国高质量药品市场主要被国外原研药占据,价格居高不下,广大人民群众对高质量仿制药的需求与仿制药的可及性还有一定差距。[2] 马来西亚政府对丙肝治疗药品索非布韦实施政府使用强制许可来满足国内丙肝患者的治疗需求并大大减轻政府负担这一实践及影响对中国促进药品可及性和维护公共健康有着重要的启示。

第一,作为TRIPS灵活性之一的专利强制许可依然是各国为保障公共健康,减轻药品负担、促进药品可及性值得尝试的有效途径。马来西亚授权政府使用强制许可后,允许从埃及进口索非布

---

[1] 国家卫生健康委员会:《〈关于改革完善仿制药供应保障及使用的意见〉政策解读》,2018年4月9日,http://www.nhfpc.gov.cn/mohwsbwstjxxzx/s2908/201804/e21f146cd0ab48e9b84cd14264b0f7df.shtml。

[2] 《从制药大国迈向制药强国——国家卫生健康委员会有关负责人解读仿制药管理新政四大看点》,新华网,2018年4月3日,http://www.xinhuanet.com/politics/2018-04/03/c_1122634060.htm。

韦仿制药,这使得公立医院患者使用索非布韦的费用从最初的 12 周 33 159 美元直接降至 300 美元,这一价格甚至还低于从印度获得吉利德授权的仿制药厂进口索非布韦仿制药。这一降价幅度无疑大大减轻了治疗丙肝的疾病负担,其他方式都很难达到这样的降价效果和可及性程度。

近期我国政府部门连续出台的相关政策都涉及了药品专利强制许可。2017 年 10 月 8 日中共中央办公厅、国务院办公厅印发的《关于深化审评审批制度改革鼓励药品医疗器械创新的意见》(厅字[2017]42 号)中提出建立专利强制许可药品优先审评审批制度,提出"在公共健康受到重大威胁情况下,对取得实施强制许可的药品注册申请,予以优先审评审批"。上述提到的《关于改革完善仿制药供应保障及使用政策的意见》又明确了药品专利实施强制许可的路径。

第二,这一最新实践也向其他面临药品负担的国家在药品专利强制许可的理念和具体实践上提供了可以参考的经验。

通常而言,政府使用或公共非商业使用强制许可并不要求事先与专利权人展开谈判寻求自愿许可,政府相关部门可以直接做出决定。此次马来西亚政府对索非布韦授予政府使用强制许可与过去的实践相比,特别之处还在于,尽管在原研药公司吉利德已同意将马来西亚纳入其自愿许可协议的国家范围,但由于政府认为从吉利德授权的印度仿制药厂进口索非布韦仿制药的价格仍无法达到可负担程度,政府依然决定依法授权实施强制许可。

此外,这一最新实践还说明,并非只有在国家出现公共卫生危机或者紧急状态下才可以诉诸专利强制许可。长久以来,对药品专利强制许可通常的误解是政府只能在出现紧急状态的情况下才可授权。① 事实上,如前文所述,TRIPS协议并没有强制规定成员方使用强制许可的具体理由,各国可以在其国内法自行决定,《多哈宣言》也确认了这一点。我国《专利法》经2008年修订后在第六章专门列举了专利实施强制许可的理由,即五种情况:(1)专利未实施或未充分实施,(2)垄断,(3)国家紧急状态、非常情况或公共利益目的,(4)为公共健康之目的,(5)从属专利。结合《专利法实施细则》以及2012年公布的《专利实施强制许可办法》的具体规定可以看出,在第三种情况即公共非商业使用中,由政府相关部门启动强制许可程序,但专利法第48条的措辞很宽泛,政府基于公共利益的目的即可启动强制许可,并不限于国家紧急状态和非常情况,而"公共利益的目的"可做非常宽泛的解释,公共健康当然可以包括在内。马来西亚政府对索非布韦实施政府使用强制许可主要是为了让更多的丙肝患者获得治疗,降低社会疾病负担,在其卫生部决定授权政府使用强制许可之前,并没有出现国家紧急状态或其他突发的非常情况。

第三,为了强制许可顺利实施并确保强制许可下生产的仿制药尽快获得国家药监部门批准上市到达患者手中,除了专利相关的法律在实体和程序上的保障之外,还须确保药品注册相关的法律规则不会阻碍强制许可的落实,这里特别需要提及的便是药品

---

① World Trade Organization, *TRIPS and Health*: *Frequently Asked Questions*: *Compulsory licensing of pharmaceuticals and TRIPS*, updated in March 2018, https://www.wto.org/english/tratop_e/trips_e/public_health_faq_e.htm.

试验数据保护制度。如前所述，仿制药的市场准入除了需要解决原研药的专利问题，还需要解决原研药试验数据保护问题，如果药监部门不能依赖原研药试验数据批准仿制药，则强制许可下生产的仿制药仍然无法顺利上市。马来西亚正是依照《数据保护指令》关于药品的数据保护在强制许可等情况下不适用的规定，自埃及进口的索非布韦仿制药方可顺利获批上市并尽早到达患者手中。

我国在加入 WTO 时做出了对含有新化学成分的药品提供不少于 6 年数据保护的承诺，并将这一承诺写入相应的药品管理法律法规和部门规章中。中办国办印发的《关于深化审评审批制度改革鼓励药品医疗器械创新的意见》提出"完善和落实药品试验数据保护制度"，要求"数据保护期内，不批准其他申请人同品种上市申请，申请人自行取得的数据或获得上市许可的申请人同意的除外"。但是，如果对这种"不批准"的数据保护方式不设置任何例外或豁免，则药品专利强制许可下生产的仿制药很可能因原研药仍在数据保护期内而无法获得国家药监部门的批准上市，即便其列入优先审评审批之列亦无济于事，强制许可的目的终将落空，所以，在落实和完善试验数据保护制度时，有必要规定包括强制许可在内的若干例外或不适用情形，使强制许可相关的各项政策措施之间互相协调。

第四，应当正确看待实施政府使用强制许可可能面临的外部压力。作为 TRIPS 灵活性之一的强制许可是 WTO 成员方重要的法律权利，我国有关专利实施强制许可的实体和程序规则均符合 TRIPS 协议的要求，依照这些规则实施药品专利强制许可促进药物可及性是行使法律权利的正当合法行为。产业集团借助政治途径施加外部压力,尤其是单边威胁或贸易报复行为并不是我国行使正当权利的法律障碍。

## 四、结　语

药品专利制度可以促进医药产业的技术创新,但专利权作为一种私权,如果行使不当或者被滥用,会对药品可及性、仿制药行业的发展甚至公共健康带来严重影响。当前多项政策都将药品专利强制许可作为降低药价、保障民众用药的备选措施之一,我国已在实体和程序上为药品专利强制许可的实施提供了法律依据,希望国外的最新实践可以为我国未来在必要时实施药品专利强制许可提供可以借鉴的经验,使病患及时有效获得治疗,减轻疾病负担,促进药品普遍可及。

# "一带一路"研究

# 迈向批判性社会演化视角：
# 以"一带一路"倡议为例

杨　潇*

潘光逸　译　杨　潇　校

**内容摘要**　本文试图超越中美关系研究的视角、"国家中心主义"的范式，从批判性社会演化视角切入，为全球化下高速变化的全球秩序与经济提出了新诠释。本文用唐世平的社会演化理论作为元理论来融合几种批判性全球政治经济理论，即考克斯的霸权理论、基尔的新立宪主义、沃勒斯坦的世界体系理论、阿姆斯特丹学派、萨森的全球城市的概念。基于"内嵌于超拉马克主义的达尔文主义"对演化的诠释，本文以"变异—选择—遗传"这一核心机制来解释全球化下的世界秩序与经济的变动与演化。聚焦于政治经

---

\* 杨潇（Xiao Alvin Yang），德国卡塞尔大学博士候选人，加拿大约克大学亚洲研究中心客座研究员。

济方面,本文以"一带一路"倡议为例,分析了其变异和选择的过程并初步评估了未来遗传过程中的几种可能性。本文发现,"一带一路"发展到了"权力争夺"阶段,即制度变迁中的第三阶段。最后,相较于权力转移理论和批判性全球政治经济理论,本文认为基于非国家中心、多行为体、多层次及以演化范式为基础的批判性社会演化视角可以更好地捕捉到"一带一路"、中美关系以及全球化下的世界秩序与经济的变化、动态和复杂性。

**关键词** 批判性社会演化视角 一带一路 批判性全球政治经济理论 全球化 中美关系

## 一、引　言

我们生活在瞬息万变、飞速发展的时代。在这个时代,我们对所生活世界的了解往往落后于实际发生的事情。因此,在现有的世界知识与真实的变化世界之间始终存在差距。那么有没有一种视角能帮助我们更好地理解或解释这个千变万化的世界呢?

无论是主流的美国国际关系理论、批判性的欧洲和加拿大的国际关系理论,还是中国国际关系理论都无法抓住变化中的全球现实,因为它们大多数都缺乏一种演化论的视角。① 主流的美国国关理论往往以民族国家为中心,例如进攻性现实主义、防御性现实主义、自由制度主义或建构主义理论等。甚至诸如世界体系理论之类的批判性美国国关理论,都趋向于以民族国家为中心的研究范式。② 这些理论在理解"国际(国家间)关系"这个概念的确切意义上陷入了国际关系的学科范式之中。因此,国际关系研究局限于国家之间的关系,其结果是忽略了在相互连接的世界中正在形成的、一种更为重要的全球关系新形式。

与主流的美国国关理论相反,欧洲或加拿大的国关理论往往更具批判性,它们是自下而上的,且以非国家行为体为中心。例如,威尔士学派(the Welch school)通过关注人类的过失和人类的解放挑战了主流国关理论。③ 主流的德国国关学者倾向于强调全

---

① John J. Mearsheimer, *The Tragedy of Great Power Politics*, New York: W. W. Norton, 2001; Kenneth N. Waltz, *Theory of International Politics*, London: Addison-Wesley, 1979; Stephen M. Walt, *The Origins of Alliance*, Ithaca, N. Y. : Cornell University Press, 1987; Robert O. Keohane and Lisa L. Martin, "The Promise of Institutionalist Theory," *International Security*, Vol. 20, No. 1, 1995, pp. 39 - 51; Alexander Wendt, "Anarchy Is What States Make of It: The Social Construction of Power Politics,"*International Organization*, Vol. 46, No. 2, 1992, pp. 391 - 425.

② Immanuel M. Wallerstein, *World-systems Analysis: An Introduction*, Durham, North Carolina: Duke University Press, 2004.

③ Ken Booth, "Human Wrongs and International Relations," *International Affairs*, Vol. 71, No. 1, 1995, pp. 103 - 126; Richard W. Jones, "Message in a Bottle? Theory and Praxis in Critical Security Studies," *Contemporary Security Policy*, Vol. 16, No. 3, 1995, pp. 299 - 319.

球治和欧洲一体化,而批判性的德国学者则关注全球化、金融化、资本主义的发展、劳工问题、环境及非传统安全问题。① 在大西洋的另一侧,加拿大约克大学的批判性国关学者与他们的欧洲同行一样,均以自下而上的、非国家中心的、批判的角度来进行国际关系研究。他们专注于探讨资本与劳动力、性别与种族之间的关系以及从葛兰西对霸权这个概念的理解去诠释全球秩序。尽管这些不同的批判理论超越了美国主流国关理论,但它们仍不足以捕捉不断变化中的世界,因为它们通常缺乏真正的演化

---

① Michael Zürn, *A Theory of Global Governance: Authority, Legitimacy, and Contestation*, Oxford: Oxford University Press, 2018; Antje Wiener, Tanja A. Börzel and Thomas Risse, *European Integration Theory*, Oxford: Oxford University Press, 2018; Christoph Scherrer, "Neoliberalism's Resilience: A Matter of Class," *Critical Policy Studies*, Vol. 8. No. 3, 2014, pp. 348 - 351; Christoph Scherrer, "Reproducing Hegemony: US Finance Capital and the 2008 Crisis," *Critical Policy Studies*, Vol. 5, No. 3, 2011, pp. 219 - 246; Andreas Nölke and Arjan Vliegenthart, "Enlarging the Varieties of Capitalism: The Emergence of Dependent Market Economies in East Central Europe," *World Politics*, Vol. 61, No. 4, 2009, pp. 670 - 702; Elmar Altvater and Birgit Mahnkopf, *Globalisierung der Unsicherheit: Arbeit im Schatten, schmutziges Geld und informelle Politik*, 1. Aufl., Münster: Westfälisches Dampfboot, 2002; Elmar Altvater, and Birgit Mahnkopf, *Grenzen der Globalisierung: Ökonomie, Ökologie und Politik in der Weltgesellschaft*, 3. Aufl., Münster: Westfälisches Dampfboot, 1997.

视角。① 尽管有些批判理论关注历史和社会的长期变革,但它们的演化视角只停留在比喻意义上,或者只能称为一种准演化理论。② 例如,伊曼纽尔·阿德勒(Emanuel Adler)提出了一种认知演化理论,该理论解决了全球秩序演化的认知维度。尽管他的理论具有演化的意味,但仍然不是真正的演化理论,因为他没有运用演化理论的中心机制,即变异—选择—遗传机制。

在中国,国际关系研究往往痴迷于中美关系。③ 尽管这些研

---

① Stephen Gill, *Power and Resistance in the New World Order*, Basingstoke, New York: Palgrave Macmillan, 2008; Isabella Bakker, "Social Reproduction and the Constitution of a Gendered Political Economy," *New Political Economy*, Vol. 12, No. 4, 2007, pp. 541 - 556; Robert W. Cox, "Gramsci, Hegemony and International Relations: An Essay in Method," *Millennium*, Vol. 12, No. 2, 1983, pp. 162 - 175; Robert W. Cox, "Social Forces, States and World Orders: Beyond International Relations Theory," *Millennium*, Vol. 10, No. 2, 1981, pp. 126 - 155.

② Giovanni, Arrighi, *The Long Twentieth Century: Money, Power, and the Origins of Our Times*, London: Verso, 2010.

③ Wang You and Chen Dingding, "Rising Sino-U. S. Competition in Artificial Intelligence," *China Quarterly of International Strategic Studies*, Vol. 4, 2, 2018, pp. 241 - 258; Wu Xinbo, "China in Search of A Liberal Partnership International Order," *International Affairs*, Vol. 94, No. 5, 2018, pp. 995 - 1018; Wu Xinbo, "Cooperation, Competition and Shaping the Outlook: The United States and China's Neighbourhood Diplomacy," *International Affairs*, Vol. 92, No. 4, 2016, pp. 849 - 867; Yan Xuetong, "Chinese Values vs. Liberalism: What Ideology Will Shape the International Normative Order?" *Chinese Journal of International Politics*, Vol. 11, No. 1, 2018, pp. 1 - 22; Yan Xuetong, "The Instability of China-US Relations," *Chinese Journal of International Politics*, Vol. 3, No. 3, 2010, pp. 263 - 292; Wang Jisi, "China's Search for Stability with America," *Foreign Affairs*, Vol. 84, No. 5, 2005, pp. 39 - 48.

究十分重要,但它们不再能够紧扣我们这个时代的紧迫议题和不断变化的全球现实。很多对全球秩序和经济有影响的非国家、跨国家的行为体被忽视。其次,新兴的国家,如金砖国,也被忽视。

为了解决上述国际关系理论缺乏真正的演化观点这一根本问题,本文旨在发展一种新的理论框架,该框架将社会演化理论与几种批判性全球政治经济学(GPE)理论结合起来。本文首先介绍唐世平所建构的社会演化理论和几种不同的全球政治经济学理论。随后,笔者将尝试使用唐世平的社会演化理论作为框架将这些批判理论联系起来。换句话说,社会演化理论将作为融合这些批判理论的元理论框架。在简要勾勒出理论框架之后,本文将运用变异—选择—遗传机制来描述并分析"一带一路"倡议。

此外,本文在理论框架中引入了新的分析单位,例如全球城市、都市群、产业集群和湾区等。这些新单位对于理解当前全球化下的经济和社会至关重要,因为财富、资本、技术、教育、研究资源以及医疗保健都集中在这些地方。鉴于这种高度集成的全球经济,我们最好将国际关系概念转化为全球关系,因为当今很多跨国的关系是由全球价值链、金融、劳动分工以及移民所构成的。因此,我们的研究视角必须从特指国家间关系的"国际"转变为"全球",即应该从全球关系而非国际关系的角度来思考全球经济而非国际经济、思考全球政治而非国际政治。最后,根据这种新观点,本文认为我们应该超越以中美关系为中心的国际关系研究(特别是中美两国关系的研究),以便更好地把握新的全球现实。在新时代,区域主义、区域一体化以及中国与其他新兴大国、中等强国、小国、当地人口之间的关系也值得探究。除国家行为体外,跨国和地方行为体在决定"一带一路"倡议能否成功上起着关键作用。

## 二、社会演化理论

为了加深对瞬息万变的世界的新理解,本文采用唐世平提出的社会演化理论作为连接不同批判性全球政治经济学理论的线索。唐世平的社会演化理论通过人为变异—选择—遗传核心机制,内生性地解释了全球秩序和国际体系的变化。① 该机制使得此理论成为真正意义的演化论,而不是仅仅将演化论视作一种比喻,也使得唐世平的理论与其他的准演化论(例如乔治·莫德尔斯基的长周期理论或伊曼纽尔·阿德勒的认知演化理论)区别开来。②

在我们进一步深入之前,必须明确指出唐世平提出的社会演化论并不是直接将生物世界的进化论(例如新达尔文主义)移植到社会世界。社会演化常常被误解为社会达尔文主义或斯宾塞式的诠释,即以线性方式将历史解释为向一个更高的方向发展。唐世平的社会演化理论以"内嵌于超拉马克主义的达尔文主义"的诠释为基础,解释社会的变化和演化,与社会达尔文主义和斯宾塞主义

---

① Tang Shiping, *The Social Evolution of International Politics*, Oxford: Oxford University Press, 2013.

② George Modelski, "The Long Cycle of Global Politics and the Nation-State," *Comparative Studies in Society and History*, Vol. 20, No. 2, 1978, pp. 214 - 235; Adler Emanuel, *World Ordering: A Social Theory of Cognitive Evolution*, Cambridge: Cambridge University Press, 2019.

完全不同。这种诠释是一种非目的论。在社会演化中,在某种环境幸存下来的是比较适合者并非最适合者。在特定的社会环境下通常被选择和保留下的观念是更合适而非最佳的观念。

此外,社会演化论还将物质和观念层面结合起来,尤其强调后者在社会演化中的主导作用。归根结底,推动社会改变的是多样的个人或集体行为体对观念的选择。

何为"内嵌于超拉马克主义的达尔文主义"的诠释呢?简言之,它是将超拉马克主义在观念维度上对遗传机制的诠释与达尔文主义在物质维度上的机制结合起来。我们可以从以下五个演化中的假设来看:1)超拉马克主义接受有机体渴望适应性变化的假设,而达尔文主义则拒绝这一假设;2)前者接受环境会诱导生物产生适应性变异,而后者不接受这一假设;3)与前两个假设不同,两者都承认有机体可以直接继承其他有机体后天选择所获得的特征;4)前者认为遗传是通过人工选择实现的,而后者则认为是通过自然选择完成的;5)前者拒绝进化是向更高层次、进步和完美的方向转变。①

为了理解和分析社会演化,基因型、表现型和突变这三个概念至关重要。在唐世平的广义制度变迁理论中,观念、制度和新观念分别被概念化为基因型、表现型和突变。变异源于产生新观念、观念互补和重新发现旧观念。此外,制度变迁的过程分为五个阶段:1)产生新观念;2)动员;3)权力斗争;4)制定规则;5)(去)合法

---

① Tang Shiping, *The Social Evolution of International Politics*, p. 15.

化和稳定化。① 这五个阶段可以归入广义的变异—选择—遗传机制之中。

社会演化机制可分为三个部分:1) 变异;2) 选择;3) 保留或遗传。在变异的过程中,基因型可以以观念、意识形态、愿景、理论等不同的形式出现,例如,观念基因型的变异会为不同的行为提供不同的选择。

在选择过程中,概念维度和物质维度的选择机制和作用力是不同的。社会世界中的有机的行为体可以通过选择观念而导致社会变化。反之,其社会环境也可以促使这些有机行为体为了适应而改变。有机行为体和社会环境是相互影响的。重要的是,社会力量是概念维度的选择机制中最重要的驱动力。换言之,概念维度的选择机制是人为形成的而非生物世界中那样自然发生的。② 因此,我们可以从选择和遗传过程发现其背后选择和维护特定思想和意识形态的社会力量与权力。此外,选择层次也可以分为个人和群体。重点是,虽然选择层次不同,最终选择并保留观念的是个人。这意味着在个体层次的选择要优先于群体层次的选择。

在继承机制中,有机行为体可以单独或共同继承基因型和表现型。这与生物进化有根本的不同。生物进化理论认为只有基因型可以遗传,因为魏斯曼屏障(the Weismann barrier)排除了从表

---

① Tang Shiping, *A General Theory of Institutional Change*, London: Routledge, 2011, p. 41.

② Tang Shiping, *The Social Evolution of International Politics*, p. 25.

现型到基因型的流动。而在社会发展中,魏斯曼屏障并不存在。①所以在社会世界遗传机制中,基因型和表现型都是可以被继承的。

从社会演化的角度来看,全球秩序或国际体系是演化。演化不仅意味着变化而是表示从系统 A 到系统 B 的根本转变。唐世平系统性地概述了防御性现实主义理论,因为他认为该理论与我们当前的世界更为相关且适用。② 唐世平也指出,国际体系已从进攻性现实主义体系转变为防御性现实主义体系,并且正在朝着更加基于规则的体系发展。③ 但是笔者认为,在国际关系层面上,世界上不同的区域存在着不同主义的体系。例如,有些地区可能还停留在进攻性现实主义中,而有些地区则是进入了防御性现实主义的阶段。有些地区已经抵达基于规则的体系,而有些则已经朝着后国家、后现代的方向发展了。因为,我们通常所指的那个世界是由不同的平行世界构成的。全球经济体系则与国际关系体系不同,是一个相对连成一体的体系。当然,在经济理念和经济政策层面上是多样性的。

---

① Tang Shiping, *The Social Evolution of International Politics*, pp. 27 – 28.

② Tang Shiping, *A Theory of Security Strategies for Our Time: Defensive Realism*, New York: Palgrave Macmillan, 2010.

③ Tang, Shiping, "Social Evolution of International Politics: From Mearsheimer to Jervis," *European Journal of International Relations*, Vol. 16, No. 1, 2010, pp. 31 – 55.

## 三、综合批判性全球政治经济理论

批判性全球政治经济理论内部存在很大的差异,每种理论都强调特定的维度。本文使用的社会演化范式综合了罗伯特·考克斯(Robert Cox)的霸权理论、斯蒂芬·吉尔(Stephen Gill)提出的新立宪主义、伊曼纽尔·沃勒斯坦(Immanuel Wallerstein)的世界体系理论、萨森(Saskia Sassen)的全球城市概念以及基斯·范德菲尔(Kees van der Pijl)的跨国阶级概念。通过演化逻辑,这些理论将重新整合为全球政治经济学的不同维度,并融进社会演化理论的框架中。本文从以下几个方面重新整合几种批判性全球经济学的理论:1) 基因体和表现体;2) 行为体;3) 分析单元和分析层次。

第一,基因体和表现体这两个概念可以分别用于思想本身和思想在现实中的呈现上。罗伯特·考克斯的霸权概念可以被视为概念层面上的基因型。霸权在日常生活中的呈现则可以被视为表现型。考克斯将葛兰西主义中对霸权的理解视为一种世界观或一种深植于人们日常生活中的社会统治阶级的意识形态。[①] 这种霸权是选择机制的结果,是特定意识形态的保留。一些强大的行为体选择了这种基因型概念来实现考克斯式的霸权。

与考克斯相同,新葛兰西主义理论家斯蒂芬·吉尔提出的新

---

[①] Robert W. Cox, "Gramsci, Hegemony and International Relations: An Essay in Method," *Millennium*, Vol. 12, No. 2, 1983, pp. 162 - 175.

宪政主义可以被视为是一种基因型概念。吉尔将新的宪政主义定义为"试图使跨国自由主义或自由民主资本主义成为未来发展唯一模式的政治计划"①。在这种情况下,自由民主资本主义的意识形态和垄断的发展模式是唯一选择。因此,我们现在所看到的国际机构,如国际货币组织和世界银行都是这些价值观的表现体。所以,考克斯所说的霸权和吉尔所观察到的新宪政主义是变异—选择—遗传机制中的遗传阶段。行为体新的选择可能会导致遗传变异。

但是,考克斯和吉尔都忽略了个体行为体选择观念的关键作用和能力,而是过分强调了约束个体的结构性力量。他们还淡化可供个体选择的意识形态中的变异情况。这些问题可以通过优先考虑行为体而非选择、保留机制中的结构加以解决。最终,是行为体选择了是否保留当今全球价值观的霸权。当维系此霸权的行为体不复存在或未来的行为体无法再生产这种霸权时,这一特定的霸权就消失了。

第二,全球化选择过程中,行为体可以借鉴阿姆斯特丹学派理论中的跨国行为体概念。② 例如,基斯·范·德·菲尔认为,塑造

---

① Stephen Gill, "New Constitutionalism, Democratisation and Global Political Economy," *Pacifica Review: Peace, Security & Global Change*, Vol. 10, No. 1, 1998, pp. 23-38.

② Bastiaan Van Apeldoorn, 'Theorizing the Transnational: A Historical Materialist Approach," *Journal of International Relations and Development*, Vol. 7, No. 2, 2004, pp. 142-176.

当前全球秩序最重要的角色是跨国精英阶层。① 对他来说,统治整个世界的是基于大西洋的跨国阶级。此外,巴斯蒂安·范·阿珀尔多伦(Bastiaan van Apeldoorn)展示了这一跨国阶级在推进欧洲一体化及治理往新自由主义的方向发展中的作用。② 从社会演化的角度来看,跨国阶级这一变量是易于变化和演变的,例如其所在的地理位置可能会随着时间而变化。当我们生活在全球化经济中时,人们几乎可以在任何国家找到跨国集团的成员。因此,这个社会阶层不再局限于特定的地理位置的全球北方国家(Global North)。此外,跨国阶层也不必具有同质性和凝聚力,这个阶层内部有自己的小团体,其成员也具有多重身份,有时,他们的身份甚至可能是重叠的、混合的。

第三,随着经济全球化的巨变,新的分析单位和分析层次也相继出现,并在遗传过程中保存下来了。因此,新的分析单位和分析层次需要被引入沃勒斯坦的世界体系理论中重新概念化以用来解

---

① Kees Van der Pijl, *The Making of an Atlantic Ruling Class*, London: Verso, 2012; Kees van der Pijl, *Transnational Classes and International Relations*, London: Routledge, 1998.

② Bastiaan Van Apeldoorn, "Transnational Class Agency and European Governance: The Case of the European Round Table of Industrialists," *New Political Economy*, Vol. 5, No. 2, 2000, pp. 157 – 181; Bastiaan van Apeldoorn, "The Struggle over European Order: Transnational Class Agency in the Making of 'Embedded Neo-Liberalism,'" in A. Bieler and A. D. Morton, eds., *Social Forces in the Making of the New Europe: The Restructuring of European Social Relations in the Global Political Economy*, Basingstoke: Palgrave, 2001, pp. 70 – 89; Bastiaan van Apeldoorn, *Transnational Capitalism and the Struggle Over European Integration*, London: Routledge, 2002.

释全球政治经济的新变化。沃勒斯坦将世界分为核心、半边陲和边陲三部分，它们代表了全球资本主义经济中的分工。① 尽管沃勒斯坦声称他的分析单位是一个体系，但他仍然使用民族国家作为单位来对其核心、半边陲和边陲进行分类。因此，他的分类在地理上受到国家领土的限制，并且忽视了当前全球经济不断发展的复杂性，这是个非常棘手的问题。例如，在他的分类中，中国仍被视为边缘或半边缘的国家而非核心之一。与沃勒斯坦相反，乔万尼·阿里吉（Giovanni Arrighi）在其《亚当·斯密在北京》一书中指出，21世纪全球资本主义经济的核心正在从美国转移到中国。② 也有学者认为中国的崛起加速了当前资本主义世界经济消亡的历史进程。③ 所有这些论点给人的印象是，未来的全球政治经济仍在民族国家框架内进行，核心可能在美国或中国。而实际上，中国同时从事的资本密集型和劳动密集型经济活动是在不同地区之间进行的。换言之，中国某些地区或城市是核心，有些则是半边陲，而很多农村则是边陲。

第四，将全球城市、大都市群、产业集群和湾区等引入分析单位和分析层次中可以让我们更好地把握当前全球化经济中的复杂现实。例如，萨森的全球城市概念有助于了解核心和周边之间的

---

① Immanuel M. Wallerstein, *World-systems Analysis: An Introduction*, Durham, North Carolina: Duke University Press, 2004.

② Giovanni Arrighi, *Adam Smith in Beijing: Lineages of the Twenty-first Century*, London: Verso, 2008.

③ Li, Minqi, *The Rise of China and the Demise of the Capitalist World-economy*, New York: Monthly Review Press, 2008.

关系如何随着时间而变化。① 如今,资源越来越集中在全球城市中,例如纽约、伦敦、东京和上海。此外,许多核心经济体在湾区(如纽约湾、旧金山湾和东京湾)以及中国的新兴湾区(如粤港澳大湾区和大杭州湾区)。值得注意的是在同一国家内部的不同城市和地区之间也存在着差距。这些内部的差距很多时候比不同国家的全球城市之间的差距要大得多。有鉴于此,根据地区、行业和社会群体的不同,一个国家可以同时在世界体系里面是核心、半边陲和边陲。换句话说,外围中存在核心而核心内部也有外围,这不再由国界定义。②

总之,本文通过将新的分析单位和层次、新的行为体及引入沃勒斯坦的世界体系理论,建构了一个新的、演化的世界体系。更具体地说,这个世界体系里的核心—半边陲—边陲会随着时间的变化而改变位置,其体系内的分析单位和层次及行为体会随之改变。从分析单位和层次来看,核心—半边陲—边陲在某种特定的历史和经济条件下可以由国家来划分,而在经济全球化的时代可以以非国家行为体、超国家行为体、全球城市、湾区和大都市群进行划分。因此,全球城市可以取代沃勒斯坦在世界体系理论中由民族国家构成的全球资本主义的新核心。全球城市还可以进一步扩展到湾区和都市群;从新的行为体的角度,范·德·菲尔的跨大西洋

---

① Saskia Sassen, *The Global City: New York, London, Tokyo*, Princeton, New Jersey: Princeton University Press, 2001.

② Xiao A. Yang, "Theorizing the BRICS: Does the BRICS Challenge the Current Global Order," in X. Li ed., *The International Political Economy of the BRICS*, New York: Routledge, 2019, pp. 37-56.

统治阶级概念里的跨国精英可以扩展到西方以外的国家。

把世界二分为发达的北方国家(Global North)和发展中的南方国家(Global South)已经不足以体现当代全球经济复杂的情况。实际上,当今世界的核心—半边陲—边陲或者发达与发展中地区是重叠和混合在相同的空间中的。换言之,在一个国家甚至在一个全球城市里,核心—半边陲—边陲、发达与发展中是并存的。比如,法国通常被视为发达国家或世界体系里的核心。其实不然。以巴黎为例,市中心可以是世界核心或者发达地区。但是走出了市中心,我们就会发现很多郊区(Banlieue)如同发展中国家或者世界体系里面的半边陲。在某些郊区,如克利希苏布瓦(Clichy-sous-Bois)的情况比很多发展中国家更糟糕。这并非个例,在欧洲其他国家的城市里也有这样的问题。即使在瑞典这样高度发达的北欧国家,首都斯多哥尔摩的郊区云客比(Rinkeby)也存在着像法国巴黎郊区一样的问题。

最后,社会演化视角重新理解了考克斯笔下葛兰西主义的霸权概念。一种世界观能成为文化霸权是因为不同行为体有意或无意选择的结果。人是思想的基因型的载体。因此,一种达到霸权地位的世界观能否在未来持续取决于未来人们对思想基因型的选择。如果将来很多行为体选择现有文化霸权的基因型,这类霸权模式则会延续;若很少行为体选择它或选择了新的思想基因型,则现有的文化霸权会渐渐消失。总之,社会演化理论将这些批判性的全球政治经济理论串联成一个连贯的理论框架。以下,本文将用新的理论视角去分析"一带一路"。

## 四、"一带一路"在认知上的变异

本文运用批判性的社会演化视角,将变异—选择—遗传机制引入"一带一路"倡议的分析框架,发展分析"一带一路"的新思路。此处将"一带一路"倡议视为基因型。首先,本文试图分析不同行为体对"一带一路"倡议认知上的变异。一个概念在传播过程中,不同行为体对其有不同的认知和阐释。因此,概念在传播的过程中会不可避免地发生变异。

"一带一路"倡议到底是什么?不同行为体之间对其仍然存在激烈的争论,他们的看法从敌对到欢迎、从恐惧到拥抱、从热情到矛盾或冷漠,大不相同。[1] 可以看出,不同行为体对"一带一路"这个概念的认知上发生了很大变异。相较于政治层面,有的人担忧中国可能利用其在"一带一路"倡议沿途国家的经济影响力来获得政治影响力和筹码,甚至像美国对许多国家过去所做的那样去重塑其他国家的国内政治。在经济层面许多人则对"一带一路"倡议

---

[1] Li Xing, *Mapping China's "One Belt One Road" Initiative*, Cham: Springer International Publishing, 2019; Daniel Drache, A. T. Kingsmith and Duan Qi, *One Road, Many Dreams: China's Bold Plan to Remake the Global Economy*, London: Bloomsbury China, 2019; Nadège Rolland, *China's Eurasian Century? Political and Strategic Implications of the Belt and Road Initiative*, Washington, D. C.: The National Bureau of Asian Research, 2017; Bal K. Sharma and Nivedita D. Kundu, eds., *China's One Belt One Road: Initiative, Challenges and Prospects*, New Delhi, India: Vij Books India Pvt Ltd, 2016.

持更为乐观的态度。

有人认为,"一带一路"倡议是中国的新"马歇尔计划",且前者拥有比后者更多的资本并覆盖更多的人口和更大的地区。① 一项研究在以下五个方面对两者进行了比较:1) 促进出口;2) 输出货币;3) 制衡竞争对手;4) 推动战略分工;5) 获取外交支持。该作者将中国的工业产能过剩与第二次世界大战后美国的工业产能过剩、人民币的国际化与美元的国际化(当时已取代英镑的主导地位)、中国对冲美国与美国对冲苏联、中国分化APEC与美国分化德国和苏联、中国对中欧的维斯格拉德集团的援助与美国对苏联卫星国家的援助等几方面进行了比较。② "一带一路"倡议在此被视为挑战当前全球秩序和全球治理的竞争蓝图。但是,"一带一路"倡议和马歇尔计划处于不同的历史背景,或许是无法相比的。我们必须考虑到世界体系的演变,因为我们目前生活在一个新的世界体系当中,它虽然从冷战的世界体系演化而来,但已然与之全然不同。

怀有冷战思维的进攻性现实主义者认为中国实力的高速提升令人担忧。他们认为实力的变化导致中美的冲突。③ 按此逻辑,

---

① Enda, Curran, "China's Marshall Plan," Bloomberg, 2016.
② Simon Shen and Wilson Chan, "A Comparative Study of the Belt and Road Initiative and the Marshall Plan," *Palgrave Communications*, Vol. 4, 2018, pp. 1 - 11.
③ John J. Mearsheimer, "China's Unpeaceful Rise," *Current History*, Vol. 105, No. 690, 2006, pp. 160 - 162.

"修昔底德陷阱"难以避免,因为崛起国总是与守成国发生冲突。①这种观点具有高度的局限性,因为它将国家视为国际体系中唯一的行为体。这种观点显然在一个全球化的世界已经过时,因为这个时代许多非国家行为体和跨国行为体在塑造全球体系中都发挥着重要作用。因此,国家行为体、非国家行为体和跨国行为体对"一带一路"倡议的看法都存在差异。例如,一个国家可能将"一带一路"倡议视为威胁,但在该国内的跨国行为体或非国家行为体则可能将其视为机遇。另外,这些跨国行为体和非国家行为体之间也可能存在不同的认知。

从新自由制度主义的角度来看,中国在国际机构中的积极参与及其发挥的日益重要的作用可能被认为是中国正在融入当前自由秩序的表现。在这种情况下,中国不会挑战当前的全球秩序。②例如,根据对亚投行(AIIB)批准的贷款的研究,朱赛佩·加布西(Giuseppe Gabusi)认为新成立的亚投行不会挑战西方建立的全球金融体系。③尽管如此,一些国家经常将中国视为自由主义秩序的挑战者。而西方最近民粹主义的兴起表明,对现有的自由主

---

① Graham T. Allison, *Destined for War: Can America and China Escape Thucydides's Trap*? Boston: Houghton Mifflin Harcourt, 2017.

② John G. Ikenberry, "The Rise of China and the Future of the West: Can the Liberal System Survive?" *Foreign Affairs*, Vol. 87, No. 1, 2008, pp. 23 - 37.

③ Giuseppe Gabusi, "Crossing the River by Feeling the Gold: The Asian Infrastructure Investment Bank and the Financial Support to the Belt and Road Initiative," *China & World Economy*, Vol. 25, No. 5, 2017, pp. 23 - 45.

义秩序最强大反抗力量实际上来自西方内部。① 换言之,拒绝当前全球秩序的基因型是来自西方的行为体。

从批判性社会演化的角度来看,维持一个秩序的行为体既可以是原来创建这个秩序的行为体,也可以是不同的行为体。随着时间的流逝,同一个行为体原先持有的观念和价值可能会发生变化,并且该行为体也可能演化为新的行为体。因此,批判性的社会演化观点强调一个行为体可以在不同的时空中扮演不同的角色、做出不同的行为。所以,行为体本身也处于不断变化与进化的过程中,而不是静止不变的实体。

以积极的眼光看待"一带一路"倡议,王义桅描绘了它如何为全世界造福。② 一项根据可计算一般均衡(computable general equilibrium)模型做出的初步评估指出,到2030年,"一带一路"将为全球年度福利带来约为1.6万亿美元的收益,占全球GDP的1.3%,"一带一路"沿线国家预计将获得其90%以上的收益。预计到2030年,"一带一路"将使全球贸易增长5%。③

一些人认为,"一带一路"倡议有助于发展国际公共物品并与经济自由主义兼容。就外交政策而言,它更具有防御性而非进攻性。例如,欧阳乔(Giovanni Andornino)认为,"一带一路"倡议并

---

① John G. Ikenberry, "The End of Liberal International Order?" *International Affairs*, Vol. 94, No. 1, 2018, pp. 7-23.

② Wang Yiwei, *Belt and Road Initiative: What Will China Offer the World in Its Rise*, Beijing: New World Press, 2016.

③ Zhai Fan, "China's Belt and Road Initiative: A Preliminary Quantitative Assessment," *Journal of Asian Economics*, Vol. 55, 2018, pp. 84-92.

非是霸权计划,而是一种国际社会资本形式,它将其本身的跨地区连通性与中国的国家发展战略联系起来。① 如果他的论点成立,那么中国的国内发展政策与外交政策紧密相连,这模糊了国内与外交议题之间的界限,中国国内发展的成功将取决于"一带一路"倡议的成功。由于"一带一路"倡议既是外交政策又是国内政策,它的成功不仅取决于国际层面的国家和跨国行为体,还取决于国内不同层次的行为体。这些不同的行为体对"一带一路"倡议的认识产生变异是很难避免的。不同的认知和诠释会导致不同行为体对其的选择。

## 五、"一带一路"倡议的选择过程

选择是由不同的行为体来完成的。鉴于对"一带一路"倡议的含义有很多不同的理解,其中不乏相互矛盾的解释,因而不同行为体会有各种不同的看法和反应,这些看法和反应可能会随着情况与时间的变化而改变。根据唐世平的制度变迁理论,"一带一路"倡议目前处于权力争夺的第三阶段。不同的行为体会在未来可选的蓝图基因型里做出选择。

在亚洲,"一带一路"倡议不是该地区唯一的未来蓝图,它有许多竞争对手,Quad(美国,日本,印度和澳大利亚)四国倡导的自由

---

① Giovanni B. Andornino, "The Belt and Road Initiative in China's Emerging Grand Strategy of Connective Leadership," *China & World Economy*, Vol. 25, No. 5, 2017, pp. 4 - 22.

开放的印太(FOIP)也是其中一个。东盟也有与"一带一路"倡议和FOIP重叠的未来构想。在地区上,日本也将其"高质量基础设施合作伙伴计划"(PQI)作为其发展及基础设施建设的构想。由此可见,这些未来蓝图的基因型存在着不同程度上的相互竞争。不同的行为体可以对这些可选的蓝图做出几种不同的选择。有些行为体可能会仅选择某种基因型,而拒绝其他的基因型。也有行为体可能会同时选择几种基因型并根据自身的情况选择性参与。也有些可能静观其变。

其实这些看似相对的蓝图并非一定相互排斥。托马斯·莱尔森(Thomas Lairson)认为,南海的地缘政治问题可能导致"一带一路"的倡议与结果相反。① 该论点的基本逻辑是"非黑即白",即假设各国只能处于友好或敌对状态。这种观点并不能解释这样一种现象,即虽然南海的地缘政治紧张局势持续升级,但中国与有领土纠纷的国家之间的贸易仍有所增长。因此,阴阳逻辑可以更好地解释涉及南海争端时中国和东盟国家的行为。② 换句话说,各国之间可能在地缘政治上陷入僵局,而这些国家间的贸易和投资仍可以增加,因为其他非国家行为体会开展这些活动。此外,国家行为体也可以同时选择相互竞争的观念和机制,例如,东盟在经济上

---

① Thomas D. Lairson, "The Global Strategic Environment of the BRI: Deep Interdependence and Structural Power," in W. Zhang, I. Alon and C. Lattemann, eds., *China's Belt and Road Initiative*, Cham: Springer International Publishing, 2018, pp. 35-53.

② Qin Yaqing, *A Relational Theory of World Politics*, Cambridge: Cambridge University Press, 2018.

融入了中国，而在安全方面与美国紧密相连。

在国内分析层次上，不同的行为体在选择上可能会出现很大的分歧，特别是缺乏共识的国家。以巴基斯坦为例，一方面巴基斯坦政府支持"一带一路"倡议，而另外一方面俾路支省的次国家行为体对此表示反对。因此，"一带一路"倡议可能会在巴基斯坦的某些地区得到优惠待遇，却在其他地区面临困难和风险，尤其是俾路支省这一连接中国与巴基斯坦瓜达尔港的重要地区。① 俾路支当地武装势力在2019年对中国大使馆、瓜达尔港一间豪华酒店里中国商人的袭击清楚地表明该地区部分群体对"一带一路"倡议的抵制。最近，"一带一路"倡议的施行在克什米尔地区也出现了困难。因此，我们不能将巴基斯坦视为一个整体，因为不同地区的行为体在中巴经济走廊（CPEC）中都扮演着重要角色。即使巴基斯坦中央政府支持中巴经济走廊也不能确保一切能顺利进行。如果中巴经济走廊成功了，未来经济走廊也可能会演化为一个新的分析单位。

在东南亚，不同行为体对"一带一路"倡议的接受方式也不同。印度尼西亚的雅加达—万隆高铁得到印尼中央政府的支持。中国跨国公司也积极地参与其中。但是，当施工开始时，由于征地问题，它遭到了当地群体的抵抗。由于印尼强烈的地方主义，即使是中央政府也不能很好地解决土地征用中的诸多问题。同样，在马

---

① Massarrat Abid, and Ashfaq Ayesha, "CPEC: Challenges and Opportunities for Pakistan," *Journal of Pakistan Vision*, Vol. 16, No. 2, 2015, pp. 142-169.

来西亚,不同国内势力之间的互动对于确保"一带一路"倡议的成功至关重要,例如东海岸铁路、"马来西亚城"和森林城市这三个项目。① 在泰国,党际冲突、司法干预和官僚程序之类的国内政治因素也可能会阻碍"一带一路"中由中国发起的高铁项目。② 在"一带一路"倡议与该地区不同的蓝图对接中,不能忽视东南亚国家中内部复杂的政治因素。

以上这些案例表明,"一带一路"倡议的选择权不仅取决于国家行为体,也掌握次国家行为体和跨国行为体手中。就巴基斯坦和印度尼西亚而言,我们看到"一带一路"倡议在国家层面得到了国家行为体的许多支持,却在次国家层面受到了非国家行为体的抵制,因此在某些国家,次国家行为体的支持或反抗是进程顺利或搁浅的重要因素。此外,我们也能从中看到,在东南亚、南亚并不存在考克斯所认为的霸权。

## 六、遗传和保留机制:"一带一路"倡议的潜在影响

由于"一带一路"倡议仍处起步阶段,因此无法评估哪些方面

---

① Liu Hong and Lim Guanie, "The Political Economy of a Rising China in Southeast Asia: Malaysia's Response to the Belt and Road Initiative," *Journal of Contemporary China*, Vol. 28, No. 116, 2019, pp. 216 - 231.

② Trin Aiyara, "The Long and Winding Railway: Domestic Politics and the Realization of China-Initiated High-Speed Railway Projects in Thailand," *Chinese Political Science Review*, Vol. 4, No. 3, 2019, pp. 327 - 348.

将在未来的全球政治经济中被保留。但是,我们可以推测和想象未来的可能情况。由于篇幅所限,这里仅讨论几个方面。

在金融领域,货币是全球金融秩序中的重要方面之一。随着人民币国际化,持负面观点的人担心人民币有一天会取代美元。持积极观点的人则认为"一带一路"倡议是中国通过增加人民币的贸易、投资和流通渠道来实现人民币国际化的绝佳机会,这可能导致多极国际货币体系的发展,或许将有助于世界货币的稳定。①全球金融秩序的变化取决于国际和国内行为体,特别是商业和金融行为体,因为他们将选择以哪种货币进行交易。如果更多的企业选择人民币作为交易货币,那么人民币的国际化可以实现。这只能通过不同层次的诸多行为体集体完成,因为国家不可能独自完成这项任务,需要动员其他行为体参与。当前的趋势表明,越来越多的公司开始使用人民币与中国交易,这意味着人民币的国际化正在发展。可见,人民币国际化处于制度变迁过程的第二阶段(动员)和第三阶段(权力争夺)之间。

在规范上,中国规范和价值观在世界范围内的扩散和传播程度可以作为衡量遗传程度的定性指标。但是,其中的关键问题是我们很难确切定义何为中国规范和价值观,或者确切地说什么是有别于其他国家的"中国"观点。对于提倡天下模式的新儒家理论家来说,中国应该挑战并取代当前的全球体系,因为天下模式比当

---

① Lin Xuejun, Xiao Yefen, Liang Yuan and Zhang Xiaowen, "A Research on the Belt and Road Initiatives and Strategies of RMB Internationalization," *Business and Management Research*, Vol. 6, No. 1, 2017, pp. 13 - 27.

前的国际体系更包容、更人性化、更和谐。① 因此，一个合乎逻辑的结论是，当前的全球体系应被他们所设想的更好的体系所取代。所以"一带一路"倡议为中国提供了将其价值观推向国外的机会。但"一带一路"倡议是否体现了当代新儒家所设想的天下理想还有待商榷。此外，反对天下理念的人认为，这体现了中国中心主义②，可能会导致新的中国霸权。一位历史学家甚至指出，天下主义的理想在历史上从来没有出现过，这只是一种美好想象。③

归根结底，一些国家、次国家和跨国行为体对中国正在重塑当前全球秩序的担忧在于其后隐藏的价值体系，他们假定了中国与西方国家之间存在的根本不同。以等级制的概念为例，以几个强大的行为体为中心的等级制秩序在西方观念中是不受欢迎的。尽管国际体系中不同国家之间存在着事实上的等级秩序和不平等现象，但至少在西方主流话语中，以平等原则对待各国是其观念上的共识。相较之，从阎学通、秦亚青或各种天下观的视角来看，国际关系中的无政府状态被认为是负面的，而仁慈的等级制如"王道"

---

① Zhao Tingyang, *Redefining A Philosophy for World Governance*, Singapore: Springer Singapore, 2019; Zhao Tingyang, "A Political World Philosophy in terms of All-under-heaven (Tian-xia)", *Diogenes*, Vol. 56, No. 1, 2009, pp. 5 - 18.

② William A. Callahan, "China's Asia Dream," *Asian Journal of Comparative Politics*, Vol. 1, No. 3, 2016pp. 226 - 243; William A. Callahan, "Chinese Visions of World Order: Post-hegemonic or a New Hegemony?" *International Studies Review*, Vol. 10, No. 4, 2008, pp. 749 - 761.

③ 葛兆光:《对"天下"的想象——一个乌托邦想象背后的政治、思想与学术》，载《思想》2015 年第 29 期，第 1—56 页。

则被优先考虑。①

此外，法治在西方受到青睐，而人际关系在中国起着更为重要的作用。因此，不可避免地产生由于不同规范性价值而造成的认知差距。以规则为基础的自由秩序在一些中国人眼中显得冷漠、无情且缺乏人性。相反，一些西方人可能将关系性的、基于人性的全球秩序视为不透明的、腐败的、不公正的。具体到"一带一路"倡议中，有人认为中国对国际发展和基础设施建设的现行规则和规范提出了挑战。但一些研究发现，现实要复杂得多。例如，"一带一路"倡议与日本高质量基础设施合作伙伴计划（PQI）在印尼的高铁项目中的竞争就是例证。中日两国都根据 OECD 所定义的最佳采购和最佳金融关系的标准而努力地调整他们在东南亚的做法，其间，中国提高了标准而日本则降低了。② 因此，在实际的选择和保留过程中，不仅可以选择和遗传一组价值理念，而且还可以同时选择和遗传不同组的价值理念，使它们融合为新的规范和实践。

如果推行得当，"一带一路"倡议对欧洲和中国都有积极意义。正如尼古拉·卡萨里尼（Nicola Casarini）所言，"一带一路"倡议可

---

① Yan Xuetong, *Leadership and the Rise of Great Powers*, Princeton: Princeton University Press, 2019；Qin Yaqing, "A Multiverse of Knowledge: Cultures and IR Theories," *The Chinese Journal of International Politics*, Vol. 11, No. 4, 2018, pp. 415-434.

② Agatha Kratz and Dragan Pavlićević, "Norm-making, Norm-taking or Norm-shifting? A Case Study of Sino-Japanese Competition in the Jakarta-Bandung High-speed Rail Project," *Third World Quarterly*, Vol. 40, No. 6, 2019, pp. 1107-1126.

以帮助欧洲从2008年的金融危机中恢复,并解决中国国内工业产能过剩问题,增强其政治影响力。① 该倡议还将对被边缘化且尚未融入全球分工的欧亚内陆地区的包容性增长产生影响。②

区分"一带一路"倡议的选择和保留机制很重要。不同的行为体可能会选择它,但这些行为体可能会或不会保留其潜在价值的基因型。出于纯粹的经济原因,一些行为体可能会暂时选择"一带一路"倡议。例如,意大利和希腊等欧洲国家可能会因为持续的经济和金融危机而选择它,但一旦经济复苏,这些国家将来不一定会继续选择它。此外,必须质疑的是,即使欧亚大陆上最不发达的地区也成功地融入当前的全球经济和全球分工中,那么这些地区仅仅是为全球资本提供廉价劳动力的边陲地区,还是会得到真正的发展?融入全球市场是否会使当地居民受益?

## 七、结 论

本文展示了如何运用唐世平的社会演化理论去融合各种批判性全球政治经济理论,有助于更好地从演化的视角理解不断变化中的全球政治和经济。受到批判性全球政治经济理论的启发,本

---

① Nicola Casarini, "When All Roads Lead to Beijing. Assessing China's New Silk Road and Its Implications for Europe," *The International Spectator*, Vol. 51, No. 4, 2016, pp. 95 - 108.

② Yuan Li and Markus Taube, "The Implications of the 'Belt and Road Initiative' on Globalization and Inclusive Growth for the Eurasian Continent," *Journal of Chinese Economic and Business Studies*, Vol. 16, No. 3, 2018, pp. 233 - 240.

文超越了以中美关系为中心的国际关系研究视角并密切关注全球政治经济，特别是全球资本与劳动分工之间的关系、基础设施建设和新的、非国家的分析单位。本文还思考了跨国行为体和地方行为体之间的互动以及新行为体的形成，并审视了当前全球秩序中存在的特定价值观的霸权。

本文从基因型和表现型、行为体、分析单元和分析层次这几个方面重新整合几种批判性全球经济学的理论并利用社会演化理论把这些理论归纳进核心的变异—选择—遗传机制中。在变异的过程中，发现和观察观念层面上的基因型和表现型极为重要。在选择的过程中，各种不同的行为体对思想上的基因型的选择是重点关注的对象。在遗传过程中，被选择的基因可能会导致新的分析单位和层次的出现，其表现型会呈现在具体的案例中。一种新基因型可能会成为观念上的新霸权从而取代旧观念上的霸权。

本文将新的理论视角用于分析"一带一路"倡议。首先本文将其视为思想上的基因型并分析它与其他思想上的基因型之间的竞争和互动关系。例如，"一带一路"倡议和自由开放的"印太"是两种相互竞争的未来愿景。两者可以被视为两种基因型。同理，日本的"高质量基础设施合作伙伴计划"和"一带一路"也是两种基因型。其表现型具体呈现在他们在东南亚和南亚包括高铁项目在内的基础设施项目的激烈竞争中。因此，"一带一路"倡议正处于制度变迁的第三阶段，即权力争夺阶段。

在变异过程中，由于各行为体对"一带一路"倡议认知的不同，导致了他们在选择观念上的基因型时做出的决定不同。一些行为体支持"一带一路"倡议，而另一些则试图遏制它。有些可能会保持模棱两可的态度,而另一些可能会同时参与到两种相互竞争的愿景。目前谈论"一带一路"倡议的遗传过程还为时过早。如果成功,它可能会创建新的全球规则、标准和秩序。但这些仍然有待观察。

文中的东南亚和南亚案例表明中美关系已经不再是理解"一带一路"、当前及未来全球秩序和全球经济的唯一决定性变量。尤其对中国国际关系学界而言,摆脱对中美关系和大国政治的痴迷,可能会更准确地捕捉到迅速变化的全球新现实。"一带一路"倡议的成功在很大程度上将取决于中国与"一带一路"沿线的新兴大国、中等强国及小国间的关系。此外,沿线国家的当地社群对该倡议的成败也十分重要,例如,由于许多连接亚欧非的铁路正在建设中,因此"一带一路"沿线国家的稳定、对中国的认知与态度便至关重要。

此外,有必要强调中国和印尼、中国和巴基斯坦以及更广泛的中国和东南亚、南亚的关系。这需要中国国关学界更多的关注和研究。研究中国与这些国家之间的关系不能只限于国家间的层面,而更应当扩展到国家与人民、国家与企业、企业之间以及企业与人民之间的层面,以求拥有一个整体的、多层次的、演化的视角。另外,还需要考虑新的分析单位,例如新兴的湾区、经济走廊、大都市群以及新的跨国和地方行为体。

总而言之,相较于权力转移理论和全球政治经济理论,我认为基于非国家中心、多种行为体、多层次及以演化为范式的视角,能更好地捕捉到"一带一路"、中美关系以及全球化下的全球秩序和经济的变化、动态和复杂性。

# 国际社会对"一带一路"的透明度认知：
# 以美国、澳大利亚和新西兰为例<sup>\*</sup>

岳圣淞[**]

**内容摘要** 随着"一带一路"国际合作的持续深入推进，国际社会对其关注度不断提升，并形成了涵盖议题丰富、角度多元的认知与评价。目前，部分西方国家对"一带一路"的机制化建设关注度较高，透明度是其中的核心议题之一。透明度的概念及相关原则首先确立于国际法，并在国际和地区层面上涉及诸多领域的谈判和机制建立中发挥着重要作用。对比分析美、澳、新三国对"一带一路"透明度问题的认知话语发现，在地缘政治、身份认知与利

---

\* 本文系中国社会科学院创新工程重大科研项目"'一带一路'建设若干重大问题研究"项目阶段性研究成果。感谢中国社会科学院澳大利亚、新西兰与南太平洋研究中心在本文写作过程中提供的支持，匿名评审专家对本文初稿提出的修改意见，文章中错漏由笔者负责。

\*\* 岳圣淞，中国社会科学院亚太与全球战略研究院助理研究员。

益诉求的共同影响下,不同国家的对外政策走向呈现出明显差异。探究国际社会,特别是西方国家对"一带一路"的透明度认知的内涵、动因与影响有助于客观评估当前"一带一路"国际合作的现状,为推进"一带一路"机制化建设提供有益启示。

**关键词** 一带一路 透明度 美国 澳大利亚 新西兰 机制化建设

随着"一带一路"国际合作的持续深入推进,国际社会对其关注度不断提升,并形成了涵盖议题丰富、角度多元的认知与评价。其中,有关透明度问题的探讨是当前国际社会对"一带一路"机制化建设评估中的核心议题之一。自2017年下半年起,以美国为代表的部分西方国家战略界开始大量发布以"一带一路"为主题的文章、专著、研究报告和政策咨询。与此同时,政界、军界和商界就"一带一路"频繁表态,令透明度话语在"一带一路"语境下逐步呈现系统化趋势并引发国际关注。

## 一、透明度概念及其在"一带一路"视域下的演化

学界对"透明度"(transparency)的定义始终存在争论。随着应用范围的扩大,其内涵也在不同学科和领域(如国际贸易、国际交通运输、环境保护、军备控制等)内得到延展。因此,在探究"一带一路"语境下透明度概念的具体指向之前,有必要厘清这一概念的学理内涵及其演化。

## (一) 透明度的学理内涵

透明度的概念及由此衍生的相关原则首先确立于国际法,也是国际法得以确立的基本准则之一,其基本含义是:"对以下知识和信息的可获得性与知晓性:1) 国际法主体的条约和做法确立的规范、准则、程序的含义;2) 条约各方和国际法主体就遵守条约和保持主体有效性而制定的有关政策和从事的活动。"① 简言之,透明度是对法律本身和行为主体双方的共同约束:对于法律、法规和法律程序本身而言,要求能够令所涉及的全体利益攸关方乃至受众群体无差别、无障碍、无歧视地获取、准确理解且能够实际操作;对于行为主体而言,其政策和行为也必须遵守相关法律,使其他当事方能够容易地获得所需的重要信息,并据此做出评估已采取适当行动。②

首先将透明度概念引入国际贸易研究并赋予其经济学内涵的,是印度裔美国经济学家贾迪什·帕格瓦蒂(Jagdish Bhagwati)。作为自由贸易和全球化的坚定倡导者,帕格瓦蒂认为国家间自由贸易的开展离不开完备而有力的制度约束,而实现这一切的前提是保证参与合作的各方平等知晓相关制度内容,特别是对特定行为及其后果的解释、行为主体自身的权利和义务范围等。基于对既

---

① Abram Chayes and Antonia Handler Chayes, *The New Sovereignty: Compliance with International Regulatory Agreements*, Cambridge: Harvard University Press, 1995, pp. 131–135.

② William B. T. Mock, "An Interdisciplinary Introduction to Legal Transparency: a Tool for Rational Development," *Dickinson Journal of International Law*, Vol. 18, No. 2, 2000, p. 295.

往国际贸易实践中制度变迁的长期研究,帕格瓦蒂指出,坚持制度设计和履行过程中遵循以透明度为核心的"阳光原则"可以有效解决因信息不对等而引发的争端,①因为市场的透明度决定了行为体理性选择的结果——身处社会中的行为体依据理性选择追求其最大经济利益,而透明度则保证了行为体赖以决策的信息充分性。而要做到充分透明,一方面,需要有关各方在协议的谈判、制度的设立和争端的解决过程中遵循公开、公正、可追溯的原则;另一方面,在协议确立后,缔约各方的行为也须接受充分监督,以确保缔约各方能够及时掌握相关信息并做出决策。②

总体上,目前透明度已成为国际经济法中国际协议所采纳的公认的法律概念。其实质是要确保利益攸关方在采取商业和法律行动时充分知晓相关信息,特别是知晓另一利益攸关方在不履行透明度原则、不进行充分合作的情况下便无法获取的信息。在国际经济活动中,透明度原则被认为是确保国际经济环境整体稳定

---

① 帕格瓦蒂所提出的"透明度"概念是其倡导的"阳关原则"(The Sunshine Principe)或"德库拉原则"(The Dracula Principle)的核心。他以19世纪末20世纪初风靡西方文学界的"吸血鬼德库拉"的传说为喻,因德库拉见到阳光即现原形,故以此类比强调制度公开、透明的重要性。帕格瓦蒂对这一原则的论述主要以对 WTO 相关条款的研究为实证基础,参见 Jagdish Bhagwati, *The World Trading System at Risk*, Princeton, N. J.: Princeton University Press, 1991; Jagdish Bhagwati, *Free Trade, 'Fairness', and the New Protectionism: Reflections on an Agenda for the World Trade Organization*, London: Institute of Economic Affairs for the Wincott Foundation Press, 1995.

② 沈四宝:《世界贸易组织法教程》,对外经济贸易大学出版社,2005年版,第59页。

性和可预见性、确保行为体获得利益的关键,因而在以 WTO 为代表的全球贸易机制和以自由贸易协定(FTA)为代表的区域合作机制发展过程中发挥着越来越重要作用。在全球化趋势不断深入发展的今天,国家间交往日益密切、领域不断延伸、利益持续交融、相互依存度不断提升,相应地,各国所承担的国际责任与义务也不断增加,而这些责任与义务大多通过正式的国际文本被固定下来。在这一背景下,各国基于更好地履行相关义务及最大限度地维护自身权利的现实需要,对有关文件透明度的关注度越来越高。特别是在涉及需要变更国际法律适用范围和主体的场合时,透明度问题往往会成为各方争议的焦点。另一方面,部分国家的国内政治因素也对涉及自身利益的国际法律、条约和协议等的透明度问题提出了更高要求。以美国为例,其国内政治体制和立法程序对信息公开、公众参与等原则的确认与支持在很大程度上影响着美国在参与国际事务过程中对透明度标准的态度,进而影响着美国总体的对外政策走向。[1] 在当前美国对外政策中保护主义抬头的形势下,"缺乏透明度"更是成为美国频繁抨击现有国际制度和国际体系所谓"不公正、不合理"的重要依据。[2] 面对这一情况,国际社会有关各方更应采取理性客观的态度,综合研判西方国家对透明度问题关注背后的真实诉求。

---

[1] 马乐:《国际投资协定透明度要求变化及其启示——以美国实践为考察对象》,载《国际商务研究》2015 年第 1 期,第 59—62 页。

[2] Park Sang-Chul, "U. S. Protectionism and Trade Imbalance between the U. S. and Northeast Asian Countries," *International Organisation Research Journal*, Vol. 13, No. 2, 2018, p. 77.

### (二) 透明度概念在"一带一路"语境下的延伸：以美、澳、新三国为例

从理论意义上说，透明度的概念和相关原则是机制建立和运行过程中的客观存在。而本文所关注的问题是，在以美、澳、新三国为代表的西方的主观认知语境中，如何通过透明度的视角看待和评估"一带一路"倡议作为一个辐射地域广阔、涵盖领域多元的国际合作机制的现实意义与价值。本文将上述三国涉及透明度的观点分为三类：有关"一带一路"倡议的性质、布局和目标的透明度，有关技术性规范和标准的透明度，以及有关保障性制度的透明度。

其中，对"一带一路"倡议战略层面透明度的关注发端于美国。自"一带一路"倡议提出以来，美国政策界围绕倡议的属性和远期目标展开了广泛讨论，包括探讨"一带一路"的根本属性究竟是经济合作还是地缘战略，[1]中国推动"一带一路"框架下的大规模基础设施建设的意图等。[2] 部分研究机构结合对已开展的"一带一路"合作项目的考察，试图论证中国在项目签约国境内兴建的港口、公路、铁路、机场、发电站等基础设施可能具备的战略资源属

---

[1] Nadege Rolland, "China's 'Belt and Road Initiative': Underwhelming or Game-Changer?" *The Washington Quarterly*, Vol. 40, No. 1, 2017, pp. 127-142.

[2] William C. Pacatte III, "Be Afraid? Be Very Afraid? -Why the United States Needs a Counterstrategy to China's Belt and Road Initiative," Defense 360, CSIS, October 19, 2018, https://defense360.csis.org/author/william-c-pacatte-iii/

性。也有观点指出,"一带一路"的布局规划存在一定程度的模糊性,特别是在地理范畴的界定上,①随着东南亚、中亚、南亚、中东、大洋洲、非洲和加勒比海沿岸等地区相继被纳入"一带一路"的合作版图,有必要提供更为具体的依据和解释以确认其内在关联性与合理性。② 澳大利亚和新西兰对"一带一路"倡议整体意图的透明度关切更侧重于对未来合作前景及收益的预期。部分学者指出,鉴于中澳和中新间的自由贸易协定尚可满足双边经济合作的基本需求,因此对于参与"一带一路"合作将为澳大利亚和新西兰带来何种"边际收益",以及未来双方在"一带一路"与自贸协定并行下的合作前景仍有待论证。③ 此外,澳、新对中国与南太平洋地区岛国间开展的"一带一路"合作始终保持密切关注。截至2019年4月,南太平洋地区共计九国同中国签署了"一带一路"框架合作协议,实际项目已在多国落地。④ 澳、新试图通过深入了解中国

---

① Kerensa Gimre, "China's Belt and Road Policy: The New Marshall Plan or New Imperialism?" *Berkeley Journal of International Law*, February 2019.

② Lyailya Nurgaliyeva, "Belt and Road: A Chinese World Order," *International Affairs*, Vol. 95, No. 2, 2019, pp. 503 – 504.

③ Peter J. Rimmer, "China's Belt and Road Initiative: Underlying Economic and International Relations Dimensions," *Asian-Pacific Economic Literature*, Vol. 32, No. 2, 2018, pp. 3 – 9.

④ 目前,南太平洋地区(大洋洲)同中国正式签订"一带一路"合作框架协议的九个国家包括:新西兰、巴布亚新几内亚、萨摩亚、纽埃、斐济、密克罗尼西亚联邦、库克群岛、汤加和瓦努阿图。参见《已同中国签订'一带一路'合作文件的国家一览》,中国亚太经济合作中心,2019年4月30日,http://www.zgyt.org/index.php? c=article&id=8792,访问时间:2019年12月15日。

与上述国家间的合作性质、方式和现状,以评估中国在该地区的影响力水平及其对自身的影响。①

在有关"一带一路"的技术性规范和标准的透明度认知方面,美、澳、新三国均有涉及,具体议题涵盖了投资准入、金融服务和第三方市场合作等方面。美国政策界对"一带一路"推进过程中的机制透明度与经济风险防控问题尤为关注,认为在当前参与"一带一路"合作的国家中,发展中国家占据多数,这些国家普遍存在经济结构脆弱、抗风险能力低下、政府治理能力不足和法律体系不健全等问题,容易引发政治和经济风险。② 因此,在对项目落地国的基本经济状况和债务可持续性的评估过程中,以及投融资渠道和方式的确定上应参考相关领域国际通行的原则和做法,以维护有关各方的利益和国际金融体系的稳定。③ 相比之下,澳、新两国更加关注"一带一路"合作中的投资准入和第三方市场合作规则的透明度问题。④ 对此,澳、新两国均有学者指出,作为一个新兴的国际

---

① Jason Young and Jake Lin, *The Belt and Road Initiative: A New Zealand Appraisal*, Wellington, NZ: New Zealand Contemporary China Research Center, Victoria University of Wellington, 2018, pp. 15 – 18.

② Sam Parker and Gabrielle Chefitz, *Debtbook Diplomacy: China's Strategic Leveraging of Its Newfound Economic Influence and the Consequences for U. S. Foreign Policy*, Harvard Kennedy School, Belfer Center for Science and International Affairs, 2018, pp. 11 – 12.

③ Simeon Djankov and Sean Miner eds., *China's Belt and Road Initiative: Motives, Scope, and Challenges*, Washington, D. C.: Peterson Institute for International Economics, 2016, pp. 11 – 14.

④ Roland Rajah, Alexandre Dayant and Jonathan Pryke, *Ocean of Debt? Belt and Road and Debt Diplomacy in the Pacific*, Lowy Institute, 2019, pp. 22 – 23.

合作机制,"一带一路"未来应当体现出更大的包容性,保证各方平等参与及获益的权利。特别是在南太平洋地区的合作中,应充分发掘创新合作模式和合作理念的潜力,如考虑建立公开透明的第三方市场合作机制,进一步拓展合作空间和范围,实现多方共赢。①

在有关"一带一路"保障性制度的透明度的话语中,三国主要以现有相关国际范例为参考,对"一带一路"涉及管理模式、劳工待遇、施工标准、环境保护和争端解决等方面的机制建设提出了相应的透明度预期,即如何在具体操作层面上体现出一个国际合作机制应有的透明度——如企业在海外的运营和管理应区别于其所在母国的模式,与项目落地国的劳动保障与劳工权益标准对接,保证当地雇员的知情权与参与权;②在具体项目的生产、运输和实际建设环节设立透明公开的监管与核查机制,在项目建成后建立运营

---

① 有关澳大利亚和新西兰两国学界对这一问题的观点,参见 Jason Young and Jake Lin, *The Belt and Road Initiative: A New Zealand Appraisal*, Wellington, NZ: New Zealand Contemporary China Research Center, Victoria University of Wellington, 2018, pp. 26 - 27; Jason Young, "Belt and Road: Australia Cautious, but New Zealand Sees Opportunity," *The Interpreter by the Lowy Institute*, 2017; Jane Golley and James Laurenceson, "Australia and the BRI: Cooperate, Compete or Challenge," *Asia Society Australia*, 2019, https://asiasociety.org/australia/australia-and-bri-cooperate-compete-or-challenge.

② Alice C. Hughes, "Understanding and Minimizing Environmental Impacts of the Belt and Road Initiative," *Conservation Biology*, Vol. 33, No. 4, 2019, pp. 883 - 890.

成本的核算机制并提供后期技术支持;①在项目征地、建设施工、资源开发、废弃物排放与污染治理等方面,确保符合当地的环保标准,②充分了解项目所在国的社会、文化、风俗等因素对实际项目可能带来的影响,同当地社群进行有效充分的信息披露和沟通;③在争端解决方面,提供涉及贸易、投资、知识产权保护、产品的检验和安全标准、税法和反竞争法等领域的争端解决机制与机构,平等保护各方当事人的权益、维护公平公正的营商环境。④

---

① Michael H. Glantz, Robert J. Ross and Gavin G. Daugherty, *One Belt and One Road: China's Long March Toward 2049*, Ottawa: Sumeru Books Inc., 2019, pp. 108 - 110.

② Michael Standaert, "Belt and Road Projects Could Spark Climate Tipping Point: Report," Bloomberg Environment, September 2019, https://news.bloombergenvironment.com/environment-and-energy/belt-and-road-projects-could-spark-climate-tipping-point-report.

③ Jonathan E. Hillman, *CSIS Briefs: China's Belt and Road is Full of Holes*, CSIS, September 2018.

④ 中国已于 2018 年开始着手建立"一带一路"国际商事争端解决机制和机构,参见中共中央办公厅、国务院办公厅印发的《关于建立"一带一路"国际商事争端解决机制和机构的意见》,2018 年 6 月 27 日,中华人民共和国中央人民政府,http://www.gov.cn/xinwen/2018-06/27/content_5301657.htm,访问时间:2019 年 12 月 20 日;有关美、澳、新三国对"一带一路"争端解决机制的研究和观点,参见 Evgeny Raschevsky, "When 'One Belt One Road' Project Disputes Arise, Who Will Resolve Then?" *Thomson Reuters Practical Law Arbitration Blog*, November 2017; Daniel Kliman, "China's Power Play: The Role of Congress in Addressing the Belt and Road," *Asia-Pacific Security Program*, *Center for a New American Security*, June 2019, pp. 5 - 6; Zachary Mollengarden, "'One-Stop' Dispute Reslroution on the Belt and Road: Toward an International Commercial Court with Chinese Characteristics," *UCLA Pacific Basic Law Journal*, Vol. 36, 2019, No. 1, pp. 65 - 66.

## 二、地缘政治、身份认知与利益诉求

在现实的国际政治实践中,地缘政治、身份认知及对自我利益的界定是影响国家行为体决策的三个相互关联的核心因素。通过分析美、澳、新对"一带一路"国际合作中的透明度认知话语发现,尽管三国部分观点存在共性,但受上述三个因素的作用而产生的差异化认知依旧在很大程度上影响了对外政策走向。

### (一) 地缘政治与身份认知

尽管美国各界当前对"一带一路"倡议的认知与评价已从最初的"情绪化"阶段逐渐趋于理性,[1]在特朗普政府对华政策宏观语境的约束下,中美关系中的竞争性因素依旧在很大程度上被突显,对华身份和政策的话语建构呈现出更加鲜明的进攻性和对抗性特质。自2017年年末起,美国政府在接连公布的《国家安全战略报告》《国家防务战略报告》《核态势评估》和国情咨文等重要官方文件中,均以前所未有的严厉措辞将中国定义为"修正主义大国"(revisionist power)、美国的"战略竞争者"(strategic competitor)和"战略对手"(strategic rival)。这反映出美国对中美两国相互身份定位的重大转变、对中国未来战略意图的警惕,以及对美国维护

---

[1] Kevin G. Cai, "The One Belt One Road and the Asian Infrastructure Investment Bank: Beijing's New Strategy of Geoeconomics and Geopolitics," *Journal of Contemporary China*, Vol. 27, No. 114, 2018, pp. 831–840.

自身全球领导地位前景的担忧。

因此,"一带一路"倡议一经提出,便立即被置于美国对华政策的宏观语境下进行解读,特别是在中国对"一带一路"所涵盖的地理范围做出明确界定后,[①]对这一倡议的地缘影响迅速成为美国政策界关注的焦点。作为战后全球政治、经济与安全秩序的领导者,美国对外战略的核心目标始终是维护自身在国际体系中的绝对优势地位。美国在亚太、欧洲、美洲和非洲都具有广泛的利益分布,特别是在亚太地区,其多年来致力于构建的"轴辐式"同盟体系更是被其作为在全球范围内战略资源投送的核心支撑。[②] 中国在短时间内成为亚太地区首屈一指的区域强国,打破了此前美国在

---

[①] 根据2017年5月推进"一带一路"建设工作领导小组办公室发布的《共建"一带一路":理念、实践与中国的贡献》政策文件,中国明确提出了"一带一路"地理意义上的五个重点发展方向。其中,"丝绸之路经济带"包含三个方向:从中国西北、东北经中亚、俄罗斯至欧洲、波罗的海;从中国西北经中亚、西亚至波斯湾和地中海沿岸国家;从中国西南经中南半岛至印度洋。海上丝绸之路的两大方向包括:从中国沿海港口穿过南海,经马六甲海峡至印度洋,延伸到欧洲;从中国沿海港口过南海,向南太平洋延伸。有关"一带一路"地域涵盖问题的具体论述,参见李向阳:《"一带一路"区域主义还是多边主义?》,载《世界经济与政治》2018年第3期,第35—37页。

[②] "轴辐体系"又称"轮毂式体系"(hub-and-spokes alliance system),主要是指美国在亚太地区与盟国之间建立的以美国为轴,以日本、韩国、菲律宾、泰国、澳大利亚和新西兰各个盟国为辐射的发散式国家间关系网络基本结构。第二次世界大战结束以后,这一架构在美国的主导下逐渐成型,成为美国主导下实现亚太地区政治、经济和安全秩序的稳定基础性架构。有关"轴辐体系"的生成、演化、发展与影响,参见 Victor D. Cha, "Powerplay: Origins of the U. S. Alliance System in Asia," *International Security*, Vol. 34, No. 3, 2010, pp. 171 - 176.

亚太地区长期维持的以"权力均势"为基础的"美国体系"。①

自奥巴马政府时期起,美国开始大幅度调整其亚太战略,提出"亚太再平衡"战略,旨在"进一步维护亚太地区现有权力结构稳定,防止区域性大国的出现挑战美国的主导地位";而特朗普政府就任后提出的"印太战略"则将地理范围进一步扩大,将印度洋周边的广阔地区全部涵盖进来,力图在更大范围内推动实现美国主导的权力均势,体现出对这一区域地缘影响力的重视。在中美战略博弈态势越发明显的背景下,美国对中国与亚太国家间开展"一带一路"合作的关注度明显提升,更倾向于对中国在南亚、中亚和东亚三个方向上大规模推进基础设施建设的行动意图展开地缘政治语境下的解读,如对互联互通的认知中刻意突出对中国试图扩张地缘影响力的揣测;将中国同美国在亚太地区传统盟友间的不断提升的合作关系视为削弱美国同盟体系、打破地区权力稳定、对冲"印太战略"对华影响的行为;渲染中国在亚太国家兴建的基础设施在未来被用于军事目的的可能性;将中国同亚太地区众多岛国间的合作视为构建突破美国势力影响的"反包围圈"和"岛链战略"的具体实践。②

相较于美国,地缘政治和身份因素对澳大利亚和新西兰在认知"一带一路"倡议的过程中的影响更加复杂。首先,澳大利亚和

---

① [美]约翰·伊肯伯里主编:《美国无敌:均势的未来》,韩召颖译,北京大学出版社,2005年版,第217页。

② Andrew S. Erickson and Joel Wuthnow, "Barriers, Springboards and Benchmarks: China Conceptualizes the Pacific 'Island Chains'," *The China Quarterly*, Vol. 225, No. 1-6, 2016.

新西兰同属南太平洋地区国家,不同于世界其他大洲,这一地区的地理条件较为特殊,大小岛国分散于广阔的海域内,形成了国家间地理上各自独立,但政治、经济、安全、文化和社会发展等各领域高度相互依存的独特交往模式。作为南太平洋地区经济体量最大、发达程度最高、国际影响力最强的两个国家,澳大利亚和新西兰在很大程度上发挥着这一地区权力枢纽的关键作用。[1] 在与南太平洋其他国家的长期共存与互动中,澳大利亚和新西兰的自我身份认同中的"本土化意识"和"保守地域主义意识"不断增长,并进而衍生出一种使命感和泛化的身份概念[2],将大洋洲乃至南太平洋地区建构为一个整体的"自我"(self)身份,在很多场合仅强调一种超国家层面上的集体身份标签,以同域外国家的"他者"(other)身份相区别——这也是澳、新两国长期视南太岛国为"后院"说法的缘起。遍布于南太平洋地区的岛国发展水平普遍有限,经济与社会发展在很大程度上都依赖于澳、新两国的长期援助。[3] 历史上,两国与南太诸岛国的身份定位始终是不对等的。作为英联邦的两大成员,澳、新两国对南太岛国的控制自殖民主义时期就已经

---

[1] Pan Chengxin, Matthew Clarke and Sophie Loy-Wilson, "Local Agency and Complex Power Shifts in the Era of Belt and Road: Perceptions of Chinese Aid in the South Pacific," *Journal of Contemporary China*, Vol. 28, No. 117, 2019, pp. 387–390.

[2] Matthew Castle, "Embedding Regional Actors in Social and Historical Context: Australia Integration and Asian-Pacific Regionalism," *Review of International Studies*, Vol. 44, No. 1, 2018, pp. 151–173.

[3] Stephanie Lawson, "Australia, New Zealand and the Pacific Island Forum: a Critical Review," *Commonwealth & Comparative Politics*, Vol. 55, No. 2, 2017, pp. 214–235.

开始。① 第一次世界大战结束后,多数南太岛国都成了澳大利亚的托管地,并在二战中因澳大利亚加入反法西斯阵营对日宣战而成为太平洋战争的战场。二战结束后,随着美国成为全球体系的主导,南太地区被其纳入势力范围。但由于地理区隔较远,美国选择由澳、新两个盟国代为施加对这一地区的实际影响,这一权力实践模式被延续至今。② 南太地区多数岛国直至 20 世纪 60 末至 70 年代中期才陆续在席卷全球的反殖民化运动中实现独立,但西方国家,特别是澳、新两国的直接影响始终占据主导。

进入 21 世纪以来,随着经济实力的不断增长和对外合作规模、领域和范围的不断扩大,中国与南太平洋岛国间的经济合作逐渐为西方国家所关注。2014 年,习近平主席在访问澳大利亚、新西兰和斐济三国期间,同包括巴布亚新几内亚总理、斐济总理和汤加首相等 8 位与中国建交的南太岛国领导人举行集体会晤,一致同意建立"相互尊重、共同发展的战略伙伴关系",全面提升了中国与南太岛国间的整体关系水平。③ 在这一背景下,斐济、瓦努阿图和萨摩亚群岛先后加入中方牵头建立的亚洲基础设施投资银行,与中方建交的 8 个南太岛国全部签署了"一带一路"国际合作框架协议。中国在南太地区的经济活动在一定程度上引发了澳、新两

---

① Stuart Macintyre, *A Concise History of Australia (Fourth Edition)*, Melbourne: Cambridge University Press, 2018, pp. 56 - 89.

② Tim Bryar and Anna Naupa, "The Shifting Tides of Pacific Regionalism," *The Round Table*, Vol. 106, No. 2, 2017, pp. 155 - 164.

③ 韩锋:《中国与太平洋岛国建立战略伙伴关系的重要性及意义》,载《太平洋学报》2015 年第 1 期,第 3 页。

国的担忧。长期以来,澳大利亚和新西兰都是南太平洋岛国的主要援助提供国。在两国看来,经济援助和投资始终是维持其在南太地区地缘影响力的关键手段,而"一带一路"倡议的推进将逐渐削弱两国在整个地区的政策吸引力和地缘影响力。① 事实上,澳、新两国的经济援助和投资已经无法满足南太地区多国日益增长的发展需求。部分南太国家对澳、新两国的援助模式提出质疑,认为其附加条件过于苛刻,对南太国家的主权和对外政策产生了消极影响。相比之下,中国在该地区推进的对外援助和经济合作模式灵活性更强,在很多方面优于澳、新两国;"一带一路"倡议中并无强制性约束,保证了受援国在项目运作过程中的自主权,更有利于其实现可持续发展,为南太岛国提供了一种全新的选择。

其次,澳、新两国在对中国崛起、中国的国际身份和影响力持续上升的现实认知上所发生的微妙变化和差异影响了两国对"一带一路"倡议的态度。澳大利亚对中国在其本土影响力增长的警惕久已有之。据统计,截至 2018 年底,中国移民已成为澳大利亚第二大外来人口群体,仅次于英国,占澳人口总数的 2.4%。② 同其他国家和族群移民相比,中国移民受中国文化传统的影响程度更深,具有更强的自我身份认同,总体上更难融入澳大利亚主流社群。正因如此,澳大利亚长期以来视在澳华人群体为中国在澳拓

---

① John Gibson and Li Chao, "The 'Belt and Road Initiative' and Comparative Regional Productivity in China," *Asia & the Pacific Policy Studies*, Vol. 5, No. 2, 2018, pp. 168 - 170.

② 澳大利亚华人总工会编:《澳大利亚华人社区发展报告 2018》,黑龙江人民出版社,2018 年版,第 230—247 页。

展其影响力的"潜在资源和工具"。① 而近年来中国对澳投资规模和增速、中国在南太平洋地区经济活动活跃度的整体提升都进一步加剧了澳大利亚对中国地缘影响力的担忧。另一方面,尽管同为美国盟友,澳大利亚与美国在对外政策领域各领域的协同程度明显高于新西兰,因而也更易受到美国的影响。随着新一轮"中国威胁论"在美国的兴起,澳大利亚国内舆论迅速响应,并将其置于本土语境下进行拓展。相比之下,作为地理上偏离南太平洋中心板块的国家,新西兰在安全领域方面并未体现出对美国防御体系的过度依赖,且整体对外政策的独立性和自主性程度更高。这种政策偏好客观上赋予了新西兰更大的外交灵活性,使其能长期在中美两个大国间实现适度的政策平衡。②

最后,大国间关系及其在南太平洋地区的博弈也持续影响着澳、新两国的地缘观念,进而影响了其对"一带一路"倡议的认知。作为美国在南太平洋地区的两大盟友,澳、新两国是美国实现其在该地区实际影响力辐射的核心力量。在意识形态、价值观和社会文化等领域,美、澳、新三国具备较大共性,奠定了三边对外政策协调的客观基础。在中美战略博弈态势日渐明显的当下,美国对中国未来战略走向的认知对澳、新两国均造成了不同程度的影响。

---

① Len Ang, "Engaging Australia's Chinese Diaspora," *East Asia Forum Quarterly*, Vol. 9, No. 4, 2017, pp. 38 - 39.

② 这一观点是新西兰前驻华大使、现任惠灵顿维多利亚大学当代中国研究中心主任托尼·布朗尼(Tony Browne)于2019年11月15日在与中国社会科学院亚太与全球战略研究院调研团成员座谈时所发表,谈话记录由笔者自行整理。

但与此同时,随着中国作为区域乃至全球性新兴大国的迅速崛起和中澳、中新经贸关系的逐渐升温,中国在两国对外战略中的地位不断提升,已成为两国重要的战略合作伙伴。自2008年全球经济危机以来,中国的国际经济影响力持续稳定增长,已成为全球经济复苏的重要引擎。作为商品出口导向型国家,澳、新两国的经济增长在未来仍将持续受益于中国的快速发展。在"一带一路"倡议和"印太战略"的双重叠加影响下,如何寻求与中美两国长期、健康和稳定的相处之道,全面平衡两国影响力在南太平洋地区的"叠加效应",是澳、新两国都不得不面对的现实问题。①

### (二) 利益诉求差异

话语制度主义认为,特定话语的提出反映了行为体对问题的认知,同时也是其在特定语境下对自我身份和利益界定的根本手段。② 话语反映观念,观念塑造身份,身份决定利益,利益指导实践。③ 因此,利益诉求的差异也是导致美、澳、新三国对"一带一路"倡议整体认知,以及透明度认知中呈现出侧重点明显不同的关键因素。

对美国而言,中国的崛起是"20世纪毫无疑问最具影响力的

---

① Brendan Taylor, *Australia as an Asia-Pacific Regional Power: Friendship in Flux?* New York: Routledge, 2007, pp. 23 – 35.

② Senem Aydin-Duzgit, "European Security and the Accession of Turkey: Identity and Foreign Policy in the European Commission," *Cooperation and Conflict*, Vol. 48, No. 4, 2014, pp. 522 – 541.

③ Henrik Larsen, "Discourse of State Identity and Post-Lisbon National Foreign Policy: The Case of Denmark," *Cooperation and Conflict*, Vol. 49, No. 3, 2014, pp. 368 – 385.

全球政治事件"。① 在中美之间的长期互动中,美国对中国的身份建构从未超越一种基于"他者化"的认知,两国由于意识形态和价值观念的巨大差异所形成的客观上的疏离感始终难以弥合。冷战结束后,苏联的解体和中美关系的缓和在一定程度上降低了美国对中国在意识形态层面的敌视,但"冷战思维"的存续令美国依旧对中国的政治体制和发展道路心存芥蒂。随着中美之间实力差距的迅速缩小,美国对中国的战略警惕也相应上升,且逐渐由单纯的物质实力层面转向观念层面。

长期以来,美国将对外推广其发展模式作为软实力战略的重要组成部分,认为只有争取吸引世界上越来越多的发展中国家,特别是转轨国家认同并借鉴美国的国家发展和治理模式,才能进一步增强其价值观的吸引力,为长期主导国际秩序、称霸国际体系提供软实力支撑。② 美国在战后长期维持其霸权地位的稳定,不仅依赖于其超强的物质实力,也离不开与之相辅相成的话语体系和话语战略的实施——这其中包括了美国自主建构的对其自身历史的叙事、对普世价值的阐释、对国际体系的基本认知,以及对其在国际体系中的角色定位和合法性论证。其中,以"华盛顿共识"为核心的制度话语是美国霸权护持合法性的重要依据,更是其争取

---

① Evan Braden Montgomery, "Contested Primacy in the Western Pacific: China's Rise and the Future of U. S. Power Projection," *International Security*, Vol. 38, No. 4, 2014, pp. 115-149.

② Sarah Babb, "The Washington Consensus as Transnational Policy Paradigm: Its Origins, Trajectory and Likely Successor," *Review of International Political Economy*, Vol. 20, No. 2, 2013, pp. 268-297.

国际社会对"美国治下的和平"接受、认同和遵循的基础。① 随着经济实力的快速攀升,中国的综合国力显著增强,并于2010年正式取代日本成为世界第二大经济体,国际地位和国际影响力均达到了前所未有的高度。对于广大发展中国家来说,中国在短短几十年的时间里迅速从一个积贫积弱的东方人口大国成长为一个全球性大国的经验,为之提供了在全球化时代实现自身发展的范本,且相较于西方国家多年来持续倡导的发展模式,中国以自身发展中国家的经历证明了"非西方"模式的可行性,因而更具参考意义和借鉴价值。在美国看来,这种趋向正逐渐销蚀其引以为傲的"华盛顿共识"的吸引力,是"北京共识"对其价值观发起的根本性挑战。② 因此,中国正逐渐被美国视为其软实力的竞争对象和国家利益的挑战者,对"一带一路"倡议的认知与评价成了美国维护其全球战略利益而实施话语制衡的重要平台。

客观来说,美国自战后确立了自身在国际事务各领域的主导地位,在参与制定、实践和维护联合国、世界银行、国际货币基金组织等国际组织制度和规范方面积累了丰富的经验,"美国标准"在很多领域几乎等同于国际通行规范——这种优势确实是中国作为一个新兴大国所不具备的。因此,作为在国际规范与制度传播领域对抗中国影响的重要战略步骤,美国一方面试图不断放大"一带

---

① John Kasich, "Reclaiming Global Leadership: The Right Way to Put America First," *Foreign Affairs*, Vol. 97, No. 4, 2018, p. 102.

② Thomas Ambrosio, "The Rise of the 'China Model' and 'Beijing Consensus': Evidence of Authoritarian Diffusion?" *Contemporary Politics*, Vol. 18, No. 4, 2012, pp. 381-399.

一路"倡议作为新型合作机制可能存在的潜在制度弱势,一方面突出"透明度"在确保制度运行和各方利益公平分配等方面的重要性、强化甚至夸大中美在国际制度领域透明度实践中的表现差异及其影响,以达到系统性解构其合法性基础的目的,以进一步巩固美国主导的国际规范的权威性。

此外,作为全球投资大国,美国在对外政策中涉及双边和多边投资的协议中历来有重视透明度问题的传统。如在美国作为缔约方的自由贸易协定和双边投资协定(BIT)中所确立的金融服务条款、投资与环境条款、投资与劳工条款以及争端解决条款中,透明度问题均有涉及,且标准不断提高。① 近年来,美国也开始逐渐认识到发展中国家不断上升的基础设施需求所带来的巨大投资潜力,并出台了一系列跨区域经济计划,如提出"新丝绸之路计划"(New Silk Road Initiative)旨在通过重建和新建各类基础设施,打造一个连接中亚和南亚地区的经济圈,实现"资源南下"和"商品北上"的战略目标。② 在特朗普政府上任后推出的"印太战略"中,"基于开放投资、透明协议和连通性的自由、公平和互惠贸易"以及"大力提升印度—太平洋地区国家的基础设施连通水平"被明确写

---

① 马乐:《国际投资协定透明度要求变化及其启示——以美国实践为考察对象》,载《国际商务研究》2015 年第 1 期,第 66 页。
② 《美国:新丝绸之路计划》,中国一带一路网,2016 年 9 月 29 日,https://www.yidaiyilu.gov.cn/zchj/gjjj/1054.htm,访问时间:2019 年 12 月 25 日。

入《印太报告》，作为美国印太战略的核心愿景。① 由此可以看出，在基础设施对外投资领域，美国主观上将"一带一路"倡议视为竞争对手，因而更希望通过突显其合作模式的机制化程度，特别是合作规范的透明度和标准化程度以获得更大的竞争优势。

澳、新两国在"一带一路"国际合作中的现实利益与美国具有明显差异，主要是在强烈的本土化意识影响下试图维护其决策地位和自主性的要求，以及实现利益最大化的目标。因此，在透明度问题上，澳、新两国诉求的总体出发点是如何通过制度化水平的提升使自身在这一地区的根本利益得到保证。② 目前，澳大利亚商界和地方政府对参与"一带一路"合作普遍抱有浓厚兴趣，在全国五个州和领地政府中，新南威尔士、维多利亚、西澳大利亚和昆士兰均明确表态希望参与"一带一路"建设，并敦促联邦政府尽快考虑正式签署合作协议。而联邦政府对"一带一路"倡议总体上持"折衷"（neutral）态度，即暂不考虑在国家层面签署全面合作协议，但支持澳大利亚企业和地方政府采取"一事一议"（case-by-case）的方式参与"一带一路"建设的具体项目。③ 对此，澳大利亚

---

① The Department of Defense, *The Department of Defense Indo-Pacific Strategy Report: Preparedness, Partnerships, and Promoting a Networked Region*, June 1, 2019, https://media.defense.gov/2019/Jul/01/2002152311/-1/-1/1/DEPARTMENT-OF-DEFENSE-INDO-PACIFIC-STRATEGY-REPORT-2019.PDF

② Elena Collinson, "Australian Perspectives on the Belt and Road Initiative," *Facts by Australia-China Relations Institute*, UTS, 2019, p.1.

③ Elena Collinson, "Australia and the Belt and Road Initiative: An Overview," *Facts by Australia-China Relations Institute*, UTS, 2017, pp.5-7.

总理斯科特·莫里森(Scott Morrison)在2018年10月接受采访时明确表示:"澳大利亚期待与中国在符合国际标准的管理水平和透明度基础上,加强在区域投资和基础设施发展方面的合作。"①在2019年第二届"一带一路"国际合作高峰论坛期间,澳大利亚外交贸易部常务副部长、前驻华大使孙芳安(Frances Adamson)再次强调了这一立场,"澳大利亚已准备好更加深度参与'一带一路'合作……但合作应符合国际通行的管理标准和透明度,且能够保证债务的可持续性"。②

新西兰官方对参与"一带一路"倡议的态度总体上较为明朗。在前任新西兰国家党执政期间积极对华政策的驱动下,双边经贸合作水平不断提升。目前,中国已经成为新西兰第一大贸易伙伴和第二大外资来源国,双方于2018年正式签署关于加强"一带一路"倡议合作安排的备忘录,新西兰由此成为首个同中国签署相关协议的西方国家。尽管面对"中国威胁论"和"中国渗透论"近年来在澳大利亚国内不断升温的情况,新西兰国内舆论也开始出现对"一带一路"倡议的质疑声音,但至今未形成主流。但总体来看,新西兰对域外国家在南太平洋地区的经济活动始终持保留态度,曾对日本和英国等国近年来不断增加对南太岛国的援助规模提出质

---

① Li Xin and Ke Dawei, "Exclusive: Australia's Prime Minister says China not targeted by investment restrictions," *Caixin*, October 9, 2018, https://www.caixinglobal.com/2018-10-09/exclusive-australias-prime-minister-says-china-not-targeted-by-investment-restrictions-101333112.html.

② Frances Adamson, "Remarks at Australia-China Reception, Ambassador's Residence," Beijing, April 25, 2019, https://china.embassy.gov.au/bjing/Speech190425.html.

疑,认为域外国家并不了解南太平洋地区的实际情况,特别是南太不同岛国差异化的发展需求,因此"域外大国实施援助的出发点并不总是为南太平洋地区的国家考虑","域外国家的援助机制缺乏应有的透明度,过度介入只能对这一地区的稳定与繁荣产生负面影响"。① 但与此同时,新西兰也逐渐意识到,受自身经济规模限制,新西兰的援助已无法满足南太地区迅速增长的基础设施投资需求。据统计,2018 年新西兰对外援助和投资占 GDP 的比重仅为 0.21%,约合 4.3 亿美元。② 而 2030 年前,南太平洋地区的总体投资需求预计将超过 31 亿美元。面对如此巨大的资金缺口,一味排斥域外国家参与南太地区投资反而会招致南太岛国的反感,更无助于维护其在南太地区的影响力和声誉。此外,作为农业大国,新西兰在基础设施建设方面的经验并不丰富且产能有限,自身同样有较高的建设需求。面对这一现实,新西兰不得不考虑引入域外国家共同参与这一地区的投资建设,但希望能够在高度机制化的框架下开展合作以确保自身利益最大化。

## 三、"一带一路"机制化建设中的透明度实践:现状与应对

美、澳、新三国对"一带一路"倡议的透明度认知反映出当前西

---

① "New Zealand may exit China's Belt-Road scheme," *SBS News*, February 2018, https://www.sbs.com.au/news/nz-may-exit-china-s-belt-road-scheme.
② 新西兰 2018 年的国民生产总值(GDP)约为 2 049.24 亿美元。数据来源:世界银行国别数据(新西兰),2019 年 1 月,https://data.worldbank.org/country/new-zealand,访问时间:2019 年 12 月 26 日。

方国家对这一倡议制度化水平的关注。基于此,本文提出从话语制度、机制对接与融合和多边合作三个方面提升"一带一路"合作制度化水平的现实路径。

(一) 话语制度建设

自"一带一路"倡议正式提出以来,中国利用各种双边和多边国际场合,并通过多元化的媒体平台展开了内容丰富、形式多样的对外宣传,以中国的视角和话语主动阐释了"一带一路"倡议的背景、内涵、目标和意义,为加强国际舆论引导、促进国际社会深入了解"一带一路"发挥了关键作用。[1] 然而,面对对外宣传压力不断加大的客观现实,未来"一带一路"的对外宣传应着重从建设话语体系、提升话语质量和畅通传播渠道入手,着力构建良好的外部话语环境,为"一带一路"合作的稳妥推进提供重要的软实力支撑。

话语制度主义指出,话语本身即是制度的重要组成部分,而非仅仅是承载制度内容和含义的工具。在制度形成过程中,话语并非客观存在,而是通过施动者的言语行为发挥主体性建构功能。[2] 机制建设本质上就是一种话语建构,包括话语体系、话语质量和话语渠道三个核心方面。首先,话语体系建设是对外宣传的核心。国内学界对"话语体系"概念界定较为泛化,不利于话语体系建设的实践。简言之,所谓话语体系,就是针对特定问题的解释而设计

---

[1] 张昆:《传播先行,实现民心相通——服务丝绸之路经济带建设的国家传播战略》,载《人民论坛·学术前沿》2015年5月,第62—64页。
[2] [美]维维恩·A·施密特:《认真对待观念与话语:话语制度主义如何解释变迁》,载《天津社会科学》2016年第1期,第70—72页。

的一套话语操作规程(discourse operating instructions),①引导话语实践主体在面对涉及这一问题时成为一个合格的"讲故事的人"(story-teller)——通过塑造语境、建构观念和客观现实间的叙事、界定自我和受众间的身份关系和利益等步骤,形成一个逻辑自洽的闭合话语空间,即一个完整的故事。② 未来中国在有关"一带一路"的对外宣传中,应着力构建"一带一路"的话语体系。特别是在语境建构方面,应基于中国自身的历史发展脉络阐释"一带一路"倡议的根本内涵,从而避免落入西方话语基于普世价值和意识形态对立语境下的解读。事实上,当前西方对"一带一路"倡议整体意图的偏见认知话语正是由这种"移花接木"式的叙事结构导致,当中国话语被错置于西方的语境中进行阐释,中国传统文化所具有的深刻内涵和独特的东方哲学思辨都在很大程度上被压制和摒弃,取而代之的是基于西方传统权力观念下对中国战略走向的进攻性和威胁性解读。

其次,话语质量是决定对外宣传效果的关键因素,包括对外传播话语的精准度、倾向性、适切性和规范性等。当前"一带一路"倡议在部分国家和地区的对外宣传话语存在着口号化、形式化和指向性不明等问题,缺乏对受众群体认知背景和文化语境的基本考量,宣传话语"水土不服"现象较为突出,不但难以实现有效沟通,

---

① [美]维维恩·A·施密特著,马雪松、田玉麒译:《话语制度主义:观念与话语的解释力》,载《国外理论动态》2015年第7期,第13—14页。

② Francisco Panizza and Romina Miorelli, "Taking Discourse Seriously: Discursive Institutionalism and Post-structuralist Discourse Theory," *Political Studies*, Vol. 61, No. 2, 2013, pp. 301-318.

反而会造成受众对中国话语乃至中国形象的刻板印象。因此,未来"一带一路"对外宣传应注重话语质量的提升,在充分考虑宣传对象国历史、宗教、语言和风俗等人文因素的基础上,制定差异化的宣传策略和内容;强化"一带一路"倡议的经济合作属性、突出互利共赢的内涵;建立官方的话语发布和交流机制,及时回应有关国家的关切,同时应最大限度坚持话语的客观性和逻辑性;对负面话语的驳斥做到以事实为依据,但同时应注意适度规避涉及争议问题的具体争论,以免陷入西方舆论的"话语陷阱"。

最后,话语渠道畅通是实现对外传播的基础。以南太地区为例,造成部分岛国对"一带一路"倡议认知模糊的主要原因是中国对外宣传的整体缺位。南太地区长期受西方舆论影响,加之部分岛国仍旧同中国台湾地区保持着"官方联系",未同中国建交,因此其对"一带一路"的有限了解基本依赖于西方舆论具有主观偏见的话语渠道。[①] 未来中国应加大对这一地区的对外宣传力度,整合集中中方派驻机构、中资企业和当地华侨华人的话语资源,以实现权威、及时和准确的信息投送。

(二) 机制对接与融合

"一带一路"倡议涉及国家和地区广泛,涵盖领域多元,不同国家间的经济社会发展水平差异巨大,且政治制度、文化宗教和历史传统多元。通过与现有国际机制的有效对接,可以大大缩短"一带

---

[①] 这一观点是斐济南太平洋大学政府发展与国际事务学院院长桑德拉·塔特(Sandra Tarte)教授于2019年11月19日在与中国社会科学院亚太与全球战略研究院调研团成员座谈时所发表,谈话记录由笔者自行整理。

一路"机制化的周期,并能够降低因新机制不成熟而引发的风险。但首先应明确的是,"一带一路"国际合作的基本性质和现阶段的战略目标是影响其机制化水平的重要因素。与现有区域经济合作相比,"一带一路"最突出的特征在于合作机制的多元化,即不寻求构建一个统一的机制化安排。因此,推进"一带一路"的机制化建设应以现实需求为基础,并充分尊重机制发展的客观规律,不应盲目对接。事实上,"一带一路"建设当前阶段的基本目标是通过大规模基础设施建设实现物理意义上的互联互通,为未来深度合作奠定物质基础,因此并非以机制化为前提。但这并不意味着"一带一路"的机制化水平较低应当成为一种常态。无论是从自身发展利益,还是为应对区域内大国的经济一体化倡议出发,"一带一路"未来都需要推动机制化建设。[1]

在机制对接和融合过程中,应以现有制度为依托,包括我国现有的法律资源、我国主导或参与的双边和多边经济合作机制,如中国同沿线国家和地区签订的自贸协定等,以及"一带一路"的保障性机制,如亚洲基础设施投资银行、金砖国家新开发银行、丝路基金和上海合作组织银行联合体等。在充分考虑"一带一路"沿线不同国家的现实诉求差异,以及司法、立法、有关法律法规和标准的基础上,参考国际通行的相关标准和规则,如 WTO 法律框架、联合国贸易和发展会议(UNCTAD)、自由贸易协定(FTA)和双边投资协定(BIT),对现有机制进行改革完善,但应遵循机制对接的

---

[1] 李向阳:《"一带一路"机制化建设与大国新区域合作倡议》,载《财经问题研究》2018 年第 10 期,第 7 页。

适切性和兼容性原则,不全盘照搬现有规则。由于"一带一路"沿线存在多种形式的区域经济合作组织,还应考虑同这些机制进行对接,实现机制间的相互促进、优势互补,如东盟经济共同体(AEC)、欧亚经济共同体(EEC)、海湾合作委员会(GCC)、南盟自贸区(SAFTA)和欧盟等。①

鉴于部分沿线国家已经规划了符合自身国情和需要的发展战略,也应在符合共同利益的前提下考虑与之将"一带一路"合作框架对接,如越南的"两廊一圈"发展战略、韩国的"欧亚倡议"、柬埔寨的"四角"战略、蒙古的"草原之路"、哈萨克斯坦的"光明之路"、俄罗斯的跨欧亚大通道建设和"环孟加拉湾多领域经济技术合作倡议"等。这一过程有助于满足不同国家对合作机制的不同需求,为具体项目的实施提供符合本土化运作模式的制度保障。但由于"一带一路"沿线国家中发展中国家占比较高,多数国家缺乏利于制度运作的良好环境,在机制对接中需坚持高标准和适度对接原则、注意维护"一带一路"合作框架的主体地位和正确的义利观,从具体项目的对接入手,逐渐过渡到机制的全面对接。

### (三) 多边合作

一直以来,多边主义都被认为是当今国际合作的发展趋势。多边合作有效地提高了国际交往中的可预测性和透明度,因而备受推崇。总体上,多边合作有助于提升区域一体化程度,推动国家间交往模式的机制化和利益融合度,对区域稳定与发展具有积极

---

① 李向阳:《构建"一带一路"需要优先处理的关系》,载《国际经济评论》2015年第1期,第62—63页。

意义。① 对于正处于不断推进中的"一带一路"国际合作来说,践行多边主义具有重要的战略意义:从形式上看,"一带一路"合作的具体实施集中在双边层面,但从内容上看,是一个众多国家广泛参与的网络化平台。多边合作有助于不同国家在"一带一路"框架下发挥各自优势,实现优势互补、互利共赢。制度主义认为,国际制度的形成与发展依赖于以国家为核心的行为体参与制度实践而形成的制度环境,且相较于双边互动,多方参与的制度互动具有行为体差异化程度高、实践案例和制度场景丰富等优势,更具普遍性和可操作性,因而更易于演化为国际制度。② 由此看来,多边合作对于"一带一路"机制化建设的助益明显。目前,中国正在积极探索以第三方市场合作为核心的"一带一路"多边合作新模式。2019年4月,习近平主席在第二届"一带一路"国际合作高峰论坛开幕式主旨演讲中表示,要秉持共商共建共享原则,倡导多边主义,推动各方各施所长、各尽所能,通过双边合作、三方合作、多边合作等形式,把各国优势和潜能充分发挥出来。③

第三方市场合作是中国开创的国际合作的全新模式,主要是

---

① Victor D. Cha, "Powerplay: Origins of the U. S. Alliance System in Asia," *International Security*, Vol. 34, No. 3, 2010, pp. 171–176.

② Ernst B Haas, "Is There a Hole in the Whole? Knowledge, Technology, Interdependence, and the Construction of International Regimes," *International Organization*, Vol. 29, No. 3, 1975, pp. 827–876.

③ 习近平:《齐心开创"一带一路"美好未来——在第二届"一带一路"国际合作高峰论坛开幕式上的主旨演讲》,2019年4月26日,新华网,http://www.xinhuanet.com/2019-04/26/c_1124420187.htm,访问时间:2020年1月1日。

指中国企业与有关国家企业共同在第三方市场开展经济合作。在"一带一路"具体项目合作中,中国同发达国家合作开发发展中国家市场,将中国的优势产能、发达国家的先进技术与和广大发展中国家的发展需求有效对接,协同发挥个体差异化优势,避免恶性竞争,实现互利多赢。① 在制度建设方面,第三方市场合作也有助于提升"一带一路"的总体机制化水平。通过引导发达国家加入"一带一路"共建,使其实际参与项目的实际运作,一方面可以吸收其先进的管理和制度经验,帮助实现"一带一路"项目的高水平推进,另一方面也可以消减其对"一带一路"项目透明度的疑虑,从根本上降低国际社会的负面认知对"一带一路"的国际声誉的影响。中国未来在"一带一路"框架下推进多边合作的过程中,应始终坚持平等协商、资源共享的原则,充分尊重项目落地国的现实国情、发展需要以及经济发展战略目标;在机制建设和规则确立的过程中,秉承透明、公正和公开的原则,围绕"一带一路"合作框架展开布局,理性客观地评估并吸收参与共建的西方国家在机制建设方面的意见。西方发达国家是中国开展第三方合作的主要对象,但面对中国同西方国家在政治安全领域的互信程度普遍较低的现状,在未来的第三方合作中,应尽力避免出现经贸问题政治化倾向,避免主观认知影响多边经济合作的大局。

截至 2019 年 6 月,中国已同法国、意大利等 14 个国家建立了第三方市场合作机制,部分项目已经落地。在南太平洋地区,新西

---

① 郑东超:《中国开展第三方市场合作的意义、实践及前景》,载《当代世界》2019 年第 11 期,第 76 页。

兰率先同中国展开第三方市场合作,中新两国共同援建库克群岛输水管道翻新工程(The Tripartitie Rarotonga Water Project)已经启动。根据目前公布的项目进展情况看,中新库三国在合作机制创新方面形成了较高程度共识,通过确立包括组织架构、项目融资、技术支持、劳工标准和环境保护等方面的详细条款以提高合作机制的透明度水平,①但三国同时认为,仍有必要在充分参考国际标准的基础上,结合库克群岛的现实条件与需求对部分条款进一步细化,明确权责分工、风险防范、争端解决以及项目权属等问题的具体解决方案。② 这一项目有望为中国未来在更多地区开展"一带一路"框架下的第三方市场合作提供重要的机制建设经验。

## 四、结　语

对于新确立的国际规范或合作机制来说,制度设计缺陷几乎不可避免,解决这一问题的有效途径是积极借鉴并主动对接已获得广泛认可、成熟度较高的国际机制,在参与制度实践中广泛吸纳

---

① Mark Brown, "Te Mato Vai Cook Islands-China and NZ Delivering Water to Rarotonga," China Research Center, Victoria University of Wellington, 2015, pp. 2 – 12.
② Jackie Frizelle, "The Tripartite Cook Island/China/New Zealand Project in the Cook Islands-A New Zealand Perspective," Aid Program, *New Zealand Ministry of Foreign Affairs & Trade*, September 2017, https://www. wgtn. ac. nz/chinaresearchcentre/programmes-and-projects/china-symposiums/china-and-the-pacific-the-view-from-oceania/27 - Pete-Zwart-The-Tripartite-China,-NZ,-Cook-Islands-A-NZ-Perspective. pdf,访问时间:2019 年 12 月 27 日。

各方成功的经验做法,不断完善自身的制度设计与效用体系建设,以推动同现有国际规范间更快更好的融合。"一带一路"作为一个全新的国际合作机制,需要不断完善制度架构以确保合作的顺利开展,而透明原则是制度设计中不可或缺的基本准则之一。

本文以"一带一路"建设在南太平洋地区的实践为背景,选择美国、澳大利亚和新西兰作为探究西方国家对"一带一路"倡议中透明度认知的代表性国家。美国在"一带一路"建设推进过程中的角色和影响不容忽视。尽管美国并非"一带一路"的沿线国家,但由于美国在全球各领域的影响力和中美关系本身的复杂性,在探讨国际社会对"一带一路"认知的过程中必须考虑美国的角色,顾及美国的利益和反应。作为南太平洋地区最重要的两大经济体和核心域内国家,澳大利亚和新西兰是"一带一路"南太支线的重要节点。南太平洋地区是"海上丝绸之路"南向延伸的重要区域,是目前"一带一路"合作参与度最高、项目推进最快和投资最活跃的区域之一。这一地区的地理条件和国家分布具有独特性,是域内域外大国影响力交织和博弈的重要平台,与该地区各国的合作经验对"一带一路"国际合作具有重要的示范意义,对其整体布局和机制化建设具有重要参考价值。

# 全球经贸大变局研究

# 全球贸易秩序变迁中的"特朗普现象"：
# 一种新葛兰西主义的视角[*]

孙志强　王昭晖[**]

**内容摘要**　2016年以来，欧美发达国家相继爆发民粹主义和反全球化浪潮，其中尤其以"特朗普现象"为典型代表。本文通过新葛兰西主义的理论视角，基于"社会生产关系—国家形态—世界秩序"的分析框架，对"特朗普现象"的成因加以研究。"特朗普现象"源于经济全球化负面效应导致的美国国内社会生产关系失衡和两党政治严重极化，建制派精英对全球化问题的无力回应使得中下层选民倒向持民粹主义立场的特朗普。此外，"特朗普现象"促使全球多边贸易体系遇冷，一个以美国为中心的"轴辐式贸易体

---

[*]　本文系厦门大学"中央高校基本科研业务费项目"（项目编号：20820181018）、福建省社科基金青年项目（FJ2018C025）研究成果。

[**]　孙志强，复旦大学国际关系与公共事务学院硕士研究生；王昭晖，厦门大学国际关系学院助理教授。

系"日渐成型,这一变动增加了全球贸易体系运行的不确定性。

**关键词** "特朗普现象" 美国贸易政策 全球贸易秩序 新葛兰西主义

## 一、引言:"特朗普现象"与变动中的全球贸易秩序

2016年以来欧美发达国家相继爆发的民粹主义浪潮,已经成为国际政治研究中的重要议题,其中尤以特朗普当选美国总统而备受关注。特朗普凭借反建制、反全球化乃至排外主义的政治主张获得较高支持率,击败民主党候选人希拉里,问鼎总统宝座。特朗普在饱受建制派精英围攻的情况下逆势当选总统,并激起了美国社会强烈地反对全球化进程的"本土主义"倾向,透射出民众对于全球化背景之下美国政治、经济、社会等方面的多重不满,这一现象被学者归纳为"特朗普现象"。[①]

特朗普在竞选阶段就展现反建制、反主流色彩,具体表现为:在贸易问题上,特朗普倡导"美国优先"(America First),主张退出跨太平洋伙伴关系协定(下文简称 TPP)、终止制造业外流、对已签署的"不利于美国"的贸易协定加以修订;在移民问题上,提议兴修美墨边境墙以阻挡墨西哥非法移民进入美国,并由墨西哥承担相关费用;在军事安全问题上,批评美国的盟友为"搭便车者",质疑北约的价值,并表示将重新考虑美国在同盟体系中承担的安全

---

[①] 刁大明:《"特朗普现象"探析》,载《现代国际关系》2016年第4期,第31页。

责任;等等。特朗普的主张立即在美国国内引起轩然大波,甚至遭到共和党内部众多资深党员的强烈反对。然而,建制派精英的批评并未对特朗普的竞选纲领产生实际影响,现实是特朗普履职后的确在很大程度上兑现了竞选承诺,尤其表现在特朗普对美国贸易政策的调整之上:特朗普就任伊始即宣布正式退出跨太平洋伙伴关系协定;以高额关税为威胁迫使加拿大、墨西哥对北美自由贸易协定重新协商;对产自中国的光伏产品、铝铁产品发起贸易调查,对此类产品连续多轮征加高额惩罚性关税并引发中国反制措施,开启"中美贸易战";指责世界贸易组织,阻塞其正常运转,要求对其进行改革,甚至一度威胁退出世界贸易组织。国际体系内重要"领导国"的国内政治经济秩序变动往往是国际政治经济秩序的变动推力,[①]美国作为当前国际体系内唯一的超级大国,其贸易政策对全球贸易体系的正常运转产生重要影响,显而易见,"特朗普现象"已不仅仅是美国的内政问题,其外溢效应已经对国际格局与地区秩序产生了显著的冲击。

那么,到底是什么因素导致了"特朗普现象"?特朗普政府的贸易政策又将如何影响全球贸易体系的运转?随着特朗普政府"美国优先"政策付诸实施,学者对于"特朗普现象"的研究也日渐丰富和完善。

概而言之,既有研究对"特朗普现象"成因的分析主要集中在三

---

① 黄琪轩:《国际秩序始于国内——领导国的国内经济秩序调整与国际经济秩序变迁》,载《国际政治科学》2018年第4期,第1页;王浩:《从制度之战到经济竞争:国内政治与美国对华政策的演变(2009—2018)》,载《当代亚太》2019年第1期,第38—55页。

个层次上:第一,国际体系层次,即新自由主义经济政策及全球化进程带来的政治、经济挑战;第二,国内层次,即美国两党政治的显著缺陷以及政治文化的地域碰撞;第三,个人层次,即特朗普"自恋型人格"的性格特质所带来的政策冲击。既有研究为理解"特朗普现象"提供了有益的视角,但总体而言存在碎片化、单维度的缺陷,未能把握国内层次要素和国际层次因素之间的互动关系,以动态框架将各层次变量整合穿引加以全面分析。此外,现有研究多为成因分析,鲜有研究聚焦"特朗普主义"影响下全球贸易体系的走向问题。

鉴于上述不足,本文基于新葛兰西主义国际关系理论(Neo-Gramsci IR Theory),采用"社会生产关系—国家形态—世界秩序"的分析路径,对"特朗普现象"的成因及其对全球贸易体系的影响加以探析。本文指出,"特朗普现象"的成因在于经济全球化负面效应的长期累积及其引发的美国两党政治的持续极化,其外溢效应在于推动全球贸易秩序从多边主义体系走向以美国为中心的"轴辐式贸易体系",①这一变化将极大增加全球贸易体系运行的

---

① "轴辐式贸易体系"一词借鉴于美国在亚洲的"轴辐体系"。第二次世界世界大战以后,美国在亚洲建立起双边安全同盟体系。这一体系的显著特征为以美国为中心,分别与部分亚洲国家建立同盟关系,美国在亚洲的盟国均与美国存在同盟关系,而彼此间却没有建立相应同盟关系,这种不对等的双边关系有利于充分发挥美国的权力优势,加强对东亚盟友的管控。这一制度安排被学者概括为"轴辐体系"。与"轴辐体系"相关的文献,可参见: Victor D. Cha, "Powerplay: Origins of the U.S. Alliance System in Asia," *International Security*, Vol. 34, No. 3, 2010, pp. 158 - 196; G. John Ikenberry, "American Hegemony and East Asian Order," *Australian Journal of International Affairs*, Vol. 58, No. 3, 2004, pp. 353 - 367; Yuen Foong Khong, "The American Tributary System," *Chinese Journal of International Politics*, Vol. 6, No. 1, 2013, pp. 1 - 47;张春满:《秩序失范、中美关系与东亚新秩序》,载《国际关系研究》2014 年第 4 期,92—107 页。

不确定性。

本文分为五个部分。引言简要阐述"特朗普现象"的内涵和特征,并说明本文的理论范式、研究路径和主要结论;第二部分为简要的文献综述,从层次分析法入手,对"特朗普现象"成因的既有解释进行概括与评述,指出其不足,即分析维度的破碎与孤立,未能探究"特朗普冲击"下全球贸易体系的可能走向;第三部分概述新葛兰西主义国际关系理论的分析框架,并阐明其"社会生产关系—国家形态—世界秩序"的研究路径对于探究"特朗普现象"成因的适用性;第四部分通过新葛兰西主义的理论视角,分别对社会生产关系、国家形态和世界秩序展开实证研究,动态展现"特朗普现象"的成因,并谨慎预测全球贸易体系的变动趋势;第五部分得出结论并指出值得未来进一步探索的问题。

## 二、"特朗普现象":层次理论的解释

特朗普上任之后,对美国的对外政策进行了一系列明显的调整:以"美国优先"为根本原则,在经贸政策方面以高额关税为手段推行贸易保护主义措施;在安全政策方面拒斥美国历届政府长期奉行的自由国际主义战略,频繁地"政治退群",在承担国际义务方面显著回缩;在移民政策方面极力鼓吹排外主义、本土主义乃至种

族主义思想,对正常的移民活动采取限制举措等。① 在上述举措中,特朗普政府尤其注重调整美国的对外贸易政策,具体举措包括:迅速退出跨太平洋伙伴关系协定、重新商定北美自由贸易协定;对中国、欧盟、日本等多方发起贸易调查,对其产品连续征加高额惩罚性关税;质疑世界贸易组织的有效性,倡导改革,甚至威胁交涉未果将退出世贸组织;等等。在特朗普的影响下,美国政府贸易政策的一系列重大变动预示着运行多年的全球多边贸易体系遇冷,全球贸易格局中不自由、不开放的态势明显加强。围绕"特朗普现象"的成因以其对全球贸易秩序的影响,学者已有大量有益的探索,总体而言可概括为如下三个层次。

### (一) 国际体系层次的视角

"体系层次论"者认为体系性因素是造成"特朗普现象"的根本成因。首先,就政治安全领域而言,美国长期奉行的自由国际主义战略遭遇严重危机,频繁的对外军事干预严重损耗美国国力,引发政策性反思。② 小布什和奥巴马两届政府采取干涉主义引发了美国各界的不满情绪,反对者普遍认为,自由主义的意识形态扭曲了美国的利益和威胁认知,错误地将世界各国的民主与开放同美国的繁荣与安全绑定,自由国际主义意识形态导致美国"过度扩张",

---

① 盛斌、宗伟:《特朗普主义与反全球化迷思》,载《南开学报(哲学社会科学版)》2017年第5期,第38页;张旗:《特朗普的"外交革命"与自由国际主义的衰落》,载《东北亚论坛》2018年第4期,第82—84页。

② Eugene Gholz, Daryl G. Press, and Harvey M. Sapolsky, "Come Home, America: The Strategy of Restraint in the Face of Temptation," *International Security*, Vol. 21, No. 4, 1997, pp. 5-48.

频繁发动的海外干预并未提升美国的国家安全。① 自由国际主义战略不仅未能在世界范围内实现推进民主化、实现国际和平的目标,②反而引发了世界主要大国乃至美国盟友对军事单边主义的反感,它们对美国采取的"软制衡"(soft balancing)措施已然十分明显。③ 米尔斯海默更是直接将自由国际主义战略构想称为"大错觉"(the great delusion),对其进行了猛烈地批评,称自由国际主义战略构想与客观现实不符,不仅难以成功,还将带来无意义的战略损耗和国际冲突,美国应当及时对外交战略进行调整,回归以权力政治为核心内涵的现实主义路径。④ 莱恩也批评美国的自由国际主义战略未能适应变化的世界,建立在"想象之上"。⑤ 沃尔特则明确表示,美国当前面临的主要挑战并非来自国际社会,而是国内层面严峻的债务危机、基础设施建设落后以及经济发展停滞等内政问题,美国应该精简自己的外交政策,由耗资巨大、成果寥寥的自由国际主义战略收缩为更为务实、灵活、基于实质同盟关系

---

①  张旗:《特朗普的"外交革命"与自由国际主义的衰落》,载《东北亚论坛》2018 年第 4 期,第 84 页。

②  Thomas Carothers, "The End of the Transition Paradigm," *Journal of Democracy*, Vol. 13, No. 1, 2002, pp. 5 - 21.

③  Robert A Rape, "Soft Balancing Against the United States," *International Security*, Vol. 30, No. 1, 2005, pp. 7 - 45.

④  John J. Mearsheimer, *The Great Delusion: Liberal Dreams and International Realities*, New Haven and London: Yale University Press, 2018, pp. 1 - 13.

⑤  Christopher Layne, "Graceful Decline: The End of Pax Americana," *American Conservative*, Vol. 9, No. 5, 2010, p. 33.

基础的双边安全合作关系。① 简而言之,相当数量的战略精英对建制派长期奉行的自由国际主义战略持负面立场,呼吁改变和精简,甚至更倾心于特朗普的"新孤立主义"政策。②

其次,就经贸领域而言,国际体系压力对于美国社会的影响则更为明显。新自由主义政策的弊端和经济全球化的负面效应是导致"特朗普现象"的主要原因。二十世纪七十年代初,在国际投机资本冲击和经济相互依赖趋势加强的刺激下,以管制资本和固定汇率为特征的"嵌入式自由主义"(embedded liberalism)下的货币体系越发难以维系,凯恩斯主义经济政策的有效性显著下降,各主要资本主义国家相继出现经济增长放缓、通货膨胀、国家经济政策自主性面临挑战的问题。③ 在美国总统里根和英国首相撒切尔的推动下,各发达国家相继开始了以放松管制、自由化和私有化为特征的新自由主义改革。④ 这一变革极大惠及各国的政治经济精英,日益活跃的跨国公司业务、快速展开的全球产业布局网络、快速便捷的全球信息传播媒介,都成为他们在世界范围内配置资源、

---

① Stephen M. Walt, "Alliances in a Unipolar World," *World Politics*, Vol. 61, No. 1, 2009, pp. 86 - 120; Stephen M. Walt, "The End of the American Era," *The National Interest*, No. 116, 2011, pp. 6 - 16.

② Paul K. MacDonald and Joseph M. Parent, "Graceful Decline? The Surprising Success of Great Power Retrenchment," *International Security*, Vol. 35, No. 4, 2011, pp. 7 - 44.

③ Eric Helleiner, *States and the Reemergence of Global Finance: From Bretton Woods to the 1990s*, Ithaca and London: Cornell University Press, 1996, pp. 101 - 122.

④ 黄琪轩:《国际秩序始于国内——领导国的国内经济秩序调整与国际经济秩序变迁》,载《国际政治科学》2018年第4期,第19页。

降低生产成本、谋取更高利润的有力工具。随着全球化进程快速推进,大量中低端制造业企业迁离发达国家,到第三世界国家重新布局。与之相伴,发达国家的低技能劳动者处于越发不利的地位,遭受收入下降乃至失业的严重打击。① 2008年全球金融危机使其处境越发艰难,奥巴马政府的救市方案催生大量资产泡沫,进一步导致中下层民众财富缩水。② 在收入严重下滑和政府补偿政策缺失的逆境下,美国社会越发严峻地面临"嵌入式自由主义"社会契约破裂的压力,③低技能劳动者认为美国的衰落源于与全球化相关联的不可控制的外部力量,反全球化思潮开始涌现,奥巴马执政后期右派民粹主义运动"茶党"的兴起就是有力的例证。④ 概括而言,对经济全球化的反感和政治精英的失望使得中下层选民在2016年总统大选中倒向特朗普,对其当选起到了关键性的作用。

### (二) 国内政治层次的视角

"国内层次论"者认为"特朗普现象"的根源在于美国国内政治失调。"特朗普现象"反映出美国两党政治的困境,折射出美国多

---

① 梁雪村:《发达国家的反建制运动——自有秩序与现代危机》,载《国际政治科学》2017年第2期,第49页。

② 焦兵:《特朗普保守国际主义战略分析》,载《当代国际关系》2018年第8期,第36页。

③ John Ruggie, "International Regimes, Transactions, and Change: Embedded Liberalism in the Postwar Economic Order," *International Organization*, Vol. 36, No. 2, 1982, pp. 379-415; Jeff Colgan and Robert Keohane, "The Liberal Order is Rigged: Fix It Now or Watch It Wither," *Foreign Affairs*, Vol. 96, No. 36, 2017, p. 37.

④ 王缉思:《世界政治潮流与美国的历史作用》,载《世界政治研究》2018年第2辑,第8页。

元政治文化的激烈碰撞。首先,一批研究者指出,"特朗普现象"反映出美国国内政治面临的困境。利伯曼等人认为,2016年美国大选结果透射出美国社会日益以收入水平和人种划界。① 这种不健康的变化直接作用于美国政治的现实运作,导致了两党政治的极化和困境。对此,贝亚特·扬指出,两党政治协作是美国外交战略的国内基础,从历史上看,冷战期间两极对峙的战略压力凝聚起两党共识,成为自由国际主义战略得以施行的政治基础。② 然而,随着冷战结束,经济发展取代国家安全成为美国政治的核心议题,选民基础差别导致两党合作的政治前提快速瓦解,党际歧见日渐加剧并演化为难以调和的地域性、阶层性矛盾。③ 特朗普正是把握住了这种变化并加以利用,而底层选民的支持成为特朗普当选的重要因素。④ 还应看到,特朗普竞选执政以来的一系列带有民粹主义、保守主义和种族主义色彩的言论和措施,进一步加深了美国

---

① Robert Lieberman, Suzanne Mettler, Thomas B. Pepinsky, Kenneth M. Roberts and Richard Valelly, "Trumpism and American Democracy: History, Comparison, and the Predicament of Liberal Democracy in the United States," *SSRN*, August 29, 2017, https://ssrn.com/abstract=3028990.

② Beate Jahn, "Liberal Internationalism: Historical Trajectory and Current Prospects," *International Affairs*, Vol. 94, No. 1, 2018, p. 61.

③ Charles Kupchan and Peter Trubowitz, "Dead Center: The Demise of Liberal Internationalism in the United States," *International Security*, Vol. 32, No. 2, 2007, pp. 7–44.

④ 王希:《特朗普为何当选?——对2016年美国总统大选的历史反思》,载《美国研究》2017年第3期,第9—29页。

社会分化和两党政治僵局。① 简而言之,"特朗普现象"实际上是美国两党矛盾长期积累、爆发的结果。②

其次,还有一批学者认为,"特朗普现象"反映出美国政治文化的激烈碰撞。潘亚玲和刘瑜从政治文化视角切入,指出随着美国政治逐渐从传统的共识建构型向极端对抗型转变,美国政治文化的转型和冲突是"特朗普现象"的根本动力。③ 车太洙则认为,"特朗普现象"深刻反映出美国政治文化中"杰克逊主义"传统的回归。④ "杰克逊主义"传统作为美国的"草根政治文化",在中西地区影响巨大,它以白人认同和基督教文化为纽带,对族群和文化认同上的"他者"采取敌视态度,并将东部地区的政治精英视为经济上的盘剥者,视世界主义理念为国民认同的腐蚀剂,全球化冲击和2008年全球金融危机伤害了低技能劳动者的利益,激起"杰克逊主义"传统在美国政治运行中强势回归,并将持续影响美国

---

① 刘世强、赵乐:《社会分化、民主失灵与美国政治的未来前景》,载《当代亚太》2018年第5期,第129—155页。

② 王浩:《"特朗普现象"与美国政治变迁的逻辑及趋势》,载《复旦学报(社会科学版)》2017年第6期,第135—142页。

③ 潘亚玲:《美国政治文化的当代转型》,载《美国研究》2017年第3期,第44—59页;刘瑜:《后现代化与乡愁:特朗普现象背后的美国政治文化冲突》,载《美国研究》2018年第6期,第83—108页。

④ Taesuh Cha, "The return of Jacksonianism: The International Implications of the Trump Phenomenon," *The Washington Quarterly*, Vol. 39, No. 4, 2016, pp. 83-97.

的外交政策。① 总而言之,"特朗普现象"反映出美国政治文化的回潮和碰撞。

### (三) 个人层次的视角

"个人层次论"者认为,特朗普本人独特的性格特质是造成"特朗普现象"的重要原因,将在其任期内持续发挥作用,并极大增强美国内政外交政策的不确定性。从参选到履职,特朗普始终表现出极不寻常的个性特征。② 他对传统政治精英奉为圭臬的"政治正确"不屑一顾,对于少数族裔、移民和女性公开发表蔑视性言论,对美国的民主制度奚落嘲讽,惯于撒谎而时常指责别人"制造假新闻",不顾政治和安全后果地"推特治国",高度的自我陶醉和自我中心等,都使得政治学家对其性格特征格外关注,并将其视为特朗普任期内美国内政外交政策波动的重要影响因素加以探讨。

麦克亚当斯通过研究特朗普的讲话和著作,分析认为特朗普具备典型的"自恋型人格"特征,其性格中的极端性表现为极高的外向性(extroversion)和极低的宜人性(agreeableness),指出其坚定强硬却又冷静不足的行事风格给他任期内的美国政治带来了极

---

① Walter Russell Mead, "The Jacksonian Tradition and American Foreign Policy," *The National Interest*, No. 58, 1999, pp. 5 - 29; Michael Clarke and Anthony Ricketts, "Donald Trump and American Foreign Policy: The Return of the Jacksonian Tradition," *Comparative Strategy*, Vol. 36, No. 4, 2017, pp. 366 - 379.

② Daniel W Drezner and Author Notes, "Immature Leadership: Donald Trump and the American Presidency," *International Affairs*, Vol. 96, No. 2, 2020, pp. 383 - 400.

大的不确定性。① 楚树龙和周兰君则从特朗普的个人经历入手,指出长期经营家族企业的从商经历和远离美国核心政治圈层的生活轨迹令特朗普养成了"反主流""反精英"和"反集体"的思维方式,这一思维方式与他自恋、自负、争强好胜等性格特征相结合,使得特朗普主导下的外交政策变数丛生、难以预测,给国际秩序、大国关系和区域安全带来了巨大的不确定性,这种攻击性、对抗性和破坏性历史罕见。② 尹继武等也指出,特朗普的性格具备不羁善变、精干有为、逐利自我、好胜执着和积极外向五大特征,其中尤以"不羁善变"和"精干有为"体现得最为明显,这些特征表明特朗普是一个积极有为却又变数丛生、具有双面特质的政治人物。③ 王一鸣和时殷弘则发现特朗普具备典型的"自恋型人格",这一性格特征呈现出夸大自我、幻想症、生来优越、特权感强等显著特征。这些性格特征虽然在竞选阶段有助于特朗普积攒人气、拉动选票以取得较高支持率,但是执政后可能诱发政治盲区、小集团思维、非理性的爱国主义行为等问题。④ 沃马克则进一步指出变数丛生

---

① Dan P. McAdams, "The Mind of Donald Trump: Narcissism, Disagreeableness, Grandiosity—A Psychologist Investigates How Trump's Extraordinary Personality might Shape His Possible Presidency," *The Atlantic*, June 2016, https://www.theatlantic.com/magazine/archive/2016/06/the-mind-of-donald-trump/480771/.

② 楚树龙、周兰君:《特朗普政府外交特性及其影响》,载《现代国际关系》2018年第8期,第23—27页。

③ 尹继武、郑建君、李宏洲:《特朗普的政治人格特征及其政策偏好分析》,载《现代国际关系》2017年第2期,第15—22页。

④ 王一鸣、时殷弘:《特朗普行为的根源——人格特质与对外政策偏好》,载《外交评论》2018年第1期,第98—127页。

的特朗普当局至少在政策走向、执政团队稳定性、外交政策的延续性、"认知不确定性"和与他国领导人发生冲突的可能性等五方面存在巨大不确定性。① 简言之，特朗普"自恋型人格"的特质在竞选中发挥了巨大的作用，助其博得关注、拉动选票、积攒人气，是"特朗普现象"的重要成因，也将成为其任期内美国内政外交政策变动的重要影响因素。

综上所述，既有研究将"特朗普现象"的成因归结为三方面因素，即源自国际体系层次的压力、美国国内政治制度的内在缺陷以及特朗普的独特个性，为理解"特朗普现象"提供了有益的视角。然而，现有研究仍有改善提高的空间，就国际与国内层次的分析而言，至少仍存在以下几点不足。首先，现有研究明显地呈现出孤立化、碎片化的特征。研究者或是从国际体系层面出发认为全球化带来的安全和经济挑战是主要成因，或是单方面强调国内政治制度失调和社会两极分化是主要成因，虽然也有研究同时兼顾这两个层次，但是相关分析未能厘清层次间的互动关系，以机制性的解释框架对两个层次的变量加以规范，进行跨层次研究。其次，现有研究多是成因分析，对"特朗普现象"成因中的若干方面进行聚焦研究，对这一现象的后果，特别是对全球贸易体系所产生的影响则阐述寥寥。尽管国际层次、国内层次诸多干预变量的存在使得对全球贸易体系变动前景的预测困难重重，但是由于国际层次及国内层次上的主要变量具有相当的稳定性，文章期望通过搭建跨层

---

① 布兰德利·沃马克：《两次全球危机与中国崛起》，载《国际政治科学》2018年第2期，第40—42页。

次分析框架,对"特朗普现象"成因和美国贸易政策的变化进行研究,从而对未来全球贸易体系的走向提供一些预测。最后,个人层次的分析对于特朗普人格特质的操作化方法不尽相同,所提供的解释本质上是"特设"(*ad hoc*)或者"事后归因"(*post hoc*)的研究路径,属于"后见之明"(hindsight),从学理层面来说,难以为一般性理论的建构与修正带来贡献;从实践层面来说,难以对特朗普的外交决策提供令人信服的前瞻性预测。

基于现有研究中的不足之处,文章将通过新葛兰西主义的理论视角,遵循"社会生产关系—国家形态—世界秩序"的研究路径搭建分析"特朗普现象"的理论框架,着力弥补现有文献跨层次分析的不足和预测性研究的缺失,探索导致"特朗普现象"的机制原理,并在此基础上尝试分析"特朗普冲击"下的美国贸易政策变动对于全球贸易体系运行的影响。

## 三、新葛兰西主义国际关系理论:一种分析视角

新葛兰西主义理论发端于西方学术界围绕国际关系理论的建构问题展开的"第四次大辩论",考克斯建构这一理论的初衷在于修正结构现实主义理论的内在缺陷。1979年,沃尔兹出版经典著作《国际政治理论》,该书对"何为理论""何为国际关系理论"进行了深入研究,在借鉴经济学、物理学等其他学科较为成熟的理论构建经验的基础上,提出了影响巨大而又饱受争议的新现实主义理

论(结构现实主义理论)。① 沃尔兹的结构现实主义理论放弃了古典现实主义从历史学、哲学等学科角度对国际问题进行研究的传统路径,寻求对国际关系学科进行"科学化"的探索,将"体系"和"单元"作为分析国际结构变动的主要构成要素加以研究。结构现实主义在方法论上坚持实证主义路径,强调理论的形式严谨和可证伪性,对理论的前提假设、因果逻辑、检验分析均做出了清晰完整的界定,对于不可检验和量化的观念性因素采取了拒斥态度;在本体论上强调体系对单元的决定性影响,对探究国内政治对国际关系互动影响作用的还原主义路径进行了批判,并将其彻底排除出结构现实主义的分析框架。通过一系列"科学化"的尝试,结构现实主义理论建构起一套简明的分析框架。然而,这一理论因其理论建构的结构化属性、变量的选定方式、预测力遭遇的现实性挑战等问题,也长期成为学者们争论乃至批评的焦点。而考克斯就是在批判机构现实主义的过程中发展出了新葛兰西主义理论。

考克斯对于国际关系理论研究的杰出贡献之一是旗帜鲜明地提出了研究者的"问题意识"(problematic)命题。考克斯指出,"理论总是为某些人、某些利益服务的",研究者的"问题意识"作为一种终极价值取向,对于国际政治研究具有重要的导向作用。根据研究者的"问题意识"不同,国际关系理论可以划分为两大类型,即"问题解决理论"(problem-solving theory)以及"批判理论"(critical theory)。"问题解决理论"以新现实主义、新自由制度主

---

① Kenneth N. Waltz, *Theory of International Politics*, Long Grove, IL: Waveland Press, 1979.

义理论为例,并不寻求探究当前国际秩序的起源,而是着力于维持现状,通常仅仅截取特定时期的历史片段加以研究,因而多为"时间碎片化"理论;而"批判理论"则不同,它并不将现行国际秩序和国家间权力关系视为外生给定的因素,而是着力探究其起源,并将其可能的变化前景纳入研究范围。换言之,"批判理论"将国际秩序、国家间权力关系的起源、现状和演进方向视为不可分割、统一完整的研究对象进行探究。[1] 考克斯指出,在国际问题研究中研究者的人文关怀和价值取向尤为重要,探究国际秩序变迁绝不能仅仅止步于"维持现状",而应当注重探索国际秩序的本质内涵、起源的正义性及其发展变化的可能,甚至应当着力指出以及纠正现行国际秩序的非正义部分,将国际社会的"解放"放入思考范畴之中。[2]

以上述为标准,考克斯认为,以结构现实主义为代表的"问题解决理论"的核心问题在于不恰当地将现实主义的研究传统从极富历史底蕴的"批判理论"的范畴转换到抽象、空洞的"问题解决理论"的范畴,将来自特定历史条件下的"制度结构"放大为具有普遍

---

[1] Robert Cox, "Social Forces, States and World Orders: Beyond International Relations Theory," *Millennium*, Vol. 10, No. 2, 1981, pp. 128-129;白云真:《新葛兰西学派及其批评》,载《世界经济与政治》2011年第2期,第80—95页。

[2] 李滨、陈光:《国际研究的批判传统及其启示》,载《世界经济与政治》2013年第5期,第16页;李恒阳:《葛兰西主义与批判理论》,载《外交评论》2006年第4期,第59—64页。

约束力的客观机制。① 因而,结构现实主义的理论建构具有两点显著不足:第一,在探索国际秩序变迁的时候割裂连贯的历史进程,只对国际体系中的权力结构或者相对权力分布进行"截面研究";第二,刻意忽略秩序的起源与演进问题,也完全抹杀了社会科学研究"解放"的规范属性。

为修正结构现实主义理论的重大缺陷,深入考察国际体系的变化轨迹,考克斯从葛兰西"历史集团"(historical bloc)概念中汲取营养,发展出"历史结构"(historical structure)的分析框架。葛兰西对于"历史集团"的论述为:"复杂、矛盾、不协调的上层建筑总和反映出社会关系总和",②考克斯将其引申为"历史结构",指代一种物质环境与主观意识相统一协调的社会霸权现实,表现在社会力量上即指统治阶级与从属阶级的协调共存。③"历史结构"并不能机械地决定人们的行为,却为特定行为的产生预设了习惯、压力、期望以及客观限制环境。④ 具体而言,考克斯认为历史结构由"物质力量"(material capabilities)、"观念"(ideas)和"制度"(institutions)三部分组成,三大要素之间彼此影响、相互作用。

---

① 罗伯特·基欧汉主编:《新现实主义及其批判》,郭树勇译,北京大学出版社 2007 年版,第 17 页。

② 安东尼奥·葛兰西:《狱中杂记》,曹雷雨、姜丽、张跣译,中国社会科学院出版社,2000 年版,第 280 页,转引自:李滨:《考克斯的批判理论:渊源与特色》,载《世界经济与政治》2005 年第 7 期,第 16 页。

③ Robert Cox, "Gramsci, Hegemony and International Relations: An Essay in Method," *Millennium*, Vol. 12, No. 2, 1983, pp. 162 - 175.

④ Robert Cox, "Social Forces, States and World Orders: Beyond International Relations Theory," p. 135.

"物质力量"指代组成"历史结构"所依赖的物质和技术基础,它兼有生产性和破坏性两种潜能,具体形式包括可经由技术转化的自然资源、贮存装备和支配这些资源的物质财富等;"观念"则包括两部分内容,其一是"主体间意义"(intersubjective meanings),即作为社会共识的共有观念准则,其二是包括潜在变化可能的冲突性观念;"制度"则是为具体秩序提供稳定性作用的工具,它反映并且趋近于占据主导地位的权力拥有者,作为社会中各类不同的思想观念冲突、融合和交锋之处,既是"物质力量"和"观念"的组合体,又对前者具有反向作用。[1] "历史结构"是国际秩序拓展的内在基础,也是分析其变动的基本单位。

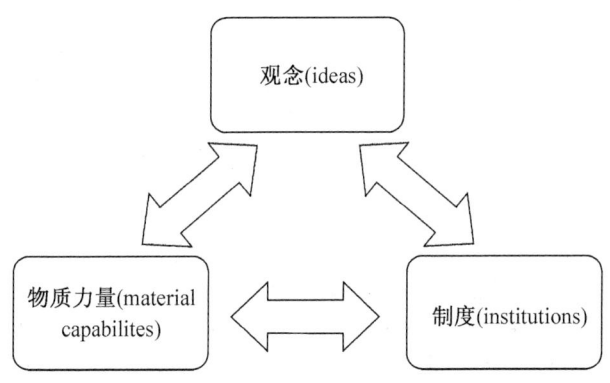

**图1 历史结构组成示意图**

考克斯将对于"历史结构"的分析进一步扩展到对于"社会生

---

[1] Robert Cox, "Social Forces, States and World Orders: Beyond International Relations Theory," p. 136 - 137.

产关系/社会力量"①(social relations of production/ social forces)、"国家形态"(forms of state)和"世界秩序"(world orders)这三个彼此影响、相互作用的层次上,建构起以社会生产关系变动为分析主线的"社会生产关系—国家形态—世界秩序"的理论框架。在这一分析框架中,"社会生产关系"指代包括与社会生产相关的物质、观念与制度因素社会生产层面变动的总和;"国家形态"则指代契合于特定历史条件和社会生产关系的"国家—社会复合体"(state-civil society complexes),也即指代在社会生产中各利益团体、各阶级阶层的诉求在国家政治制度层面总的反映;"世界秩序"则主要指代当前国际体系中具体的制度性安排,也指代未来国际体系中可能出现的新兴的秩序安排。②

考克斯认为,世界秩序的生成源于国内的生产变动,国际秩序的生成与变动是国内经济政治秩序向外投射的结果。③ 国际秩序的生成与变迁机制包括两个步骤,国内霸权的建构与霸权的国际

---

① 此处围绕这一变量略有分歧,在罗伯特·考克斯文章《社会力量、国家以及世界秩序:超越国际关系理论》中使用的是"社会力量"(social forces)这一表述,而安德烈亚斯·比勒(Andreas Bieler)与亚当·大卫·莫顿(Adam David Morton)则使用了"社会生产关系"(social relations of production)这一表述。尽管文字上存在差别,但是两种用法所指代的含义应当是一致的,即经济层面的生产关系变动带来的阶级划分和社会力量的变化情况。本文统一使用"社会生产关系"这一表述。
② Andreas Bieler and Adam Morton, "A Critical Theory Route to Hegemony, World Order and Historical Change: Neo-Gramscian Perspectives in International Relations," *Capital & Class*, Vol. 28, No. 1, 2004, pp. 87 - 88.
③ Robert Cox, "Gramsci, Hegemony and International Relations: An Essay in Method," *Millennium*, Vol. 12, No. 2, 1983, pp. 162 - 175.

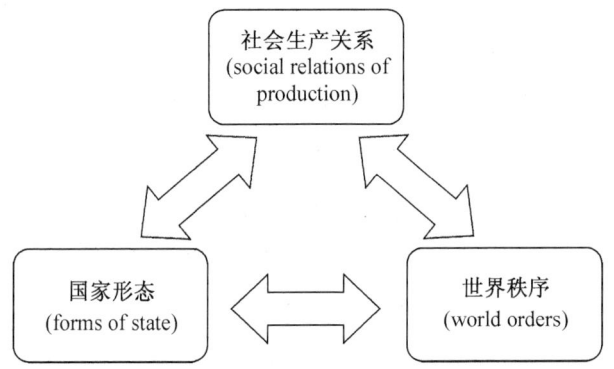

图 2　世界秩序生成过程示意图

投放。具体而言,一国内部的"社会生产关系"变动会改变社会各个阶级的收益对比,利益关系变动经由政治活动带来"国家形态"的变动,并向国际制度层面传导。"国家形态"的转变标志着"国内霸权"的形成。不同于现实主义理论话语中的以相对物质力量界定的"霸权",新葛兰西主义理论界定的霸权包含两个要素,即客观物质力量以及主观意识。[1] "霸权"是指一国国内某一占据物质实力优势的领导阶级与从属阶级达成观念共识,前者领导,后者从属,二者相互协调的国内政治经济秩序。[2] 在此基础上,这一国内秩序通过各类制度合作、商业往来,甚至战争等国际交往向国外投放,在此过程中"国内霸权"得以扩展,进而改变现行国际秩序,建立起新的世界秩序。

---

[1] Jonathan Joseph, *Hegemony: A Realist Analysis*, New York: Routledge, 2003.

[2] 王铁军:《新葛兰西主义对国际关系理论的创新》,载《欧洲》2000 年第 1 期,第 16 页。

最后,简要总结,新葛兰西主义国际关系理论将社会生产关系变动作为分析国际秩序变迁的核心变量,认为国际秩序的生成与变迁本质而言是"国内霸权"向外投射的产物。该理论具有两大鲜明的特色:其一,该理论坚持历史唯物主义视角,以社会生产关系变动作为分析国际秩序的主要路径;其二,该理论始终着眼于探索未来国际秩序变动的可能方向。这为分析"特朗普现象"的成因以及探索"特朗普冲击"之下全球贸易体系变动的走向提供了独特的理论洞见:首先,新葛兰西主义国际关系理论为研究经济全球化进程中美国社会生产关系失衡与政治极化的互动关系提供了有益视角,将有效弥补现有研究中的各类分析孤立化、零碎化、单一维度的局限。其次,新葛兰西主义国际关系理论关注国际秩序潜在的变动可能,通过研究"特朗普现象"背后的社会生产关系变动,该框架对全球贸易体系的变动前景可做一定预测。

## 四、"特朗普现象"的新葛兰西主义分析

新葛兰西主义国际关系理论将"社会生产关系"的变动作为"国家形态"和"世界秩序"变迁的逻辑起点。本节依次研究自新自由主义经济政策实施,特别是 20 世纪 90 年代经济全球化进程快速发展以来美国的"社会生产关系"和"国家形态"的互动变化关系,从而解释"特朗普现象"的成因,并在此基础上研究特朗普执政下的美国贸易政策对全球贸易体系变动产生的影响。

(一)社会生产关系

就社会生产关系而言,自由国际主义外交政策遭遇危机的重

要原因在于自20世纪90年代以来,美国的社会生产关系在新自由主义经济政策的引领下日益走向失衡。冷战结束后,西方发达国家在前社会主义国家大力推动的经济自由化和全球化运动并未促成普遍繁荣,反而带来了严重的经济不平等。美国政府对于不平等现象的轻视导致了再分配政策的无力和滞后,进一步加剧了经济分化和不平等。① 那么,美国社会生产关系的失衡主要体现在哪些方面?本节将从宏观数据入手,分析"特朗普现象"的内在经济动因。

就宏观经济数据而言,美国经济在1990—2016年间取得了整体上的持续增长。首先,美国的国内生产总值(GDP)在该阶段持续稳定增长(图3)。在此期间,美国经济虽然分别在1991年和2001年遭遇两场微弱的短暂性衰退,并在2008年遭遇严重的经济危机,但美国政府的调控和刺激政策仍是卓有成效的,美国经济逐步从衰退的逆境中走出,实现了国内生产总值的快速增长。这一时期,美国的国内生产总值从1990年第四季度的6万亿美元跃升至2016年第四季度的18.7万亿美元,增长迅猛。

其次,就国内生产总值的增速变化来看,在1990—2016年这一时间段,美国的经济运行可以分别以2001年和2008年为界大致分为三个阶段(图4)。在1991年遭遇短暂衰退之后,美国经济迎来快速发展的机遇期,这一过程从1991年持续至2000年,平均

---

① Beate Jahn, "Liberal Internationalism: Historical Trajectory and Current Prospects," *International Affairs*, Vol. 94, No. 1, 2018, pp. 45-46.

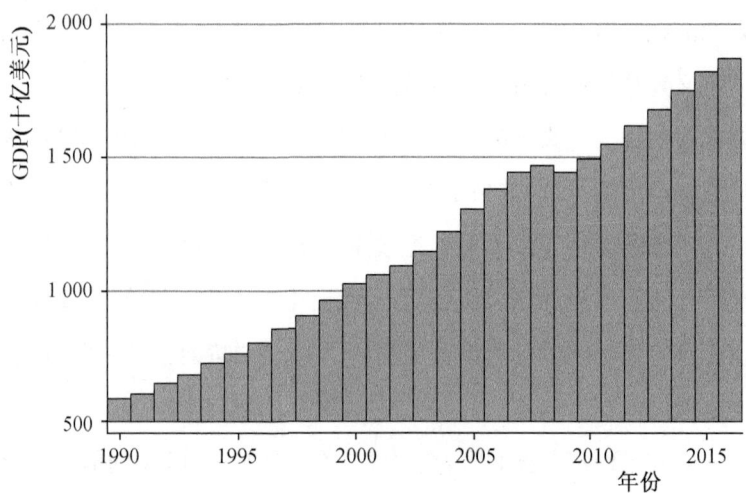

图 3  1990—2016 年美国国内生产总值(GDP)变动

数据来源:FRED,https://fred.stlouisfed.org/series/GDP

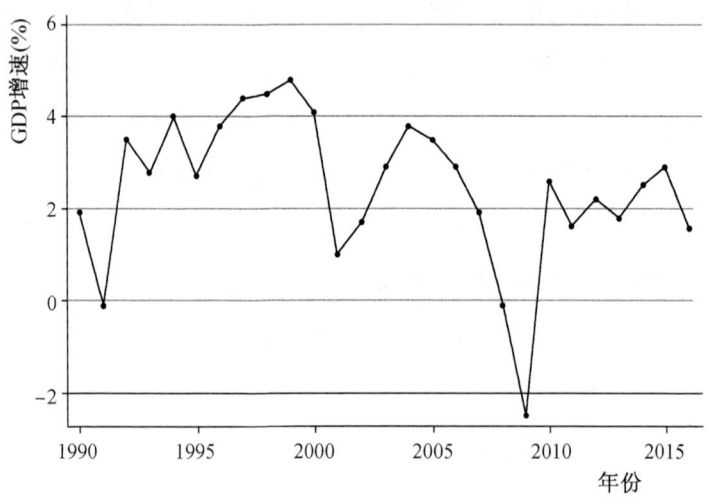

图 4  1990—2016 年美国国民生产总值(GDP)增速变动

数据来源:Statista,https://www.statista.com/statistics/188165/annual-gdp-growth-of-the-united-states-since-1990/

增速在4%左右。第二阶段始于2001年,美国经济在遭遇短暂衰退后逐步走向复苏,2004年后经济下行压力再次加大,至2007年再次降到2%以下,这一时期美国经济增长的不稳定性增强,增速呈现"金字塔型"结构。第三阶段以2008年全球金融危机为起点,美国经济遭遇该时段内最大波折,经济速增在短期内快速降至$-2\%$以下。此后,经济发展在政府刺激政策作用下虽有恢复,但陷入长时间的低位徘徊期,增速大致稳定在2%左右。总体而言,在1990—2017年间,虽然美国经济总体上呈现增速放缓的态势,但是在遭遇全球性金融危机的情况下,仍呈现出整体有序、稳步增长的态势。

再次,美国人均GDP在同时期也呈现出稳定增长的态势(图5),从1990年人均37 000美元上升至2016年54 000美元。这期间虽然因为2008年全球金融危机的影响而出现过短暂下滑,但是总体而言依旧呈现出稳步上升的态势。

总体而言,该时段美国的经济运行呈现出整体性的繁荣。这充分证明了在新自由主义经济政策引领下的经济全球化进程确实为美国社会带来了持续性、整体性的经济利好。但遗憾的是,宏观层面的经济利好掩盖了美国社会日益严峻的贫富分化问题,也未揭示出美国社会经济结构的变化及其政治影响。

就社会收入分配的公平性而言,这一时期美国社会收入分配不平等程度显著加强。如图6所示,以1990—2016年为研究区间,衡量美国社会经济收入公平程度的基尼指数(Gini Index)快速跃升,从1991年0.382上升至1994年的0.402,在此后近20年的时间内持续徘徊在0.4以上。自2010年起基尼指数再次出现跃

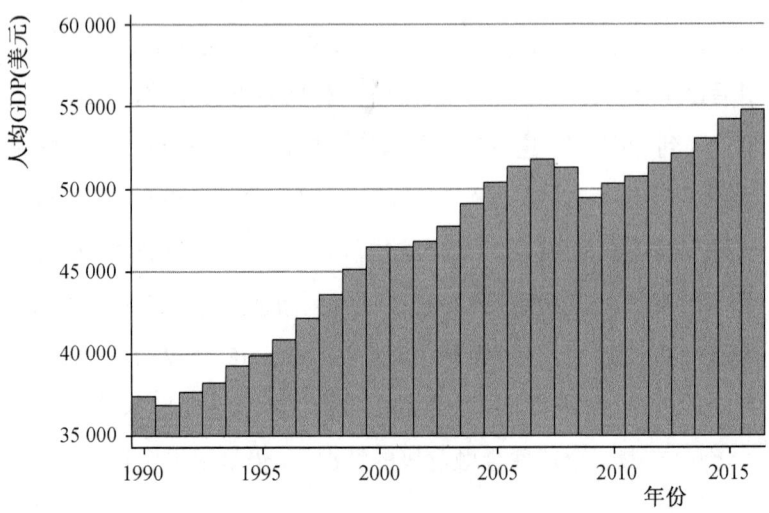

图 5　1990—2016 年美国人均 GDP 变动

数据来源：Statista，https://www.statista.com/statistics/248133/per-capita-us-real-gross-domestic-product-gdp/

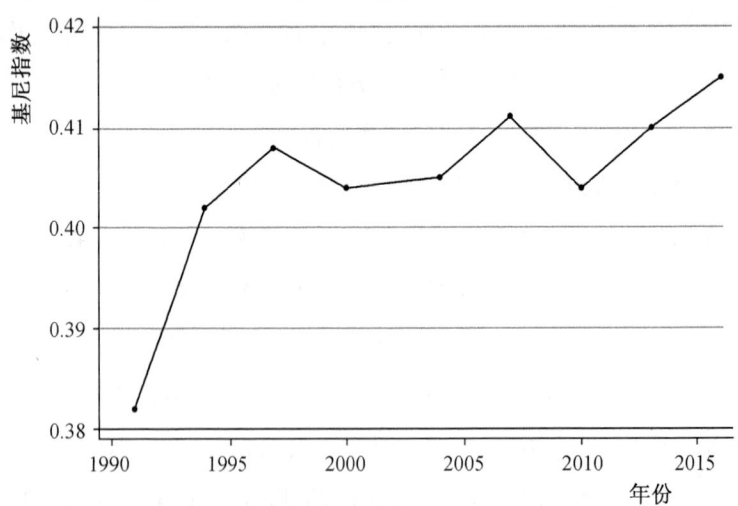

图 6　1990—2016 年美国社会基尼指数变动

数据来源：World Bank，https://data.worldbank.org/indicator/SI.POV.GINI?locations=US.

升迹象,至 2016 年已经达到 0.415 的时段最高值。基尼指数的变动生动地昭示,随着全球化进程的快速推进,美国社会的快速累积的财富并未均衡、平等地惠及全体人民,收入分配的不平等现象日益严重。

其次,在这一时期,美国的社会结构也发生了显著的变化。随着全球化进程快速推进,全球产业分工的发展趋势日益兴盛。美国的制造业企业为了降低用工成本,获取更高利润,开始向第三世界国家进行群体性转移。与之相伴,美国能够吸纳中下层劳动者就业的制造业部门快速陷入萎缩状态。如图 7 所示,在 1990 年至 2012 年间,美国制造业部门所容纳的就业人口比例下降明显,由 1990 年的 16.8% 下降至 2011 年的 10.2%。制造业部门萎缩意味着大量低技能工人被"挤出"这一行业,被迫转向其他生产部门

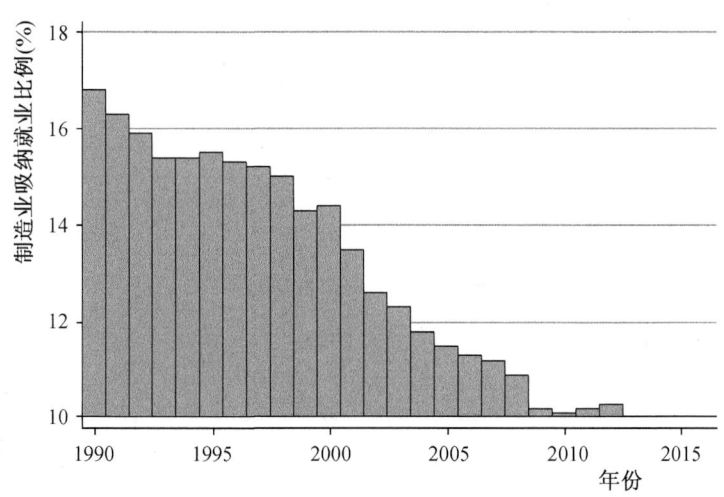

图7 1990—2012 年美国制造业部门吸纳的劳动力占比变动

数据来源:https://fred.stlouisfed.org/series/USAPEFANA

寻找就业机会。

1990—2016年同样也是美国历史上的一段就业困难期。如图8所示,受1991年、2001年经济短暂衰退和2008年全球金融危机的严重影响,美国的失业率起伏不定,且始终保持在4%以上,2010年甚至一度出现失业率9.6%的高峰。居高不下的失业率意味着原先被"挤压出"制造业部门的低技能劳动者在缺乏相应职业技能培训的情况下难以在其他生产部门找到新的就业机会。

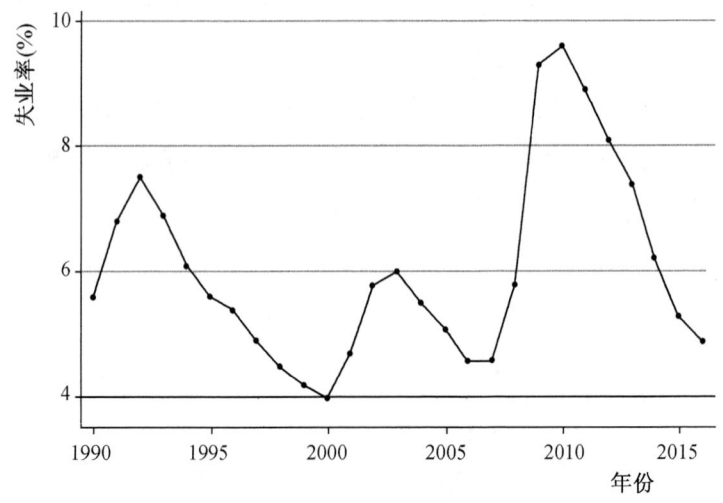

图8  1990—2016年美国社会失业率变动

数据来源:FRED,https://fred.stlouisfed.org/series/USAPEFANA

从原则上来讲,在就业困难时期低技能劳动者可以向工会求助以维护自己的权利,然而在这一时期美国工会的力量也趋于式微。自20世纪70年代末期以来,在高失业率和制造业大规模向外转移的双重打击作用下,即使是熟练制造业工人也开始面临失业威胁。在此背景下,美国的工会为了尽可能维护工人的就业机会,被迫同意在工资问题上做出让步,并默许由资方几乎完全掌握了对生产合理化和技术革新的控制权。① 结果,中下层工人非但没有得到工会的保护,反而沦为劳资协议下的牺牲品。

总而言之,1990—2016年是美国经济在新自由主义政策指导下借助经济全球化进程快速发展的十几年。在这十几年间,美国的经济总量有了显著的提升,美国凭借卓越的研发能力和美元霸权继续主导全球经济的发展方向。但是,经济全球化带来的巨大经济收益并未平等地惠及美国全体国民,而是流入了倡导全球主义的政治经济精英的囊中,造成贫富差距显著拉大。在制造业部门就业岗位持续外流、经济衰退导致失业率上升和工会力量式微的三重困境下,美国中下阶层劳动者的经济利益不可避免地受到伤害,沦为全球化进程中的"失败者"。美国中下层劳动者在全球化进程中遭遇的经济挫败与美国资本所有者从中获得的丰厚收益形成鲜明对比,新自由主义大行其道所带来的美国社会生产关系的显著变化,成为"特朗普现象"最为主要的经济动因。

### (二) 国家形态

上一节简要阐述了新自由主义政策引领下的经济全球化进程对美国经济的两重性作用,即总体财富的快速累积和收入分配不公状况的显著加剧。本节在此基础上分析经济变动对"国家形态"的传递效应,并进一步揭示"特朗普现象"的成因。

---

① 罗伯特·考克斯:《生产、权力和世界秩序:社会力量在缔造历史中的作用》,林华译,北京大学出版社,2006年版,第251—252页。

众所周知,美国政治制度的显著特征是分权制衡,这鲜明地体现在联邦政府的内部权力关系之上。美国实行"三权分立"的政治体制,行政权、立法权和司法权分别由总统、国会和最高法院独立行使。为确保民主原则有效实施,总统选举和国会选举分别单独进行,总统和国会议员独立对选民负责。① 不难发现,作为美国内政外交决策主要参与者的总统和国会议员虽然独立选举、互不负责,但其本质上均来源于共和与民主两党,且考虑到国会是美国各方政治势力长期博弈的主要场所,着重考察美国的两党政治具有较强的启示意义。本节聚焦于美国的两党制,以之作为"国家形态"变迁的主要研究对象加以考察。

阿诺德指出,美国国会议员并非某一阶层利益的永恒代表,谋求连任是其主要的政治目标。② 与之相似,政党作为某些阶层或者群体利益的代表,谋求或维持长期的执政地位是其主要的政治目标。由此,政党需要基于其选民群体的政治诉求变动,不断修正和调整本党的施政纲领,并给予选民持续的认同反馈,以谋求巩固本党已有的支持力量、努力争取新兴的支持力量,进而谋求对国家内政外交政策的长期主导。

选民群体的差异决定了党际分歧的必然性。但是,党际分歧并非必然导致政治分裂。历史经验表明,在经济发展态势良好、劳资矛盾缓和、国家面临严峻外在威胁的情况下,两党会选择管控和

---

① 美国国际交流署编译:《美国政府简介》,今日世界出版社,1979年版。

② R. 道格拉斯·阿诺德:《美国国会行动的逻辑》,邓友平译,上海三联书店,2015年版,第16页。

搁置分歧,凝聚共识以支持总统的内政外交政策。党际共识是冷战期间美国外交政策得以长期稳定延续的重要基础。① 然而,外在压力并不能彻底化解分歧,而只是将之暂时掩藏起来。当外在威胁消退、"全球化冲击"加剧之时,两党分歧便日渐显现、加剧乃至走向极化,最终成了"特朗普现象"的政治成因。

冷战结束后,美国两党分歧日益加剧,以致越发明显地呈现出"对等极化"(closely and deeply divided)的态势。② 这一变化的根本动因源自美国社会生产层面的深刻变动。自20世纪80年代后期开始,随着"里根主义"经济政策弊端的显现,美国社会在老布什执政后期出现了严重的赤字和国债问题。③ 1992年民主党人克林顿凭借"实行改革以振兴美国经济"的口号当选为总统,开始着手对美国经济进行结构性调整,并且提出了"信息高速公路"计划。作为一项产业政策,"信息高速公路计划"主要着眼于美国社会的两项现实:一是以钢铁和汽车为代表的夕阳产业出现就业和产值的严重困境,二是与电子工业有关的朝阳产业呈现出欣欣向荣的发展前景。④ 为了提振美国经济的发展活力,克林顿当局采取了

---

① Charles Kupchan and Peter Trubowitz, "Dead Center: The Demise of Liberal Internationalism in the United States," *International Security*, Vol. 32, No. 2, 2007, p. 8.

② 王浩:《美国对外战略变迁的动力、机制与进程——基于"社会中心"视角的分析》,载《当代亚太》2016年第6期,第45页。

③ 徐天新、梁志明、许平:《世界通史(当代卷)》,人民出版社,2017年版,第479页。

④ 刘绪贻、杨生茂:《美国通史(第6卷)》,人民出版社,2002年版,第562页。

两项措施:首先,对高新技术产业的发展给予高度的支持,将拨款数额占联邦政府经费三分之一的 700 多个联邦实验室工作重心转向提高经济竞争力的研究之上,有力地推动了美国高新技术产业的迅速发展。① 克林顿政府的产业政策却呈现出显著的地域分异特征。作为美国计算机、微电子产业集聚中心的硅谷快速成为美国新生财富最大的集中地,以之为中心,"硅谷经验"得以在整个阳光地带快速复制普及,②极大地推动了美国经济的快速发展。其次,克林顿着手对东北部传统工业区进行去工业化调整,具体措施包括推进信息技术在传统工业领域的运用、精简企业结构大量裁减员工、围绕"知识经济"改进企业的经营管理模式等等。③ 东北部老工业区的低技能劳动者们在制造业企业大规模迁移海外、"企业再造"精简裁员和知识经济门槛阻隔的重重压力下面临严峻形势。据统计,截至 2010 年,"锈带地区"的制造业占全美的比重从 1950 年的 51％下降到 34％,吸纳就业的比重则从 43％下降至 27％,大量的年轻人被迫前往"阳光地带"谋生,"锈带地区"陷入人口萎缩、收入下降的长期阵痛中。④ 美国国内经济结构的重组深刻地塑造了不同区域间的利益诉求,"阳光地带"和南部各州渴望进一步扩大高新技术产业的经济优势,期待美国政府运用"单极优

---

① 徐天新、梁志明、许平:《世界通史(当代卷)》,第 481 页。
② 卡罗尔·帕金、克里斯托弗·米勒等:《美国史(下册)》,葛腾飞、张金兰译,中国出版集团东方出版中心,2013 年版,第 334 页。
③ 刘绪贻、杨生茂:《美国通史(第 6 卷)》,第 564—565 页。
④ 张文宗:《美国"铁锈带"及其政治影响》,载《美国研究》2018 年第 6 期,第 110 页。

势"强力打开海外市场;而东北部的"锈带地区"则深陷于去工业化的阵痛之中,社会问题丛生,主张美国在国际层面应实行战略收缩,将注意力转向国内民生问题的解决。"对等极化"的双方观点剧烈冲突,最终形成了民主党占据的东北部—太平洋沿岸地区和共和党占据的南部—中部地区在内政外交层面严重对立的格局。[1]

愈演愈烈的政治极化至少在两个方面深刻影响了美国政府的政治决策。首先,"对等极化"愈演愈烈使得党派利益而非国家福祉越发成为两党政治决策的出发点。"政见党派化"现象在奥巴马执政时期已经变得相当严重。仅以总统满意率民调为例,奥巴马在2010—2017年间的满意度即体现出显著的党派分化倾向,民主党人对奥巴马的满意度基本维持在80%以上,而共和党人对其满意度却长期徘徊在20%以下。[2] 在对具体政策的认知与评价上也存在党派分歧的问题。以奥巴马医疗改革法案为例,虽然该法案以微弱优势在民主党主导的国会通过,但未得到一名共和党议员的支持,反而遭到共和党上下一致的激烈抵制。[3] 其后,两党继续就医改法案的财政预算问题激烈对峙,竟一度导致美国联邦政府

---

[1] 王浩:《社会联盟与二战后美国对外战略演化的逻辑》,上海人民出版社2016年版,第172页。

[2] Presidential Approval Ratings-Barack Obama, https://news.gallup.com/poll/116479/barack-obama-presidential-job-approval.aspx.

[3] James E. Dalen, Keith Waterbrook and Joseph S. Alpert, "Why do So Many Americans Oppose the Affordable Care Act?" August 2015, https://www.ncbi.nlm.nih.gov/pubmed/25731135.

非主体部门暂时停摆。① 简而言之,两党越发陷入"共和党的政见民主党必定反对"和"民主党的政见共和党必定反对"的极化怪圈。

其次,"对等极化"加剧了选民群体对两党建制派精英的不满情绪。随着两党矛盾日益激化,中下层选民对于两党建制派精英的失望也与日俱增。这种失望首先体现在民众对于执政多年的民主党政府极端不满。2008年经济危机以来,美国中下层民众饱受高失业率和收入下降的打击,强烈渴望政府改善就业状况。奥巴马政府虽然成功促进了就业增长,但是这些岗位没能有力地惠及本国的中下层劳动者,相反更多被外来移民所占据。据统计,2007—2014年间,美国雇主对移民的雇佣增长了200万人次,对本土美国人的雇佣反而降低了146万人次。② 此外,据盖洛普民调显示,在民主党奥巴马政府执政的8年间,民众对国家发展方向的满意程度出现极大下滑,并长期徘徊于40%以下的低位水平,2008年金融危机后甚至一度跌至7%,创下自1980年以来的历史最低值。③ 其次,共和党也面临中下层民众的不满情绪。众所周知,共和党的选民存在明显的阶级分层。共和党素有"大佬的党"之称,精英选民作为其主要的选举资助提供者,他们的诉求自然地成为共和党主要的经济政见,包括减税、减负,强力开拓国际市场

---

① Jonathan Weisman and Jeremy W. Peters, "Government Shuts Down in Budget Impasse," September 30, 2013, https://www.nytimes.com/2013/10/01/us/politics/congress-shutdown-debate.html.

② 周鑫宇、邹虹瑾:《特朗普当选的冲击与美国共和党的内外政策转型》,载《美国问题研究》2017年第2期,第38页。

③ Gallup, "Satisfaction with the United States", https://news.gallup.com/poll/1669/general-mood-country.aspx.

等。然而,这些主张与中下层选民的诉求却有着明显的矛盾。为了获取中下层选民的支持,共和党长期以来主要的手段是诉诸保守主义意识形态。① 然而,随着经济危机的冲击使人们将注意力更多投向经济问题,新成长起来的"千禧一代"对于堕胎、同性恋、宗教等问题也持更为开放的态度,纯粹靠保守主义的意识形态已经难以有效调动中下层选民的支持。② 和民主党一样,共和党在中下层选民群体中的吸引力也在显著下降。

美国中下层选民对于两党建制派精英的失望直接导致了选举的低参与率。据统计,自 1990 年以来美国的总统选举投票率仅为 60% 左右,而中期选举投票率则低至 40% 左右;其中收入水平又对投票行为产生了深刻而深刻的影响,2008 年总统大选中收入低于 15 000 美元/年的人群中投票率仅为 41%,而人均收入超过 150 000 美元/年的群体投票率高达 78%。③ 这表明中下层民众对于两党政治的日渐失望,政治参与随之日渐消极,成了美国政治中"被遗忘的大多数"。

中下层民众对于建制派政治精英的失望和愤怒,使得反建制派人物特朗普成了他们眼中的希望。特朗普的诸多竞选承诺,诸如修建"美墨边境墙"阻挡非法移民入境、管控和遣返移民、倡导制造业回归、重新商定或退出现有经贸协定等,虽然未必经得起推

---

① 周鑫宇、邹虹瑾:《特朗普当选的冲击与美国共和党的内外政策转型》,第 30 页。
② 周鑫宇、邹虹瑾:《特朗普当选的冲击与美国共和党的内外政策转型》,第 36—37 页。
③ Voter Turnout, https://www.fairvote.org/voter_turnout.

敲,并且饱受建制派精英的抨击,但因抓住了中下层人民的核心关切而博得关键选票,最终问鼎总统宝座。特朗普当选的原因在于经济全球化负面效应在美国造成的贫富分化和由之形成的政治极化。应该说,"特朗普现象"是全球化进程中的"失败者"经由选举体制对精英阶层的发出的抗议,它是政治极化的产物,又进一步促进了政治的极化。

事实表明,特朗普当选后美国政治的极化现象不仅没有缓解,反而愈演愈烈。仅就支持率而言,特朗普履职伊始其支持率就跌至40%左右,并且长期低位徘徊,鲜有回升迹象;以党派划分的总统满意度则更为极端,共和党人对特朗普的满意度普遍高达85%以上,而民主党人的满意度竟长期低于10%。① 此外,共和党还日益呈现出"特朗普化"的倾向。此前对特朗普大加抵制的共和党政客看到了2016年大选释放的民意信号,认为"特朗普路径"已经成为选举中可复制的捷径,开始接纳并宣扬"特朗普主义"。② 盖洛普民调则显示,57%的共和党人希望共和党走向更为保守的方向③,同样深刻反映出共和党正在成为更为彻底的极化政党。与此同时,民主党也出现了"桑德斯化"倾向,即通过重申多元主义价值观,通过强化身份认同提振支持率,力求动员反对"特朗普主义"

---

① Presidential Approval Ratings—Donald Trump, https://news.gallup.com/poll/203198/presidential-approval-ratings-donald-trump.aspx.
② 刁大明:《试析美国共和党的"特朗普化"》,载《当代国际关系》2018年第10期,第38—40页。
③ Megan Brenan, "Democrats Favor More Moderate Party; GOP, More Conservative", Gallup, https://news.gallup.com/poll/245462/democrats-favor-moderate-party-gop-conservative.aspx.

的女性和少数族裔群体,①以应对共和党在国会中的优势地位。换言之,民主党同样呈现出进一步极化的趋势。两党同时趋向极化的后果必然是更为激烈的党际碰撞。果不其然,2018年12月,民主、共和两党就美墨边境墙的拨款来源问题在国会再次激烈对峙,民主党拒绝妥协导致联邦政府非核心部门时隔五年再次关门,②成为两党极化深化的显著标志。

随着政治极化持续发酵,特别是在2018年中期选举之后民主党夺回了众议院控制权的情况下,特朗普在推动调整世界贸易秩序时将会在国会层面面临民主党更为激烈的抵制,在执行层面也将面临建制派官僚和自由国际主义战略支持者的规劝和抑制,③注定困难重重。特朗普在困境中最可能采取的手段将是绕开国会批准的总统行政令(executive order)。④ 如2019年2月15日,由于在国会与民主党人在兴修美墨边境墙的问题上长期存在的分歧无法协调,特朗普单方面宣布全国进入"紧急状态",谋求绕

---

① 刁大明:《试析美国共和党的"特朗普化"》,第43—44页。

② Jacob Pramuk, "US Government Shutdown Appears Set to Continue until Thursday as Fight over Trump's Border Wall Stalls Spending Talks," CNBC, December 22, 2018, https://www.cnbc.com/2018/12/21/government-shutdown-starts-as-trump-and-congress-fail-to-strike-deal-on-border-wall.html.

③ Patrick Porter, "Why America's Grand Strategy has Not Changed: Power, Habit, and the US Foreign Policy Establishment", *International Security*, Vol. 42, No. 4, 2018, pp. 9-4.

④ 刁大明:《"特朗普时代"的美国政治:延续、变化与走向》,载《美国问题研究》2017年第2期,第12—13页。

过国会批准快速实现兴修边境墙。① 特朗普的这一举措引发民主党人的激烈反应,就在进入"紧急状态"数天之后,加利福尼亚州、科罗拉多州、康涅狄格州等16个州的民主党籍总检察长联合发难,共同起诉特朗普,称其单方面宣布全国进入"紧急状态"的行为违反宪法。② 显而易见,企图以总统令的形式绕开国会推动改革措施将是不稳定的,必将进一步激化两党关系,由此特朗普政府对全球贸易体系的调整将充满变数。

### (三)世界秩序

新葛兰西主义国际关系理论所界定的"国际秩序"概念内涵极为丰富,可以指代"当前国际社会中的稳定和冲突因素的具体形态",也揭示"未来可能出现的新型国际秩序",③换言之,此概念可代表基于生产关系和社会力量变动所反映在国际体系层面的所有变化,如全球贸易体系、国际货币体系、政府间或非政府间国际组织的变动等等。文章主要研究全球贸易秩序变迁,故本节将主要聚焦全球贸易体系变迁。总体而言,特朗普执政下的美国贸易政

---

① Peter Baker, "Trump Declares a National Emergency, and Provokes a Constitutional Clash," *The New York Times*, February 15, 2019, https://www. nytimes. com/2019/02/15/us/politics/national-emergency-trump. html.

② 刘钟灵:《美16州联合指控特朗普宣布国家紧急状态违宪》,新华网,2019年2月20日,http://www. xinhuanet. com/world/2019 - 02/20/c_1210063215. htm.

③ Andreas Bieler and Adam Morton, "A Critical Theory Route to Hegemony, World Order and Historical Change: Neo-Gramscian Perspectives in International Relations," *Capital & Class*, Vol. 28, No. 1, 2004, pp. 87 - 88.

策对多边贸易体制产生了严重的负面影响,使得世界贸易的制度安排在一定程度上重回双边渠道,日益呈现为一个以美国为中心的"轴辐式贸易体系"。但是,由于特朗普的对外经贸政策缺乏坚实的两党共识基础,这种变化具有诸多的不确定性。

1. 多边贸易体系遇冷

自担任总统以来,特朗普的各项政策对全球贸易体系造成的最大影响在于使得美国倡导并推行多年的多边贸易体制遭遇"寒冬"。在这一方面,最为典型的例子就是特朗普政府对于 TPP 和世界贸易组织(下文简称 WTO)改革的一系列消极应对。相比于"修补"现行的多边贸易体系,特朗普似乎更倾向于"抛弃"这一制度安排。

召集并推进 TPP 谈判被普遍认为是奥巴马政府在亚太地区最为重要的经济战略,其意义不仅在于能够推动建立"更为透明、开放、有利于中小型企业发展和区域生产供应链完善的亚太经济秩序,进而为美国带来巨大的经济利益",更将起到"强化美国在亚太地区制定未来经济秩序的主导权和制衡中国经济崛起的重要战略作用"。[1] 尽管如此,作为一个多边贸易合作框架,TPP 的签署生效还是会不可避免地造成跨国间产业转移和中低端制造业就业

---

[1] 参见 Joshua P. Meltzer, "The Significance of the Trans-Pacific Partnership for the United States," Brookings, May 16, 2012, https://www.brookings.edu/testimonies/the-significance-of-the-trans-pacific-partnership-for-the-united-states/; Office of the United States Trade Representative, "Summary of the Trans-Pacific Partnership Agreement", October 4, 2015, https://ustr.gov/about-us/policy-offices/press-office/press-releases/2015/october/summary-trans-pacific-partnership#.

岗位的流失，而这也使得 TPP 在 2016 年总统大选期间成为特朗普猛烈攻击的对象。

早在竞选期间，特朗普就强烈批评并威胁要退出 TPP。特朗普在竞选演讲中对民主党推行多年的全球主义经济政策进行了猛烈的抨击，称其导致了大量制造业就业岗位流向国外，严重伤害了美国中产阶层的利益；声称美国签署的自由贸易协定多缺乏缜密的考虑，TPP 更是堪称"最坏的协定"，称之为"对美国制造业的致命一击"。① 就任总统之后，基于兑现竞选承诺和阻止就业岗位外流的考虑，特朗普快速宣布美国正式退出 TPP。② 失去美国的有力支持，TPP 虽在日本和澳大利亚的推动下未马上陷入瓦解困境，但是其严格的准入标准已呈现出明显的松动迹象，国际影响力也显著下降。美国退出 TPP 既是对奥巴马政府对外经济战略的否定，也是对于亚太多边贸易体制的打击。2018 年 12 月 30 日，仍留在 TPP 框架内的 11 国签署了《全面而进步的跨太平伙伴关系协定》(Comprehensive and Progressive Agreement for Trans-Pacific Partnership, CPTPP)，其中暂停了美国力主推行，但是遭到其他成员国普遍反对的知识产权、投资限制等条款，但是，CPTPP 签署各方明确表示这些措施都是可逆的，如果美国决定再

---

① Christine Wang, "Trump Takes on Trade Deals in Pennsylvania Speech," CNBC, June 28, 2016, https://www.cnbc.com/2016/06/28/trump-there-is-no-way-to-fix-the-trans-pacific-partnership.html.

② U. S. Trade Representative, "The United States Officially Withdraws from the Trans-Pacific Partnership," January 30, 2017, https://ustr.gov/about-us/policy-offices/press-office/press-releases/2017/january/US-Withdraws-From-TPP.

次加入，相关谈判仍可重启。然而，考虑到特朗普的竞选承诺及其管控贸易分歧的双边手段，学者普遍对美国短期内重新加入CPTPP持悲观态度。①

如果美国退出TPP仅仅体现出特朗普对于亚太地区新兴多边贸易体系的反对态度，那么对于WTO的尖锐批评则反映出其对于全球多边贸易体系总体框架的厌烦。自履职以来，特朗普以平衡"不公平贸易"为由先后向欧盟成员国、加拿大等多国的钢铁和铝制品征加高额关税，并对中国的多种类别的产品连续多轮征加高额关税。美国的单边主义举措引发相关国家报复性关税措施并导致美国被频繁起诉至WTO上诉机构。根据统计，截至2018年9月，美国的贸易伙伴已经对其发起17起贸易诉讼，其中超过半数以上与特朗普对各国的钢铁和铝制品征加的保护性关税有关。② 为表示对于WTO贸易框架的不满，美国否决了WTO上诉机构大法官的续任命，并使得WTO仲裁机构因法官缺额陷入严重的运转不良。③ 对此，美国驻世界贸易组织代表明确表示WTO

---

① "What is the Trans-Pacific Partnership (TPP)?" Council on International Relations, January 4, 2019, https://www.cfr.org/backgrounder/what-trans-pacific-partnership-tpp.

② Jeffrey Kucik, "Commentary: Nope, the WTO Doesn't Treat the US Unfairly," CNA, September 6, 2018, https://www.channelnewsasia.com/news/commentary/world-trade-organisation-treat-united-states-unfairly-trump-10686196.

③ Tom Miles, "U. S. Blocks WTO Judge Reappointment as Dispute Settlement Crisis Looms," Reuters, August 27, 2018, https://www.reuters.com/article/us-usa-trade-wto/u-s-blocks-wto-judge-reappointment-as-dispute-settlement-crisis-looms-idUSKCN1LC19O.

上诉机构亟待改革,认为 WTO 上诉机构的法官享有过度的裁决权力且存在办案逾期的问题,美国希望任期已满的法官停止处理诉讼案件,且 WTO 仲裁判例不应具有造法功能等四项改革意见,抨击 WTO 现行运行规则,特朗普甚至威胁如交涉无果将退出 WTO。① 为化解 WTO 目前的困境,欧盟已经同中国、印度、加拿大等各方磋商,并向美国提交了一份 WTO 改革动议,但是美国始终对此消极回应。2019 年 12 月,WTO 上诉机构因为到底历任人员得不到有效补充,已经陷入正式停摆。② 对此,学者普遍认为表现出美国对于多边贸易体系以及经济全球化的不满,今后将更加依赖单边、双边手段解决贸易问题,甚至将对以 WTO 为代表的全球多边贸易体系采取"另起炉灶"的手段,本质目的在于维护美国的经济与贸易霸权。③

简而言之,不论是退出 TPP,还是对 WTO 上诉机构发难,都反映出特朗普政府对于多边贸易体制的厌倦和反感。特朗普政府的反感主要源于多边贸易体系的三大特性:首先,区域或全球多边

---

① 参见 Jakob Hanke and Hans Von Der Burchard, "EU Calls Trump's Bluff as He Takes an Ax to the WTO," Politico, Aug 27, 2018, https://www. politico. eu/article/eu-calls-donald-trump-bluff-over-wto/; Tae Kim, "Trump Reportedly Wants the US to Withdraw from World Trade Organization," CNBC, June 29, 2018, https://www. cnbc. com/2018/06/29/trump-reportedly-wants-us-to-withdraw-from-world-trade-organization. html。

② 胡加祥:《上诉机构"停摆"之后的 WTO 争端解决机制何去何从》,载《国际经贸探索》2020 年第 1 期,第 90 页。

③ 张玉环:《WTO 争端解决机制危机:美国立场与改革前景》,载《中国国际战略评论》2019 年第 2 期,第 105—119 页。

贸易体制会推动拓展产业分工,导致美国对外国商品进口需求的扩大和制造业岗位的外流,不利于特朗普回应国内中下层选民的呼声;其次,多边贸易体制涉及国家数量众多,利益错综复杂,交涉艰难,阻力巨大;最后,多边贸易体制的争端解决机制对美国的关税保护措施构成阻碍,使得特朗普政府通过双边措施修正"不公平贸易"的举措受到合法限制,美国的单边主义优势由此受到限制。特朗普对于TPP和WTO的消极态度反映出了美国政府对于多边贸易体制的倦怠和反感,与此同时,特朗普政府开始越发频繁地诉诸双边磋商协调贸易问题。

2. 以美国为中心的"轴辐式贸易体系"的日渐成型

在特朗普执政下美国贸易政策的深度影响下,以WTO为代表的全球多边贸易体系正在经受严峻的考验,但与此同时,一个以美国为中心的"轴辐式贸易体系"的轮廓正日渐清晰。特朗普在外交实践中极力鼓吹"交易的艺术"(art of deal),往往并不在意培养和对手的感情,偏好于追求最大利益,[①]习惯于通过伴随高额关税威胁的双边渠道解决"不公平贸易"的问题。以"交易的艺术"为行事准则,特朗普先后与多个重要贸易伙伴进行双边或三边贸易谈判,通过修改彼此间的双边自由贸易协定来削减美国对外贸易逆差,并为美国企业打开海外市场。

2017年4月,特朗普政府宣布将对过去五年间美国签署的自由贸易协定进行重新协调,以期"平衡贸易"并减少美国的贸易赤

---

① 布兰德利·沃马克:《两次全球危机与中国崛起》,载《国际政治科学》2018年第2期,第40页。

字,此后便与各主要贸易伙伴开始了一系列双边贸易磋商。2018年9月24日,特朗普与韩国总统文在寅在纽约签下新修订的《美韩自由贸易协定》,该协定的修订主要集中于汽车领域、关税程序和药品出口退税减让等方面。① 特朗普明确表示,修订版的《美韩自由贸易协定》将使得美国企业更易进入韩国市场,而美国对韩国的贸易赤字也将随之减少。

除韩国外,美国陆续向欧盟、加拿大、墨西哥、日本等国征加高额关税,并借此开启解决"不公平贸易"的双边磋商。2018年5月,特朗普政府以保护本国工业为由,对产自欧洲、加拿大和墨西哥的钢铁和铝制进口产品分别征收25%和10%的关税②,此举快速引发欧盟、加拿大及墨西哥的关税报复,③导致多国贸易战快速

---

① Brooke Ringe, "United States and South Korea Sign Updated FTA," Trade and Manufacturing Monitor, September 26, 2018, https://www. ustrademonitor. com/2018/09/united-states-and-south-korea-sign-updated-fta/.

② Ana Swanson, "White House to Impose Metal Tariffs on E. U., Canada and Mexico," *The New York Times*, May 31, 2018, https://www.nytimes. com/2018/05/31/us/politics/trump-aluminum-steel-tariffs. html.

③ 参见 Ben Popken, "What's Included in the EU List of Tit-for-Tat Tariffs? Bikes, Bourbon, and Fishing Boats," NBCN News, June 8, 2018, https://www. nbcnews. com/business/economy/what-s-included-eu-list-tit-tat-tariffs-bikes-bourbon-n880946; Erin Corbett, "Canada's Import Tariffs on U. S. Goods Go into Effect," Fortune, July 1, 2018, http://fortune. com/2018/07/01/canadas-import-tariffs-u-s/; Zeeshan Aleem, "Trump Hit Mexico with Steel Tariffs. Mexico is Hitting Back and Targeting Republicans," Vox, June 6, 2018, https://www. vox. com/world/2018/6/6/17433654/mexico-tariffs-us-goods-trump-trade.

扩大和升级。为缓和日益严峻的贸易局势,欧盟委员会主席容克于2018年6月赴美进行美欧贸易磋商。容克赴美并未使得特朗普取消对铝铁征加的高额关税,而是以欧洲加大对美国的大豆和液化石油气进口为条件换取美国"重新评估"铝铁关税和暂缓进一步的关税征加。① 面对美国的强大压力,欧盟做出了较大的让步,暂缓了美欧贸易争端的扩大升级。在贸易磋商中,容克和特朗普就建设"美国—欧盟零关税区"达成谅解,表示双方将进一步密切合作关系,降低关税水平。② 尽管如此,仍有学者指出美欧双方全面建成"零关税区"可能性极低,双方围绕欧盟近来实施的《数据保护总则》(General Data Protection Regulation)和《新版权法》(New Copyright Law)产生的分歧由来已久,这一矛盾绝非短期内可以协调解决,故而特朗普此举的真实目的仍为削减美欧贸易逆差。③

然而,欧盟的让步并未使得特朗普放弃重新修订双边贸易协定的既定方针。2018年9月30日,特朗普政府再次发布与欧盟、

---

① Megan Cassella and Rebecca Morin, "Trump Backs off New Tariffs on EU in Retreat from Trade War," Politico, July 25, 2018, https://www.politico.com/story/2018/07/25/trump-trade-eu-negotiations-741162.

② Andrew Buncombe, "Trump-Juncker Meeting: US and EU Strike 'Zero Tariffs' Deal to Avoid Trade War," Independent, July 25, 2018, https://www.independent.co.uk/news/world/europe/trump-juncker-eu-deal-trade-war-tariffs-stock-dow-jones-subsidies-a8463946.html.

③ James Roberts and Ivan Benovic, "The Prospects for U.S. - EU Trade in 2019," The Heritage Foundation, February 26, 2019, https://www.heritage.org/sites/default/files/2019-02/BG3389.pdf.

日本和英国重新磋商贸易协定的声明。① 美国贸易代表莱特希泽在致国会的贸易磋商告知函中严厉谴责欧盟、日本在对美贸易中施行"不公平"政策,他表示,数十年来美国企业在美欧贸易中遭受多重关税和非关税壁垒的阻碍进而导致了美欧之间长期的贸易不均衡现象;②在对日贸易中,美国企业则在汽车、农业和服务业领域面临多重关税和非关税壁垒的阻碍③,而这些问题均要在双边贸易磋商中得到解决。由此可见,特朗普政府的目的并非简单的外交施压,单纯换取欧盟和日本等各方在贸易逆差上对美妥协,而是要强力打开海外市场。

如果说上述案例都仅仅展现了特朗普调整美国贸易政策的一些初步尝试,那么他高举关税大棒,以双边手段强力开拓海外市场的行事风格在《北美自由贸易协定》(North American Free Trade Agreement,NAFTA)的重新磋商中则是得到了淋漓尽致的表现。特朗普早在竞选总统时就明确抨击《北美自由贸易协定》是

---

① Office of the United States Trade Representative, "Trump administration announces intent to negotiate trade agreements with Japan, the European Union and the United Kingdom", October 2018, https://ustr.gov/about-us/policy-offices/press-office/press-releases/2018/october/trump-administration-announces#.

② USTR, "USTR'S notification to Paul Ryan," Oct. 16, 2018,参见 https://ustr.gov/sites/default/files/20181017004903138_2.pdf.

③ USTR, "USTR'S notification to Charles E. Schumer," Oct. 16, 2018,参见 https://ustr.gov/sites/default/files/20181017004828790-1.pdf.

"世界上最糟糕的贸易协定",并表示要对其进行重新商谈。① 其后《北美自由贸易协定》的重新商谈果然成为特朗普贸易政策调整中重要的一环。特朗普先对加拿大、墨西哥征收惩罚性关税,之后以双边方式开启了与加拿大、墨西哥的贸易磋商,在此过程中威胁如果《北美自由贸易协定》的重新商谈不顺利将对加拿大和墨西哥进一步课以惩罚性关税。② 最终,在双边谈判中,墨西哥与加拿大先后做出重大让步,美国分别与其就修改《北美自由贸易协定》达成了共识,这一结果为美国赢得了更为有利的贸易地位,使得美国的农产品得以更为顺畅地进入墨西哥市场,③而加拿大则以开放奶业市场为代价避免了特朗普威胁对其汽车产品征收高额关税④。最终,美、加、墨三国元首于二十国集团(G20)布宜诺斯艾利斯峰会期间签署了《美国、墨西哥、加拿大贸易协定》(United States-Mexico-Canada Agreement,USMCA)用于替代原有的《北

---

① Jen Kirby, "USMCA, The New Trade Deal between the US, Canada, and Mexico, Explained," Vox, November 30, 2018, https://www.vox.com/2018/11/30/18119700/usmca-nafta-replacement-g20-trump.

② Rebecca Joseph, "Trump Says Auto Tariffs Would be 'Ruination' of Canada," Global News, September 7, 2018, https://globalnews.ca/news/4434583/trump-auto-tariffs-ruination-canada/.

③ K Kayla Tausche and Fred Imbert, "US and Mexico Reach a Trade Deal, Paving the Way to Replace NAFTA," CNBC, August 27, 2018, https://www.cnbc.com/2018/08/27/mexican-official-says-nafta-talks-with-us-have-concluded.html.

④ Jeremy Diamond, Kevin Liptak, Paula Newton and Donna Borak, "US and Canada Reach Deal on NAFTA after Talks Go Down to the Wire," CNN, September 30, 2018, https://www.cnn.com/2018/09/30/politics/trump-nafta-canada/index.html.

美自由贸易协定》。① 美国贸易代表办公室表示,《美国、墨西哥、加拿大贸易协定》是一个更为平衡、对等的贸易协定,它加入了汽车等公车产品的原产地原则并实行更为严格的汇率监督制度,将为美国的工人提供更为平等的就业机会;进一步打开墨西哥和加拿大的农产品市场将惠及美国农业从业者;更加强了对知识产权的保护以确保美国企业的竞争优势。②《美国、墨西哥、加拿大贸易协定》的达成再一次生动展现了特朗普以关税为武器,强力打开海外市场的战略意图。在特朗普的既定方针之下,即使是加拿大这样关系亲密的盟友也不能幸免。

同样,特朗普的这一行事风格也被带入历时长久的中美贸易争端的磋商解决之中。世界前两大经济体之间急剧升级的贸易争端,因其对全球经济增长可能带来的巨大负面影响而一度引发广泛的担忧。③ 截至 2018 年 12 月,美国对已总额 2 500 亿美元的中国产品加征关税,而中国也已对价值 1 100 亿美元的美国产品加征关税。尽管贸易争端日益升级,中国仍多次表示愿意同美国加强双边合作以妥善解决贸易争端,但特朗普政府立场鲜明,表示对

---

① Jen Kirby, "USMCA, the New Trade Deal between the US, Canada, and Mexico, Explained," Vox, November 30, 2018, https://www. vox. com/2018/11/30/18119700/usmca-nafta-replacement-g20-trump.

② U. S. Trade Representative, "United States-Mexico-Canada Agreement", November 30, 2018, https://ustr. gov/trade-agreements/free-trade-agreements/united-states-mexico-canada-agreement.

③ BBC, "WTO: US-China Trade War would Have 'Severe' Economic Impact," March 28, 2018, https://www. bbc. com/news/business-43564714.

中国的知识产权政策多有不满,在削减中国贸易顺差问题上立场强硬。① 2018年12月特朗普与中国国家主席习近平于二十国集团峰会期间在阿根廷布宜诺斯艾利斯会晤并就中美贸易问题展开会谈,双方共同决定暂停关税举措并在90天内努力达成共识。其后,经过多次延长关税豁免期,中美双方终于在2020年1月15日达成了双边经贸协议。② 根据协议,中国承诺扩大2 000亿美元的对美商品和服务进口,并加大对知识产权的保护力度,对此,特朗普称这是"纠正了过往的错误","开启了与中国公平而对等的贸易关系的未来"。③《中美经贸协议》的达成为双方的贸易战暂时画上了句号,反观这一进程,特朗普政府的行事方针和美韩、美欧、美日以及《北美自由贸易协定》的重新谈判是高度一致的,即以关税作为武器,强力打开海外市场,中美贸易磋商也是特朗普双边贸易政策体系中的重要一环。总而言之,随着特朗普政府冷遇全球多边贸易体系,一个以美国为中心、以双边贸易手段为协调机制的"轴辐式贸易体系"似乎已然成为特朗普心中更为理想的贸易组织

---

① CNBC, "President Trump Meets China's Vice Premier Liu He on Trade Issues: Chinese State Media," May 17, 2018, https://www.cnbc.com/2018/05/17/trade-talks-donald-trump-meets-chinas-vice-premier-liu-he.html.

② 周效政、孙丁、刘晨:《中美签署第一阶段经贸协议》,新华网,2020年1月16日,http://www.xinhuanet.com/world/2020-01/16/c_1125469375.htm。

③ Ana Swanson and Alan Rappeport, "Trump Signs China Trade Deal, Putting Economic Conflict on Pause," *The New York Times*, January 16, 2020, https://www.nytimes.com/2020/01/15/business/economy/china-trade-deal.html.

形式。

综上所述,特朗普政府的贸易政策对全球贸易体系产生的冲击源自经济全球化的负面效应。随着全球化进程的快速推进,美国的经济结构发生了不利于低技能劳动者的变化。2016年总统大选激起的"民粹主义浪潮"即社会生产层面的失衡向政治层面的民意传导。特朗普当选总统后急于兑现承诺和回应选民诉求,对全球贸易体系进行了"美国优先式"的调整。这一调整包括两个方面:首先,冷落多边贸易体系。特朗普一方面将多边贸易体系视为导致美国制造业岗位流失和巨额贸易赤字的重要原因加以抨击,另一方面则认为多边贸易体系的申诉和仲裁机制是对美国单边主义经济政策的掣肘。由此,特朗普退出TPP,对WTO机制的改革和运行也持消极态度,多边贸易体系在特朗普的影响下显著遇冷。其次,一个以美国为中心的"轴辐式贸易体系"正呈现出越发清晰的轮廓。特朗普将双边贸易磋商视为缩小美国贸易逆差、管控就业岗位外流和为美国企业打开海外市场的重要手段,奉行"交易的艺术",凭借美国的经济优势地位,以高额关税为武器,强力推进贸易谈判。在此背景下,美国已先后与欧盟、加拿大、日本、韩国、墨西哥和中国等各方完成了以"美国优先"为指导原则的双边贸易谈判。在特朗普政府的一系列政策影响下,WTO在全球贸易体系中的地位显著下降,一个以美国为中心的"轴辐式贸易体系"正逐渐成型。

**(四)小结:新葛兰西主义视角下的"特朗普现象"与全球贸易秩序变迁**

综上所述,本节分"社会生产关系""国家形态"以及"世界秩序"三个部分对"特朗普现象"的成因以及特朗普政府的贸易政策对全球贸易体系产生的影响分别做出了研究。统而言之,"特朗普现象"的内在动因在于经济全球化负面效应导致的美国社会生产关系失衡。全球化进程导致大量的制造业企业迁离美国,直接导致了低技能劳动者的现实利益受损。经济分化带来政治极化,日益对立的共和党与民主党矛盾激烈,极化政治严重阻碍了政府的行政效率,使得低技能劳动者对两党建制派精英失望。特朗普敏锐地把握住了美国社会生产关系失衡的现实以及低技能劳动者的迫切的政治诉求,通过呼应其诉求战胜希拉里,成功当选美国总统。通过新葛兰西主义的分析视角,"特朗普现象"代表了旧有国内霸权的破裂,而特朗普通过回应、调动、塑造中下层劳动者的反全球化情绪,赢得总统大选,构筑起新的国内霸权,①带来了"国家形态"的显著变化。作为全球唯一的超级大国,美国国内霸权的变更必将带来世界秩序的变化。具体到经贸领域,特朗普急于兑现竞选承诺、稳固选举的基础盘,对美国的对外贸易体系进行了大幅度的修正。具体而言,美国为制止制造业外流,退出了 TPP;为了削减贸易逆差,"修正不公平贸易",对多国发动贸易战。在此进程中,一系列变动鲜明地表现出特朗普对多边贸易体系的倦怠以及对有利于发挥美国国力优势的双边贸易手段的青睐。在"特朗普

---

① 前文讲到,新葛兰西主义国际关系理论视野中的"霸权"是一个兼具客观物质基础以及主观观念认同的词汇,特朗普虽然在 2016 年大选中胜出,但是面临着政治极化、民主党和共和党党争加剧的客观现实。在缺乏党际共识、全民基础的情况下,其执政基础能否稳固?换言之,新的"国内霸权"能否稳固?这是下文会讨论到的内容,也是一个值得未来长期观察和思考的议题。

现象"的冲击之下,全球多边贸易体系已经显著遇冷,一个以美国为中心的"轴辐式贸易体系"正在成型。本文通过新葛兰西主义视角来透视"特朗普现象"与全球贸易秩序变迁,具体如下图所示。

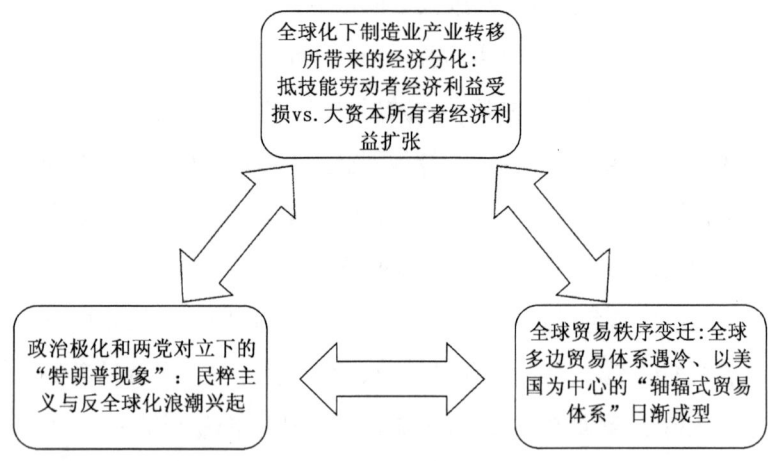

图9　新葛兰西主义视角下的"特朗普现象"与全球贸易秩序变迁

## 五、结　论

本文基于新葛兰西主义国际关系理论视角,探究了"特朗普现象"的成因及其影响之下的全球贸易秩序变迁。新葛兰西主义国际关系理论坚持历史唯物主义视角,将国际秩序变迁的基础立足于霸权国内部社会生产关系的变动之上,其具体的传导路径为"社会生产关系—国家形态—世界秩序"。文章的实证研究表明,"特朗普现象"的根本成因在于新自由主义经济政策引领下的经济全球化的负面效应。经济全球化进程造成了美国制造业企业的大量持续外迁,而工会的衰弱又造成了政府补偿政策的缺失,加剧了低技能劳动者的不满。在全球化的冲击下,美国的两党政治也越发呈现出极化特征。党争日趋激烈,其结果是两党在政府决策中均将党派利益凌驾于国家福祉之上,最终无暇应对全球化带来的贫富分化问题。中下层劳动者对两党建制派精英的失望使得他们转而支持"反建制派"人物特朗普。当选总统后,特朗普基于兑现竞选承诺的考虑,着手对全球贸易体系进行调整。特朗普政府的贸易政策对全球贸易体系的影响主要体现在两个方面,即多边贸易体系的遇冷和以美国为中心的"轴辐式贸易体系"的成型。首先,多边贸易体系显著遇冷。特朗普对包括 TPP 和 WTO 在内的多边贸易体系持消极态度,一方面认为多边贸易体系导致美国的就业岗位外流,另一方面则视多边贸易体系的仲裁和上诉机制为其单边主义经济政策的掣肘。其次,一个以美国为中心的"轴辐式贸易体系"逐渐成型。特朗普奉行"交易的艺术",将辅以关税威胁的双边贸易谈判当作修正"不公平贸易"的主要手段,强力推动贸易结构变动,力求缩减美国的贸易赤字,为本国企业打开海外市场。在此背景下,如果特朗普在 2020 年连任成功,美国将在未来的 2—3 年内构建起一个覆盖全球的但以美国为中心的"轴辐式贸易体系"。

然而,长期来看,随着"轴辐式贸易体系"在特朗普政府的影响下逐渐成型,全球贸易体系的不稳定性也呈现上升趋势。这种不稳定性主要表现在以下两个方面:首先,随着以 WTO 为代表的全球多边贸易协商机制的衰落和美国对于贸易双边主义手段的频繁运用,世界各主要经济体也将陆续采取双边或者多边协议维护本国经济利益。① 以美国为中心的"轴辐式贸易体系"和其他主要经济体缔结的双边、区域性乃至区域间的贸易安排叠加在一起,不可避免地会产生"碗面效应"(spaghetti bowl effect),在贸易仲裁机制缺失的情况下如何进行彼此间协调,将成为一个日益严峻的问题。其次,美国的中心地位也具有不确定性。新葛兰西主义国际关系理论将国内霸权视为世界秩序建构的内在前提,但是很显然"特朗普主义"的国内共识是相当薄弱的。特朗普当选得益于美国政治极化和民粹主义浪潮,在其当选后这两种趋势并未消减,反向更为极端化的方向发展。② 2018年美国中期选举后,民主党重新夺回众议院主导权,这意味着特朗普未来将在国会层面受到来自民主党的更大压力;而进一步发酵的民粹主义又盼望特朗普能够尽快解决就业困境、福利分配均衡化和社会安全问题,如果应对无力,特朗普将难以长期有效地对中下层选民进行政治动员以谋求连任。特别是2020年以来,新冠病毒在全球范围内的大流行严重制约经济发展,俄罗斯与沙特的石油价格之争带来全球石油市场的巨大波动,二者叠加给美国的金融市场带来了历史罕见的巨大

---

① 例如,随着"美欧贸易战"的推进,欧盟在加强与美国磋商的同时,开始积极加强与日本、加拿大、澳大利亚、墨西哥等主要发达国家和贸易伙伴的双边经济联系,这与美国的贸易双边主义措施是类似的。相关文献见:James Roberts and Ivan Benovic,"The Prospects for U.S.-EU Trade in 2019," The Heritage Foundation, February 26, 2019, https://www.heritage.org/sites/default/files/2019-02/BG3389.pdf.

② 张文宗:《"被遗忘的美国人"正在改变美国政治》,载《环球时报》2019年3月25日,第14版。

波动。① 政治极化加剧、经济运行风险骤增,都反映出特朗普执政基础的脆弱性,而国内层次的不确定性将不可避免地影响全球贸易秩序的稳定性。流变中的"特朗普主义"稳定性如何?与之相关,"轴辐式贸易体系"的发展前景又如何?这都是当前值得长期观察和思考的学术议题。

总而言之,"特朗普现象"的形成绝非偶然,本文的分析表明其植根于过去三十年经济全球化进程和美国国内政治社会的深层因素之中。特朗普任下的全球贸易秩序变迁虽然带有长期的不确定性,但已然明显地反映出新自由主义经济政策的弊端,全球化的负面效应在特朗普的首个任期内将保持持续而稳定的影响。

---

① 《美股本周三天暴跌,两度熔断》,新华社,2020 年 3 月 14 日,http://www.xinhuanet.com/video/2020-03/14/c_1210514005.htm。

# 金砖国家制造业产业在全球价值链中的分工地位研究[*]

邱 涛[**]

**内容摘要** 本文利用 TIVA 数据库资源,测算了金砖国家在 1995—2011 年间的制造业整体和分行业的全球价值链地位和全球价值链参与度指数,同时对金砖国家制造业分行业出口附加值和出口附加值构成进行了分析,以分析对比中国与其他金砖国家的制造业在全球价值链分工中的地位和参与程度。本文认为,金砖国家制造业需要一方面鼓励国内企业创新发展,积极参与全球价值链分工,另一方面,还需要积极利用金砖国家这个发展平台,增加相互之间的贸易和投资往来,构建金砖国家之间发达的区域价值链。

---

[*] 已录用准备发表在《世界经济与政治论坛》上,此文为进一步修改稿。
[**] 邱涛为南京大学历史学院国际关系研究院博士研究生。

**关键词** 金砖国家 全球价值链分工 附加值贸易

# 一、引 言

在2016年的G20杭州峰会上,习近平主席指出:"我们应该发挥基础设施互联互通的辐射效应和带动作用,帮助发展中国家和中小企业深入参与全球价值链,推动全球经济进一步开放、交流、融合。"这种宣示指明了未来我国要建立高质量的产业体系,同时构建发展中国家中小企业"包容性地参与",同时建立"以我为主"的全球价值链体系,2017年党的十九大报告再次明确了这一点。

一般来说,衡量全球价值链地位高低的最直接的指标就是产品产业的国内增加值率。它体现本国产业参与全球价值链分工的利益大小,体现参与全球价值链分工对本国经济的贡献大小。我国是全球制造业大国和世界重要制造基地,制造业是我国提高全球价值链地位的主战场,产业迈向中高端主要体现在制造业方面。鼓励发展中国家包容性地参与到以我为主的价值链中,需要一个发展的平台,而金砖国家就是这个最好的发展平台,经过十年的发展,金砖国家不仅发展成为新兴市场国家和发展中国家合作发展的重要平台,而且已经形成以领导人会晤为引领,以部长会议为支撑,在经贸、科技等数十个领域开展务实合作的发展平台,重视和研究金砖国家制造业发展情况有助于我们了解和促进"以我为主"的全球价值链体系的构建。

与此同时,我们注意到:席卷全球的金融危机使美国和欧盟等发达经济体重新认识到制造业对于推动技术进步、拉动就业的重要性,再度将重整制造业视作拉动经济复苏、恢复经济活力的关键,并出台了一系列政策来实现本国的"再工业化",吸引制造企业的回归。这就导致了很多新兴国家,包括金砖国家在参与全球价值链分工时遇到极大的困难,如果制造企业向发达国家回流的现象持续下去,将使金砖国家通过承接国际产业转移、利用跨国公司的技术溢出效应向价值链高端攀升的产业升级模式难以为继。众所周知,中国等金砖国家在发展过程中,也较多地得益于欧美等发达国家不断上升的最终需求拉动,我们暂时称之为"外部依赖",[1]那么金砖国家在制造业方面在全球价值链分工中地位如何,变化如何,是一个值得深入研究的课题。

齐玮和万广华等从中国与印度之间经贸关系角度展开研究;[2]辛仁杰等研究重点从经贸角度阐述了金砖国家合作机制;[3]武敬云运用贸易结合度指数、显性比较优势指数、斯皮尔曼等级相关系数、贸易互补性指数等多种贸易指数研究了"金砖国家"内部贸易关系的紧密程度、贸易的竞争与互补性状况;[4]李爱军、魏浩

---

[1] Yung Chul Park, "The Global Financial Crises Decoupling of East Asia—Myth or Reality?" Asian Development Bank Working Paper, No. 289, June 2011.

[2] 齐玮:《中印双边贸易的互补性及比较优势》,载《改革》2007年第3期;万广华、M. S. Qureshi、伏润民:《中国和印度的贸易扩张:威胁还是机遇》,载《经济研究》2008年第4期。

[3] 辛仁杰、孙现朴:《金砖国家合作机制与中印关系》,载《南亚研究》2011年第3期。

[4] 武敬云:《"金砖国家"的贸易互补性和竞争性分析》,载《国际商务》2012年第2期。

和金彪等都从各自角度分析了金砖国家中的中巴外贸发展关系,并做了趋势预测;①欧阳峣等分析了中国与金砖国家外贸的"共享式"增长;②周丹对 2000—2010 年金砖五国双边贸易成本弹性进行测度;③唐宜红利用 HS 6 位码的货物贸易数据,测算并比较了1995—2015 年间金砖国家制造业出口质量指数。④ 但是,这些研究金砖国家外贸的文献都使用的是传统统计方式的贸易数据。姚海棠与蒲红霞等采用了增加值贸易统计方式的数据,但仅仅对服务贸易做了一般的竞争力分析,没有对金砖国家整体贸易从全球价值链的高度做一个研判。⑤

目前很多文献采集的贸易数据都是使用传统统计方式得到的,但因为中间产品的存在,使得中间产品在很多国家间转移很多次,这就导致了传统统计方式很容易出现"重复计算"的问题,这使得在参与国际分工的过程中很多参与国家的分工情况和所获得的

---

① 李爱军、张爱真:《中国与巴西的贸易互补性分析》,载《广西财经学院学报》2007 年第 5 期。

② 欧阳峣:《中国与金砖国家外贸的"共享式"增长》,载《中国社会科学》2012 年第 10 期。

③ 周丹:《金砖国家间双边贸易成本弹性的测度与分析》,载《数量经济技术经济研究》2013 年第 3 期。

④ 唐宜红:《金砖国家出口产品质量的测度和比较分析》,载《国际商务研究》2017 年第 3 期。

⑤ 姚海棠、方晓丽:《金砖五国服务部门竞争力及影响因素实证分析》,载《国际贸易问题》2013 年第 2 期;蒲红霞、马霞:《增加值贸易下金砖国家服务贸易竞争力比较分析》,载《亚太经济》2015 年第 1 期。

贸易收益被"误读"了。① 因此,要深入分析金砖国家制造业参与全球价值链分工情况,尤其在全球产业链演进②背景下,最好的研究方式就是采用"贸易附加值"(Trade in Value Added,TiVA)来测算和分析。而当前 TiVA 数据库是研究各国或地区在参与全球生产网络过程中创造的实际价值的最佳基础数据库,在研究和分析中使用其会更好地描述和刻画全球价值链(GVC)下的分工地位和贸易收益占比。本文基于投入产出理论,利用 OECD 和 WTO 联合更新了 TiVA 数据库的相关数据对金砖国家制造业出口产品的增加值分布进行了系统研究,为准确衡量金砖国家制造业在全球价值链上的地位和分析其发展趋势提供理论参考。

## 二、增加值贸易理论

对于 TiVA 数据库而言,世界投入产出表奠定了 TiVA 数据库的理论基础。世界投入产出表能够揭示每一个国家每种最终产品的生产所需要投入的中间类产品的种类、数量、来源以及所产生的增加值,并且可以展示出每一个国家每种最终产品的详细流转方向和使用状况。

根据增加值贸易的相关理论,某国某部门出口产品的增加值

---

① Robert Koopman, William Powers, Zhi Wang, Shang-Jin Wei, "Give Credit Where Credit Is Due Tracing Value Added in Global Production Chains," *NBER Working Paper*, No. 16426, September 2010.

② 刘烈宏、陈治亚:《产业链演进的动力机制及影响因素》,载《世界经济与政治论坛》2016 年第 1 期。

可以分解为国内增加值和国外增加值两部分,而国内增加值部分又可以分解为三个部分:国内部门直接的增加值,国内部门间接的增加值和进口中间品的国内增加值。出口产品的国内部门直接增加值是指本国出口需求增加之后,国内部门为了满足需求的增加而提高相应的产出,进而产生直接的价值增值。

按照世界投入产出表的矩阵表示方法,一般可以将出口产品的国内部门直接增加值表达为:

$$EXDDC_c = V_c EX_c \tag{1}$$

其中,$EXDDC_c$ 代表国家 $c$ 出口产品的国内部门直接增加值,等式右边的 $V_c$ 表示国家 $c$ 的 $K \times K$ 维的国内增加值系数对角矩阵,$EX_c$ 表示国家 $c$ 的出口向量。除了国内部门的直接增加值以外,还有国内其他部门为满足新增需求所创造的间接增加值,反映了国内各部门之间的投入产出关系,因此,国家 $c$ 出口产品的国内部门间接增加值可以表示为:

$$EXIDC_c = V_c (1 - A_c)^{-1} EX_c - EXDDC_c \tag{2}$$

其中,等式左边表示国家 $c$ 的出口产品中所蕴含的国内部门的间接增加值,右边的 $A_c$ 是国家 $c$ 的投入产出系数矩阵,$(1-A_c)^{-1}$ 是国家 $c$ 的里昂惕夫逆矩阵。$V_c(1-A_c)^{-1}EX_c$ 表示国家 $c$ 的国内部门为了满足新增出口需求所产生的总的国内增加值,这个总的国内增加值减去国内部门的直接增加值,就得到国内部门创造的间接增加值。国内增加值还有一部分需要考虑,即出口产品在生产制造过程中可能使用进口中间产品,而进口中间产品中包含最终产品出口国的国内增加值,因此,进口中间品的国内增加值可以表示为:

$$EXRIM_c = V_c B_{c,c} EX_c - EXDDC_c - EXIDC_c \qquad (3)$$

其中,$EXRIM_c$ 表示在出口产品制造过程中,进口的国外中间产品中所蕴含的 $c$ 国的国内内增加值,假设整个世界有 $N$ 个国家,每个国家有 $K$ 种产品,存在 $NK \times NK$ 维的里昂惕夫逆矩阵 $B = (1-A_c)^{-1}$,$B_{c,c}$ 是里昂惕夫逆矩阵中的 $K \times K$ 维的对角分块矩阵,表示 1 单位国家 $c$ 的需求增加所需要的总产出。以上是出口产品的国内增加值的计算方法,而出口产品的国外增加值可以用下式表示:

$$EXFVA_{c,a} = \mu V_a B_{a,c} diag(EX_{c,a}) \qquad (4)$$

其中,$EXFVA_{c,a}$ 是 $1 \times K$ 的行向量,代表国家 $c$ 出口产品中蕴含的贸易伙伴国家 $a$ 的增加值含量。$\mu$ 是 $1 \times K$ 的单位行向量,$V_a$ 表示国家 $a$ 的 $K \times K$ 维的国内增加值系数对角矩阵,$B_{a,c}$ 是里昂惕夫逆矩阵的 $K \times K$ 维对角分块矩阵,表示 1 单位国家 $c$ 的需求增长所需的国家 $a$ 的总产出。$diag(EX_{c,a})$ 是 $K \times K$ 维的对角矩阵,对角线上的元素是国家 $c$ 对国家 $a$ 的出口。

## 三、金砖国家制造业整体贸易发展情况分析

总体来看,图 1 反映了金砖国家整体制造业产品出口的国内附加值率,从中看到金砖国家制造业整体出口的国内附加值率呈现出先下降后上升再平稳的发展趋势。1995 年金砖国家制造业整体出口的国内附加值率为 72.58%,这意味着其制造业产品出口的国内附加值占到全部出口的 72.58%。2003 年降至最低点 60.21%,之后缓慢增加一直平稳在 65% 左右。

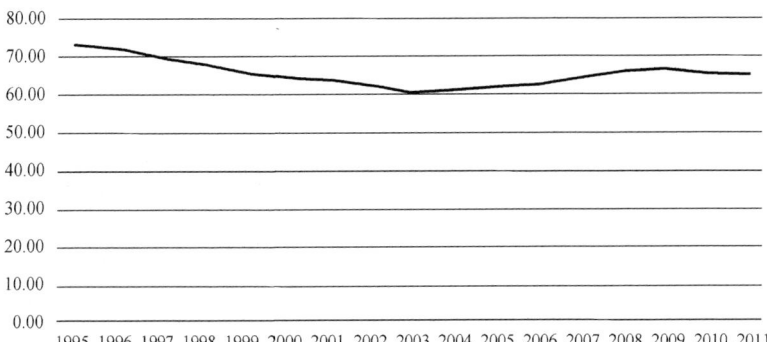

**图 1　金砖国家制造业产品出口的国内附加值率　单位:%**
数据来源:作者根据 OECD 的 TiVA 数据库计算得到

如果用金砖国家制造业增加值出口值与传统统计口径制造业出口值相比较,从图 2 中可以发现,自 1995 年开始缓慢增长,到 2003 年开始快速增长,这也与图 1 金砖国家制造业国内附加值率在 2003 年达到最低,相互印证,反映出金砖国家的出口越来越深地融入全球价值链分工中。2008 年由于全球金融危机,使得出口(两种口径)都开始下降,但仅隔一年,2009 年又开始继续快速增长,这表明从长期看,金砖国家融入全球价值链的趋势不会随着金融危机等外界因素而改变。通过 RIETI-TID 2015 数据库[①],也能印证这一结论,1990—2015 年,金砖国家从全世界进口的制造业中间品,由 519.47 亿美元增加到 1.05 万亿美元,占全世界出口中间品的比例由 3% 增加到 15%,同期,全世界进口金砖国家的制造业中间品,由 629.01 亿美元增加至 1.24 万亿美元,占全世界进口

---

① http://www.rieti-tid.com/

中间品的比例由 4% 增加到 18%。

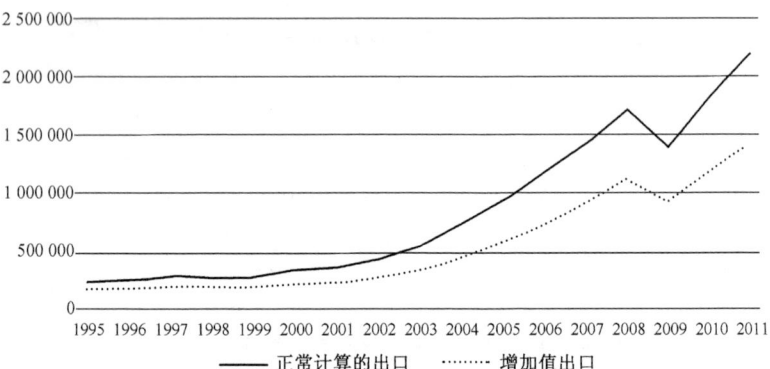

图 2　金砖国家制造业出口比较分析　单位：百万美元

数据来源：作者根据 OECD 的 TiVA 数据库计算得到

## 四、金砖国家制造业在全球产业链地位分析

基于对出口贸易的分解，Koopman 等(2010)构建了反映一国参与全球生产网络程度和国际分工地位的指标，即 GVC 参与指数和 GVC 地位指数。

### (一) GVC 参与指数和 GVC 地位指数概念

GVC 参与指数被定义为一国间接附加值出口与国外附加值出口之和与总出口的比重。计算公式如下：

$$GVC\_Participation_{ir} = IV_{ir}/E_{ir} + FV_{ir}/E_{ir}$$

其中，$GVC\_Participation_{ir}$ 表示 $r$ 国 $i$ 产业参与全球生产网络的程度；$IV_{ir}$、$FV_{ir}$ 和 $E_{ir}$ 分别表示一国总出口所包含的间接国内附加值、国外附加值和以附加值角度核算的总出口。指数值越大,说明一国参与全球生产网络的程度越高。

GVC 地位指数被定义为一国间接附加值出口与国外附加值出口的差距。如果一国总出口中的间接附加值出口比率高于国外附加值出口比率,意味着该国更多地为世界其他国家提供中间产品,说明该国处于上游环节,否则,处于下游环节。计算公式如下:

$$GVC\_Position_{ir} = \ln(1+IV_{ir}/E_{ir}) - \ln(1+FV_{ir}/E_{ir})$$

其中,$GVC\_Position_{ir}$ 表示 $r$ 国 $i$ 产业在全球价值链中的分工地位;其他字母含义同上。指数值越大,说明一国处于全球价值链的地位越高。

## (二) 金砖国家 GVC 参与指数和 GVC 地位指数分析

本部分主要测算 1995—2011 年金砖国家制造业整体的国内附加值率、各个制造业产业在各国全部出口附加值中的比重及整体制造业的全球价值链地位指数和全球价值链参与度指数并进行比较。图 3 和图 4 是根据 TiVA 统计数据计算的五个国家制造业 GVC 参与度指数及 GVC 地位指数,从这两幅图中可以看出,一个国家在全球价值链中的分工地位与贸易规模并不成正比。

从前面的分析我们可以看出,无论是按照传统贸易计算,还是按照增加值贸易计算,中国的贸易规模都是第一,但是在 GVC 地位指数排序中,中国一直是最后一名,但是通过与 GVC 参与度指数结合分析,我们可以发现这四个国家参与全球生产网络的程度都远低于中国,通过表 1、表 2,可以发现在 1995—2011 年间,第一,金砖五国的制造业 GVC 地位指数处于上升趋势,而 GVC 参与度指数却有分化。中国、巴西和俄罗斯处于上升趋势,而印度和

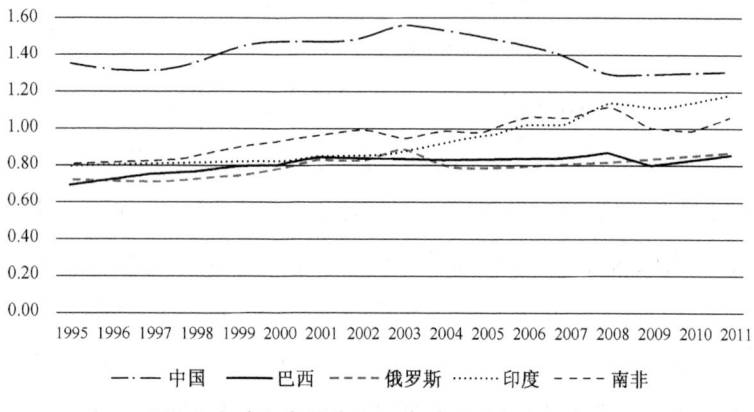

**图3　金砖国家制造业 GVC 参与度指数比较图**

数据来源：作者根据 OECD 的 TiVA 数据库计算得到

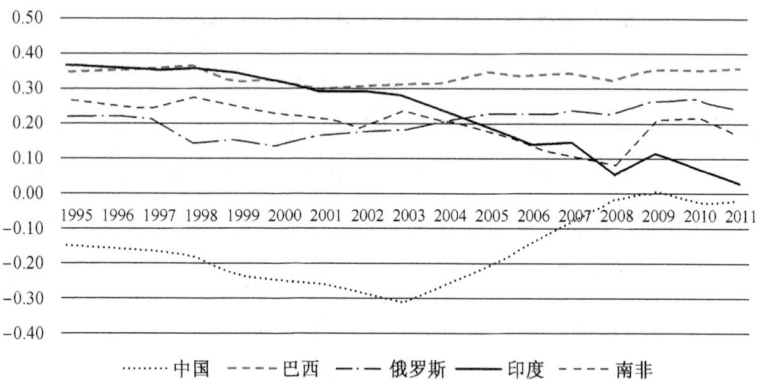

**图4　金砖国家制造业 GVC 地位指数变化比较图**

数据来源：作者根据 OECD 的 TiVA 数据库计算得到

南非的制造业 GVC 地位指数整体处于下降趋势；第二，中国的 GVC 参与度指数一直都大于1，平均值为1.38，远高于其他四个国家；第三，本表选择美国做比较，可以发现：从表1至表3中可以发现在某些年份，美国制造业的 GVC 地位指数反而低于金砖国

表 1　1995—2011 年金砖国家制造业 GVC 参与度指数表

单位：无

| | 1995 | 1996 | 1997 | 1998 | 1999 | 2000 | 2001 | 2002 | 2003 | 2004 | 2005 | 2006 | 2007 | 2008 | 2009 | 2010 | 2011 |
|---|---|---|---|---|---|---|---|---|---|---|---|---|---|---|---|---|---|
| 中国 | 1.33 | 1.30 | 1.30 | 1.33 | 1.42 | 1.44 | 1.44 | 1.46 | 1.53 | 1.50 | 1.48 | 1.42 | 1.37 | 1.28 | 1.28 | 1.29 | 1.24 |
| 巴西 | 0.69 | 0.71 | 0.74 | 0.75 | 0.78 | 0.79 | 0.83 | 0.81 | 0.81 | 0.82 | 0.82 | 0.82 | 0.83 | 0.86 | 0.79 | 0.82 | 0.84 |
| 俄罗斯 | 0.71 | 0.70 | 0.70 | 0.73 | 0.72 | 0.76 | 0.83 | 0.81 | 0.87 | 0.79 | 0.77 | 0.79 | 0.79 | 0.81 | 0.83 | 0.84 | 0.84 |
| 印度 | 0.80 | 0.80 | 0.79 | 0.80 | 0.81 | 0.81 | 0.83 | 0.83 | 0.86 | 0.90 | 0.94 | 1.00 | 1.01 | 1.13 | 1.09 | 1.12 | 1.17 |
| 南非 | 0.78 | 0.81 | 0.82 | 0.83 | 0.88 | 0.92 | 0.95 | 0.98 | 0.93 | 0.97 | 0.97 | 1.04 | 1.05 | 1.10 | 0.99 | 0.98 | 1.04 |
| 美国 | 0.67 | 0.67 | 0.68 | 0.67 | 0.68 | 0.69 | 0.69 | 0.67 | 0.69 | 0.69 | 0.70 | 0.71 | 0.73 | 0.77 | 0.66 | 0.70 | 0.74 |

数据来源：作者根据 OECD 的 TiVA 数据库计算得到。

表 2　1995—2011 年金砖国家制造业 GVC 地位指数表

单位：无

| | 1995 | 1996 | 1997 | 1998 | 1999 | 2000 | 2001 | 2002 | 2003 | 2004 | 2005 | 2006 | 2007 | 2008 | 2009 | 2010 | 2011 |
|---|---|---|---|---|---|---|---|---|---|---|---|---|---|---|---|---|---|
| 中国 | −0.16 | −0.17 | −0.18 | −0.19 | −0.25 | −0.27 | −0.27 | −0.30 | −0.32 | −0.27 | −0.21 | −0.16 | −0.08 | −0.02 | 0.00 | −0.03 | −0.03 |
| 巴西 | 0.35 | 0.36 | 0.36 | 0.36 | 0.32 | 0.32 | 0.29 | 0.30 | 0.31 | 0.32 | 0.34 | 0.33 | 0.34 | 0.33 | 0.35 | 0.35 | 0.36 |
| 俄罗斯 | 0.22 | 0.22 | 0.21 | 0.14 | 0.15 | 0.13 | 0.17 | 0.18 | 0.18 | 0.21 | 0.23 | 0.22 | 0.24 | 0.23 | 0.27 | 0.27 | 0.24 |
| 印度 | 0.37 | 0.36 | 0.35 | 0.36 | 0.34 | 0.32 | 0.30 | 0.30 | 0.28 | 0.23 | 0.18 | 0.14 | 0.14 | 0.05 | 0.11 | 0.07 | 0.02 |
| 南非 | 0.27 | 0.25 | 0.24 | 0.27 | 0.25 | 0.22 | 0.21 | 0.18 | 0.24 | 0.20 | 0.19 | 0.13 | 0.10 | 0.08 | 0.21 | 0.22 | 0.16 |
| 美国 | 0.22 | 0.22 | 0.22 | 0.23 | 0.21 | 0.20 | 0.23 | 0.22 | 0.21 | 0.19 | 0.18 | 0.16 | 0.17 | 0.15 | 0.19 | 0.16 | 0.14 |

数据来源：作者根据 OECD 的 TiVA 数据库计算得到。

表 3 金砖国家制造业 GVC 地位指数及 GVC 参与度指数平均值(1995—2011 年)

|  | 中国 | 巴西 | 俄罗斯 | 印度 | 南非 | 美国 |
|---|---|---|---|---|---|---|
| GVC 地位指数 | −0.17 | 0.34 | 0.21 | 0.23 | 0.20 | 0.19 |
| GVC 参与度指数 | 1.38 | 0.79 | 0.78 | 0.92 | 0.94 | 0.70 |

数据来源：作者根据 OECD 的 TiVA 数据库计算得到

表明：一方面，中国参与国际生产网络的程度远高于其他四个国家，但由于中国制造业处于全球产业链分工的下端，使得中国的贸易规模虽然很高，但中国制造业出口的附加值率较低，即国外附加值(FV)较高，使得在计算 GVC 地位指数时指数值较低；另一方面，这两个指数过于考虑比值，没有充分考虑一国贸易总规模和间接增加值的规模，因此在计算过程中会产生某国参与国际分工程度较低，反而使得其国外附加值较低，导致 GVC 地位指数较高，因而，下面本文将深入分析金砖国家制造业分行业出口附加值和金砖国家制造业出口附加值构成，来进一步探讨金砖国家制造业在全球价值链的地位和参与情况。

## 五、金砖国家制造业分行业出口附加值分析和出口附加值构成分析

### (一) 金砖国家制造业分行业出口附加值分析

1. 中国制造业产品出口的国内附加值率分析

表 4 表明中国整体出口的国内附加值率呈现出 V 形的发展

趋势。1995年中国整体出口的国内附加值率为55.64%,这表明中国产品出口的国内附加值占到全部出口的55.64%。2000年降至51.31%,2005年反转为52.04%,到2011年上升至59.9%。这种V形反转的趋势一方面说明我国的出口越来越深地融入全球价值链分工中,首先表现为本国的附加值率出现下降,但随着制造业的产业升级,出口产品逐渐向产业链高端迈进,本国附加值开始出现上升趋势。从制造业分类角度观察,1995—2011年间各类制造产品的出口附加值率都出现了V形的发展趋势。食品、饮料和烟草产业的出口国内附加值率是所有制造业中最高的,1995年出口附加值率为67.32%,而到2011年升至74.69%,这个产业出口的国内附加值率高的原因在于该产业对外开放的程度不高,因此增值主要来自国内。纺织服装、皮革和鞋产品的出口附加值比重也较高,1995年出口国内附加值率为61.14%,2011年高达73.53%。纺织服装、皮革和鞋都是劳动密集型产品,一直是中国最具竞争力的产品,因此出口的国内附加值率一直保持比较高的比重。最为惊喜的是电子和光学设备产品,其出口附加值率出现了显著的上升,因为该产业是典型的代工产业,它的上升不仅说明在该产业上向全球产业链高端在攀升,也说明我国制造业转型升级初显成效。

表4 中国制造业产品出口(增加值贸易) (单位:%)

| 产业(附加) | 1995 | 2000 | 2005 | 2011 |
| --- | --- | --- | --- | --- |
| 制造业整体 | 55.64 | 51.31 | 52.04 | 59.90 |
| 食品、饮料和烟草 | 67.32 | 68.30 | 75.11 | 74.69 |

(续表)

| 产业(附加) | 1995 | 2000 | 2005 | 2011 |
|---|---|---|---|---|
| 纺织服装、皮革和鞋 | 61.14 | 63.00 | 69.07 | 73.53 |
| 木材、纸、纸制品、印刷和出版 | 54.03 | 51.91 | 62.68 | 57.99 |
| 化学和非金属矿产品 | 53.12 | 52.04 | 56.48 | 58.63 |
| 基础金属和制造金属产品 | 66.14 | 62.61 | 66.76 | 67.48 |
| 机械设备 | 61.11 | 61.58 | 65.19 | 69.58 |
| 电子和光学设备 | 33.27 | 27.95 | 33.03 | 46.19 |
| 运输设备 | 55.95 | 58.72 | 61.30 | 70.03 |
| 其他制造产品和回收产品 | 72.83 | 74.00 | 74.27 | 77.71 |

数据来源:作者根据 OECD 的 TiVA 数据库计算得到

表5　巴西制造业产品出口的国内附加值率　　（单位:%）

| 产业(附加) | 1995 | 2000 | 2005 | 2011 |
|---|---|---|---|---|
| 制造业整体 | 89.89 | 85.44 | 85.38 | 85.73 |
| 食品、饮料和烟草 | 92.59 | 90.53 | 91.04 | 90.24 |
| 纺织服装、皮革和鞋 | 94.00 | 92.83 | 92.36 | 91.15 |
| 木材、纸、纸制品、印刷和出版 | 92.99 | 91.27 | 90.40 | 90.48 |
| 化学和非金属矿产品 | 87.14 | 82.86 | 80.94 | 83.29 |
| 基础金属和制造金属产品 | 87.22 | 86.46 | 84.71 | 84.58 |
| 机械设备 | 89.38 | 84.26 | 83.78 | 83.83 |
| 电子和光学设备 | 86.72 | 75.75 | 77.85 | 80.15 |
| 运输设备 | 87.78 | 82.52 | 80.81 | 80.49 |
| 其他制造产品和回收产品 | 94.80 | 91.91 | 91.94 | 91.49 |

数据来源:作者根据 OECD 的 TiVA 数据库计算得到

2. 巴西制造业产品出口的国内附加值率分析

表 5 表明巴西整体制造业出口的国内附加值率都比较高,且呈现下降趋势,这说明巴西的加工贸易在整体贸易中占比较低,但从 1995—2011 年的整体制造业产品的国内附加值率呈现逐年下降的趋势看,巴西制造业的加工贸易占比在逐年提升,这也说明巴西制造业在逐渐和缓慢地加入国际生产网络。1995 年巴西整体制造业出口的国内附加值率为 89.89%,这表明巴西制造业产品出口的国内附加值占到全部出口的 89.89%。2000 年降至 85.44%,2005 年降为 85.38%,由于全球金融导致的需求减少,2011 年的国内附加值率在小幅上升,为 85.73%。从制造业产品来看,各类制造产品的出口附加值率从 1995—2011 年都出现了下降。除了其他制造业产品外,纺织服装、皮革和鞋产业的出口国内附加值率是所有制造业中最高的,1995 年出口附加值率为 94%,而到 2011 年降至 91.15%,这个产业出口的国内附加值率高的原因在于该产业对外开放的程度不高,因此增值主要来自国内。食品、饮料和烟草以及木材、纸、纸制品、印刷和出版产品的出口附加值比重也较高,1995 年出口国内附加值率分别是 92.59% 和 92.99%,2011 年仍旧高达 90.24% 和 90.48%。纺织服装、皮革和鞋都是劳动密集型产品,这也是巴西较具竞争力的产品,因此出口的国内附加值率一直保持比较高的比重。其他制造业和回收产品的出口附加值也保持在 91% 以上。木材、纸、纸制品、印刷和出版业产品,机械设备、电子和光学设备和运输设备产品的出口附加值是巴西制造业中下降最快的几个产业,从 1995 年的 89.38%、86.72% 和 87.78%,降低到 2011 年的 83.83%、80.15% 和

80.49%,可见经济国际化程度的加快,这三个部门出口采用国外的投入越来越多,所以国内附加值出现了急剧的下降。

表6 俄罗斯制造业产品出口的国内附加值率　　（单位:%）

| 产业（附加） | 1995 | 2000 | 2005 | 2011 |
| --- | --- | --- | --- | --- |
| 制造业整体 | 82.71 | 77.39 | 81.40 | 80.00 |
| 食品、饮料和烟草 | 82.42 | 82.33 | 82.92 | 82.85 |
| 纺织服装、皮革和鞋 | 73.41 | 76.70 | 77.10 | 73.50 |
| 木材、纸、纸制品、印刷和出版 | 82.81 | 79.00 | 80.98 | 80.31 |
| 化学和非金属矿产品 | 83.75 | 76.60 | 84.81 | 84.33 |
| 基础金属和制造金属产品 | 85.03 | 77.16 | 80.94 | 77.22 |
| 机械设备 | 80.78 | 78.23 | 74.10 | 71.56 |
| 电子和光学设备 | 79.11 | 76.95 | 74.31 | 72.63 |
| 运输设备 | 77.02 | 75.53 | 69.20 | 68.31 |
| 其他制造产品和回收产品 | 84.94 | 85.21 | 82.31 | 80.00 |

数据来源:作者根据OECD的TiVA数据库计算得到

3. 俄罗斯制造业产品出口的国内附加值率分析

从表6中看到俄罗斯整体制造业出口的国内附加值率与巴西一样,总体呈现下降趋势,由于国内政治不稳定,经济发展受到了一定影响,1995—2011年的整体制造业产品的国内附加值率呈现出波动的趋势。1995年俄罗斯整体制造业出口的国内附加值率为82.71%,2000年降至77.39%,2005年降为81.40%,随后又呈现出下降趋势,2011年为80%。从制造业分类角度看,机械设备、电子和光学设备以及运输设备等三个行业的国内附加值率下降较快,一方面俄罗斯政府高度重视机械制造工业的发展,另一方面机械制造工业与其他工业领域关联度较高,带动性强,因此俄罗斯在国家层面帮助其提升竞争力,目前俄罗斯生产的能源设备出口(出口至欧洲、南美、亚太国家)占比为20%—30%,这说明俄罗斯制造在全球市场中拥有一定竞争力。

表7 印度制造业产品出口的国内附加值率　　(单位:%)

| 产业(附加) | 1995 | 2000 | 2005 | 2011 |
| --- | --- | --- | --- | --- |
| 制造业整体 | 87.43 | 84.76 | 74.80 | 63.81 |
| 食品、饮料和烟草 | 92.78 | 92.23 | 88.57 | 87.86 |
| 纺织服装、皮革和鞋 | 90.23 | 90.40 | 85.04 | 80.17 |
| 木材、纸、纸制品、印刷和出版 | 86.33 | 85.14 | 80.46 | 75.18 |
| 化学和非金属矿产品 | 84.04 | 80.00 | 68.45 | 55.59 |
| 基础金属和制造金属产品 | 82.26 | 75.33 | 68.98 | 59.78 |
| 机械设备 | 83.69 | 81.42 | 73.24 | 67.36 |
| 电子和光学设备 | 84.70 | 79.58 | 72.85 | 67.61 |
| 运输设备 | 86.03 | 80.81 | 76.75 | 68.04 |
| 其他制造产品和回收产品 | 83.67 | 82.29 | 72.78 | 57.63 |

数据来源:作者根据OECD的TiVA数据库计算得到

4. 印度制造业产品出口的国内附加值率分析

从表7中看到虽然印度整体制造业出口的国内附加值率呈现逐年降低趋势,从制造业分类角度看,化学和非金属矿产品、基础金属和制造金属产品下降最快,分别从1995年的84.04%和82.26%下降至55.59%和59.78%,这说明印度制造业融入全球价值链的步伐在加快。尤其近年来印度提出"印度制造",其制造业发展出现了"引进来"和"走出去"的趋势,据统计,目前进入印度的外资主要集中于制造业,2011—2015年,外资在印度制造业流向分布是:交通装备(241亿美元)、信息和通讯电子(239亿美元)、环境技术(225亿美元)。印度制造业的出口也呈现逐年上升的趋势,据统计,2012年至2017年初,印度制造业产品出口总体呈波动上行趋势,2014年前后制造业出口增长较为迅速。与PMI指数相同,印制造业出口也在2015和2016年的年底分别出现短暂下跌,其他时候基本稳定在1万亿卢比至1.2万亿卢比之间。但是由于印度建国以来,其产业结构一直是以第三产业为主,制造业部门占GDP比重常年位于在15%—17%的水平,提升缓慢,占比不高,未来印度制造业发展仍有很长的路要走。

表8 南非制造业产品出口的国内附加值率　　(单位:%)

| 产业(附加) | 1995 | 2000 | 2005 | 2011 |
| --- | --- | --- | --- | --- |
| 制造业整体 | 82.82 | 76.97 | 74.40 | 71.54 |
| 食品、饮料和烟草 | 87.24 | 85.42 | 83.79 | 84.44 |
| 纺织服装、皮革和鞋 | 84.84 | 79.99 | 80.34 | 77.47 |
| 木材、纸、纸制品、印刷和出版 | 85.47 | 80.75 | 82.97 | 80.26 |
| 化学和非金属矿产品 | 81.44 | 76.37 | 76.19 | 71.16 |
| 基础金属和制造金属产品 | 84.00 | 78.44 | 77.20 | 67.82 |
| 机械设备 | 79.21 | 73.16 | 60.08 | 73.02 |
| 电子和光学设备 | 76.19 | 69.39 | 68.94 | 66.56 |
| 运输设备 | 76.31 | 72.05 | 65.20 | 71.65 |
| 其他制造产品和回收产品 | 86.96 | 77.60 | 78.38 | 77.76 |

数据来源:作者根据OECD的TiVA数据库计算得到

5. 南非制造业产品出口的国内附加值率分析

从表8中看到南非整体制造业出口的国内附加值率虽然呈现

下降趋势,但这并不表明南非的制造业水平加快融入全球产业链。据 IDC 统计,南非自 1994 年结束种族隔离制度以来,经济发展上的确有一个"去工业化"的趋势,但这一趋势并非特别明显:三产占比从 1994 年时的 35.5% 升为 2013 年时的 39.4%。而制造业占比由 20.9% 降为 15.2%。从制造业分类角度看,大多数呈现逐年小幅下降的趋势,基础金属和制造金属产品和电子和光学设备下降较快,从 1995 年的 84% 和 76.19% 下降至 67.82% 和 66.56%,但也有部分产业呈现 V 形反转,比如机械设备。这些数据与南非外部经营环境和其内部经济政策有关,据世界银行的非洲经济报告,罢工和劳动力市场僵化可能会阻碍外国投资进入南非,南非的采矿业和制造业是受到外部经济因素冲击最大的部门。此外,在南非,以振兴本土经济为中心的产业政策升级,在一定程度上打击了制造企业的积极性,并导致制造业转移。据报道,南非能源部对风力发电机投标企业提出的"本地化率"是 40%,这就意味着风力发电机生产环节中必须向南非本土企业支出 40% 的营业额,作为设备出口商的企业,这几乎意味着必须在南非当地设厂,这其实是赤裸裸地在排斥全球化,虽然短期内会提升本土化(提升国内附加值率),长期必然损害其产业向产业链高端升级。

### (二)金砖国家制造业出口附加值分解分析

总出口中本国的附加值可以分成三个部分:直接国内产业增加值、间接国内的中间投入和再进口的国内附加值,分别表示在生产出口产品的过程中,行业自身创造的附加值、上游行业创造的附加值,以及该行业使用的进口产品中包含的本地附加值。表 9 至表 13 反映 2011 年金砖五国制造业各个产业出口附加值的构成情况。

1. 中国制造业各个产业的出口分析

中国制造业各个产业的出口附加值中都是间接附加值占主导地位。从具体产业来看，总出口金额最高的是电子和光学设备，为5 752.38亿美元，其中本国附加值为2 657.26亿美元，外国附加值为3 095.12亿美元，本国附加值中直接的国内产业附加值为984.52亿美元，间接国内中间产品投入为1 549.26亿美元，再进口的国内增加值为123.47亿美元。总出口额排在第二位的是纺织服装、皮革和鞋类产品，2011年总出口额为1 996.29亿美元，其中本国的附加值为1 464.36亿美元，外国的附加值为531.93亿美元，国内附加值中直接的国内产业的增加值为464.24亿美元，国内中间产品投入为1 000.09亿美元，本国附加值占比达到73.35%（仅次于食品、饮料和烟草业）。化学与非金属矿产品的总出口额排在第三位，总出口1 971.7亿美元，本国附加值为1 156.03亿美元，外国附加值为815.67亿美元，这充分说明在中国制造业出口能力最强的三个产业中，产业创造的增加值均主要来自产业链中的上游企业，而出口产业本身创造的附加值是比较低的，尤其是一直以来在中国出口中占有重要地位的纺织服装产品，纺织服装出口产业本身直接创造的增加值，只占全部出口增加值的14.6%。电子和光学设备产业的本国附加值率是最低的，仅占46.19%，这说明该行业是代工产业，出口产业自身创造附加值的能力非常低。

表9 2011年中国各制造业产业出口附加值的构成

单位:百万美元

| 产业 | 总出口 | 总出口的本国附加值 | | | 总出口中的本国附加值 | 总出口中的外国附加值 |
|---|---|---|---|---|---|---|
| | | 直接国内增加值 | 间接国内中间投入 | 再进口的国内增加值 | | |
| 1产业 | 34 438.6 | 7 502.3 | 18 106.0 | 112.3 | 25 720.6 | 8 718.0 |
| 2产业 | 199 628.5 | 46 424.7 | 100 009.1 | 1.9 | 146 435.7 | 53 192.8 |
| 3产业 | 25 609.5 | 5 689.4 | 8 962.3 | 199.6 | 14 851.3 | 10 758.2 |
| 4产业 | 197 170.2 | 41 228.6 | 73 082.4 | 1 292.1 | 115 603.1 | 81 567.1 |
| 5产业 | 129 501.3 | 29 443.5 | 57 267.8 | 677.1 | 87 388.4 | 42 112.9 |
| 6产业 | 145 725.3 | 37 825.7 | 62 462.2 | 1 102.0 | 101 389.9 | 44 335.4 |
| 7产业 | 575 237.9 | 98 452.3 | 154 926.2 | 12 347.1 | 265 725.6 | 309 512.3 |
| 8产业 | 68 460.9 | 30 327.5 | 6 788.9 | 806.4 | 37 922.8 | 30 538.1 |
| 9产业 | 84 873.4 | 21 013.1 | 44 579.4 | 360.8 | 65 953.3 | 18 920.1 |

注:1产业是指食品、饮料和烟草;2产业是指纺织服装、皮革和鞋;3产业是指木材、纸、纸制品、印刷和出版;4产业是指化学和非金属矿产品;5产业是指基础金属和制造金属产品;6产业是指机械设备;7产业是指电子和光学设备;8产业是指运输设备;9产业是指其他制造产品和回收产品。

数据来源:作者根据OECD的TiVA数据库计算得到

表10 2011年巴西各制造业产业出口附加值的构成

单位:百万美元

| 产业 | 总出口 | 总出口的本国附加值 | | | 总出口中的本国附加值 | 总出口中的外国附加值 |
|---|---|---|---|---|---|---|
| | | 直接国内增加值 | 间接国内中间投入 | 再进口的国内增加值 | | |
| 1产业 | 41 049.6 | 9 236.1 | 27 783.6 | 24.7 | 37 044.4 | 4 005.2 |
| 2产业 | 3 564.8 | 1 690.7 | 1 556.8 | 1.9 | 3 249.4 | 315.4 |

(续表)

| 产业 | 总出口 | 总出口的本国附加值 | | | 总出口中的本国附加值 | 总出口中的外国附加值 |
|---|---|---|---|---|---|---|
| | | 直接国内增加值 | 间接国内中间投入 | 再进口的国内增加值 | | |
| 3产业 | 8 259.4 | 3 757.2 | 3 711.1 | 4.4 | 7 472.7 | 786.7 |
| 4产业 | 25 391.9 | 6 471.1 | 14 652.9 | 23.7 | 21 147.5 | 4 244.2 |
| 5产业 | 21 525.5 | 7 353.1 | 10 832.6 | 20.2 | 18 205.9 | 3 319.6 |
| 6产业 | 12 541.7 | 3 855.1 | 6 642.6 | 15.8 | 10 513.5 | 2 028.2 |
| 7产业 | 6 061.1 | 1 789.0 | 3 062.3 | 6.8 | 4 858.1 | 1 203.0 |
| 8产业 | 19 691.4 | 4 138.6 | 11 678.1 | 33.9 | 15 850.6 | 3 840.8 |
| 9产业 | 607.2 | 280.0 | 275.2 | 0.3 | 555.5 | 51.7 |

注:1产业是指食品、饮料和烟草;2产业是指纺织服装、皮革和鞋;3产业是指木材、纸、纸制品、印刷和出版;4产业是指化学和非金属矿产品;5产业是指基础金属和制造金属产品;6产业是指机械设备;7产业是指电子和光学设备;8产业是指运输设备;9产业是指其他制造产品和回收产品。

数据来源:作者根据OECD的TiVA数据库计算得到

与我国类似,巴西的九个制造业行业也都是间接附加值为主。从表10来看,总出口金额最高的是食品、饮料和烟草业,为410.49亿美元,其中本国附加值为370.44亿美元,外国附加值为40.05亿美元,间接国内中间产品投入为277.84亿美元,占全部附加值比重达到68%(九个行业中最高),本国附加值占比90%(仅次于纺织服装、皮革和鞋产业)。总出口额排在第二位的是化学和非金属矿产品,2011年总出口额为253.92亿美元,其中本国的附加值为211.48亿美元,外国的附加值为42.44亿美元,间接国内中间产品投入为146.53亿美元,本国附加值占比83%。基础金属和制造金属产品的总出口额排在第三位,总出口 215.26 亿美元,本国附加值占比 85%。巴西作为拉美国家中原有工业基础保留得最完整的国家,但由于拉美债务危机后制造业下滑严重,而重视发展服务业,导致巴西在工业还未发展成熟的情况下开始了去工业化。

表 11 2011 年印度各制造业产业出口附加值的构成

单位:百万美元

| 产业 | 总出口 | 总出口的本国附加值 | | | 总出口中的本国附加值 | 总出口中的外国附加值 |
|---|---|---|---|---|---|---|
| | | 直接国内增加值 | 间接国内中间投入 | 再进口的国内增加值 | | |
| 1 产业 | 18 184.5 | 2 734.5 | 13 231.1 | 11.9 | 15 977.4 | 2 207.0 |
| 2 产业 | 23 428.9 | 5 778.9 | 12 978.8 | 26.3 | 18 783.98 | 4 644.9 |
| 3 产业 | 1 651.9 | 529.4 | 710.3 | 2.2 | 1 241.94 | 410.0 |
| 4 产业 | 87 472.5 | 24 389.3 | 24 130.4 | 108.8 | 48 628.4 | 38 844.0 |
| 5 产业 | 20 584 | 6 771.4 | 5 498.1 | 35.3 | 12 304.9 | 8 279.2 |
| 6 产业 | 10 051.1 | 3 608.0 | 3 145.9 | 16.4 | 6 770.38 | 3 280.8 |
| 7 产业 | 15 408 | 4 719.9 | 5 670.5 | 27.2 | 10 417.66 | 4 990.4 |
| 8 产业 | 18 042.9 | 5 456.8 | 6 788.9 | 30.3 | 12 275.92 | 5 766.9 |
| 9 产业 | 33 568.1 | 3 671.0 | 15 591.1 | 82.4 | 19 344.5 | 14 223.6 |

注:1 产业是指食品、饮料和烟草;2 产业是指纺织服装、皮革和鞋;3 产业是指木材、纸、纸制品、印刷和出版;4 产业是指化学和非金属矿产品;5 产业是指基础金属和制造金属产品;6 产业是指机械设备;7 产业是指电子和光学设备;8 产业是指运输设备;9 产业是指其他制造产品和回收产品。

数据来源:作者根据 OECD 的 TiVA 数据库计算得到

从表 11 可以看出,印度总出口金额最高的是化学和非金属矿产品,为874.73亿美元,其中本国附加值为486.28亿美元,外国附加值为388.44亿美元,间接国内中间产品投入为仅占全部附加值比重达到28%(九个行业中最低),本国附加值占比56%(九个行业中最低)。这主要得益于金融危机后印度大幅投资化工产业,出台了较多支持发展石化工业政策。据美国《世界炼油商务文摘周刊》报道,金融危机后印度在基础建设方面投资超过1万亿美元,其中大部分资金用于建设石化装置。此外,印度政府出台了PCPIR的政策,就是为了吸引更多的投资进入印度石化工业,因此可以发现近年来其产业中外国增加值占总出口的比重在逐年增加,在2011年达到44%(表11中38 844/87 472.5=0.44)。排在第二位的是纺织服装、皮革和鞋产业,2011年总出口额为234.29亿美元,其中本国的附加值为187.84亿美元,外国的附加值为46.45亿美元,本国附加值占比80%(仅次于食品、饮料和烟草),这主要由于纺织业在印度国民经济中占有极其重要的地位。据印度纺织部最新年报显示,纺织业贡献了印度GDP的4%、工业总产出的14%、出口创汇的11%。

表12 2011年俄罗斯各制造业产业出口附加值的构成

单位:百万美元

| 产业 | 总出口 | 总出口的本国附加值 | | | 总出口中的本国附加值 | 总出口中的外国附加值 |
| --- | --- | --- | --- | --- | --- | --- |
| | | 直接国内增加值 | 间接国内中间投入 | 再进口的国内增加值 | | |
| 1产业 | 6169 | 2 043.9 | 3 052.7 | 14.5 | 5 111.12 | 1 057.9 |
| 2产业 | 808 | 281.6 | 308.9 | 3.4 | 593.9 | 214.1 |
| 3产业 | 7 719.3 | 2 936.5 | 3 233.9 | 28.7 | 6 199.08 | 1 520.2 |

(续表)

| 产业 | 总出口 | 总出口的本国附加值 | | | 总出口中的本国附加值 | 总出口中的外国附加值 |
| --- | --- | --- | --- | --- | --- | --- |
| | | 直接国内增加值 | 间接国内中间投入 | 再进口的国内增加值 | | |
| 4产业 | 118 286.5 | 43 497.0 | 55 849.4 | 406.8 | 99 753.2 | 18 533.3 |
| 5产业 | 96 444 | 24 508.8 | 49 402.7 | 564.6 | 74 476.05 | 21 967.9 |
| 6产业 | 14 821.1 | 5 300.2 | 5 230.7 | 75.0 | 10 605.92 | 4 215.2 |
| 7产业 | 8 472.8 | 3 207.4 | 2 905.5 | 41.3 | 6 154.17 | 2 318.6 |
| 8产业 | 6 038.8 | 1 726.3 | 2 364.7 | 34.1 | 4 125.02 | 1 913.7 |
| 9产业 | 750.6 | 251.2 | 346.5 | 2.8 | 600.44 | 150.1 |

注:1产业是指食品、饮料和烟草;2产业是指纺织服装、皮革和鞋;3产业是指木材、纸、纸制品、印刷和出版;4产业是指化学和非金属矿产品;5产业是指基础金属和制造金属产品;6产业是指机械设备;7产业是指电子和光学设备;8产业是指运输设备;9产业是指其他制造产品和回收产品。

数据来源:作者根据OECD的TiVA数据库计算得到

从表12可以看出,俄罗斯总出口金额最高的是化学和非金属矿产品,为1 182.87亿美元,其中本国附加值为997.53亿美元,外国附加值为185.33亿美元,本国附加值占比84%(九个行业排名第一)。这主要得益于俄罗斯巨大的石油和天然气储量,使得其发展石化工业具有明显的原料优势。总出口额排在第二位的是基础金属和制造金属产品,2011年总出口额为964.44亿美元,其中本国的附加值为744.76亿美元,外国的附加值为219.68亿美元,本国附加值占比77%。机械设备的总出口额排在第三位,总出口148.21亿美元,本国附加值占比72%。俄罗斯是金属产品的生产和出口大国,金属行业更是国民经济的重要基础部门,其金属加工相关机械制造业的产值约占国内生产总值的 18%。

表 13　2011 年南非各制造业产业出口附加值的构成

单位:百万美元

| 产业 | 总出口 | 总出口的本国附加值 | | | 总出口中的本国附加值 | 总出口中的外国附加值 |
|---|---|---|---|---|---|---|
| | | 直接国内增加值 | 间接国内中间投入 | 再进口的国内增加值 | | |
| 1 产业 | 3 122.1 | 1 061.7 | 1 573.7 | 0.7 | 2 636.06 | 486.0 |
| 2 产业 | 584.9 | 124.3 | 328.6 | 0.2 | 453.08 | 131.8 |
| 3 产业 | 1 498.7 | 453.5 | 749.1 | 0.4 | 1 203.03 | 295.7 |
| 4 产业 | 14 791.1 | 3 721.8 | 6 798.0 | 5.5 | 10 525.27 | 4 265.8 |
| 5 产业 | 18 520.6 | 3 815.2 | 8 739.5 | 5.7 | 12 560.46 | 5 960.2 |
| 6 产业 | 6 079 | 1 913.7 | 2 521.8 | 3.0 | 4 438.56 | 1 640.5 |
| 7 产业 | 2 071.9 | 481.7 | 896.2 | 1.2 | 1 379.04 | 692.8 |
| 8 产业 | 8 698.2 | 2 389.2 | 3 838.0 | 5.0 | 6 232.14 | 2 466.0 |
| 9 产业 | 2 893.1 | 934.8 | 1 314.0 | 0.9 | 2 249.77 | 643.4 |

注:1 产业是指食品、饮料和烟草;2 产业是指纺织服装、皮革和鞋;3 产业是指木材、纸、纸制品、印刷和出版;4 产业是指化学和非金属矿产品;5 产业是指基础金属和制造金属产品;6 产业是指机械设备;7 产业是指电子和光学设备;8 产业是指运输设备;9 产业是指其他制造产品和回收产品。

数据来源:作者根据 OECD 的 TiVA 数据库计算得到

从表 13 可以看出,南非总出口金额最高的是基础金属和制造金属产品,为 185.21 亿美元,其中本国附加值为 125.6 亿美元,外国附加值为 59.6 亿美元,本国附加值占比 68%(九个行业最低)。南非冶金工业规模大,发展完善,资源丰富,基础设施良好,包括基础铁矿、钢铁、基础有色金属和金属制品。钢铁基础工业包括从原矿冶炼到半成品阶段。南非冶金及金属制品行业产值占制造业的五分之一。总出口额排在第二位的是化学和非金属矿产品,2011年总出口额为147.91亿美元,其中本国的附加值为105.25亿美元,外国的附加值为42.66亿美元,本国附加值占比71%。

## 六、结　论

本文对金砖国家制造业在全球价值链分工地位进行了分析,结果表明:

第一,金砖国家制造业 GVC 地位指数及 GVC 参与度指数比较。一是金砖五国的制造业 GVC 地位指数处于上升趋势,而 GVC 参与度指数有分化。中国、巴西和俄罗斯处于上升趋势,而印度和南非的制造业 GVC 地位指数整体处于下降趋势;二是中国的 GVC 参与度指数一直都大于1,平均值为1.38,远高于其他四个国家;三是与美国做比较,美国制造业的 GVC 地位指数反而低于金砖国家。

第二,金砖国家制造业产品出口的国内附加值率分析表明,中国整体出口的国内附加值率呈现出 V 形的发展趋势,食品、饮料和烟草产业的出口国内附加值率是所有制造业中最高的,纺织服装、皮革和鞋都是劳动密集型产品,由于是中国最具竞争力的产品,因此出口的国内附加值率一直保持比较高的比重,电子和光学设备产品的出口附加值率出现了显著的上升,表明该产业逐渐向全球产业链高端攀升。巴西整体制造业出口的国内附加值率都比较高,且呈现下降趋势,纺织服装、皮革和鞋产业的出口国内附加值率是所有制造业中最高的，机械设备、电子和光学设备和运输设备产品的出口附加值是巴西制造业中下降最快的几个产业。俄罗斯整体制造业出口的国内附加值率总体呈现下降趋势，机械设备、电子和光学设备以及运输设备等三个行业的国内附加值率下降较快。印度整体制造业出口的国内附加值率呈现逐年降低趋势，其化学和非金属矿产品和基础金属和制造金属产品下降最快。南非整体制造业出口的国内附加值率虽然呈现下降趋势，其基础金属和制造金属产品和电子和光学设备下降较快，但也有部分产业呈现 V 形反转，比如机械设备。

第三，金砖国家各国的所有产业的出口附加值中都是间接附加值占主导地位。中国总出口金额最高前三名分别是电子和光学设备，纺织服装、皮革和鞋类产品和化学与非金属矿产品，在这三个产业中，产业创造的增加值均主要来自产业链中的上游企业。巴西的本国附加值率整体较高，总出口金额最高的是食品、饮料和烟草业，本国附加值仅次于纺织服装、皮革和鞋产业。印度总出口金额最高的是化学和非金属矿产品，本国附加值占比 56%，是九个行业中最低。俄罗斯总出口金额最高的是化学和非金属矿产品，本国附加值占比 84%，在九个行业排名第一，这主要得益于俄罗斯巨大的石油和天然气储量，使得其发展石化工业具有明显的原料优势。南非总出口金额最高的是基础金属和制造金属产品，本国附加值占比是九个行业最低。

通过对金砖国家制造业出口附加值的分析，未来金砖国家需要在制造业方面除了要鼓励国内企业创新发展，积极参与全球价值链分工，继续通过发展高新技术企业来提升各自国家出口中的本国附加值,同时,还需要积极利用金砖国家这个发展平台,增加相互之间的贸易和投资往来,构建金砖国家之间发达的区域价值链。

# 书　评

# 当时间穿过权力之镜
## ——评《时间与权力：德国政治中的历史观，从三十年战争到第三帝国》

潘光逸\*

## 导 言

科塞勒克(Reinhart Koselleck)曾就人们所感知到的历史如此论述："我们的历史感是由过去的经验与未来的期望之间的距离和张力所产生的。当代时间结构的一大特征就是过去的印象愈加模糊、未来的期望越加宏大。"①过去的时间与未来的期望产生了

---

\* 潘光逸，澳大利亚新南威尔士大学社会科学学院博士研究生。
① Reinhart Koselleck, *Futures Past: On the Semantics of Historical Time*, Columbia University Press, 2005, p. 258.

不同的历史叙事模式,在这些框架中,过去及其代表的意义被赋予不同的理解方式,它们或长久,或短暂,或延续至今,或相互对立。对过去、现在和未来赋予的不同权重造就了非对称性的时间认知,因此,时间的流动不再匀速而平稳而是因政治目的的需求而不断变速。这恰印证了皮埃尔·诺拉(Pierre Nora)感叹历史事实产生的社会记忆被不断重塑时的预言"历史在加速"。[①]

如何理解时间是人类社会的一个永恒的命题。纵使时间有着"次序"和"不可逆"这两种本质属性,但通过人类行为塑造的时间性(temporality)是人们对时间运动的意识,它通过主观感觉影响并建构了不限于线性流动的历史观念。其中,科塞勒克所说的"距离和张力"是探究时间意识在过去、现在与未来之间关系的关键。也因为记忆和历史叙事对政治合法性的重要作用,它随之成了近代以来对时间研究的基础并贯穿现代社会形成与权力分配过程始终。

因此,当时间之流被权力所扭曲时会发生什么? 英国史学家克里斯托弗·克拉克(Christopher Clark)的新作《时间与权力:德国政治中的历史观,从三十年战争到第三帝国》(*Time and Power: Visions of History in German Politics, From The Thirty Years' War to the Third Reich*)就是力图回答此问题的新近成果,他解释了权力与时间性的互动、解释了时间研究中长期存

---

[①] Pierre Nora, "Entre Mémoire et Histoire" in *Les Lieux de Mémorire* 1, LaRépublique, Gallimard, 1984, p. XIX, 1997. 转引自孙江:《皮埃尔·诺拉与"记忆之场"》,载《学海》2015 年第 3 期,第 65 页。

在的矛盾及其政治结果。① 他的研究不仅展示了德国历史上重要决策者的时间意识对政治行为的影响,还体现了当权者通过政治权力操纵社会时间、巩固政权合法性的政治手段,从而为理解政治中的时间性、历史观念等概念研究提供了重要的见解。

## 一、在非对称的时间之流中

1889年,亨利·柏格森(Henri Bergson)发表了博士论文《时间与自由意志》,他强调,作为人类意识的"时间"并非线性且单一的,而是多重的、非同质的。柏格森认为,存在两种形式的时间:基于康德解释的、具有同质性的客观时间象征和相互渗透的、非同质性的、由感知性的绵延(durée)刻画的主观时间意识。因此,时间不再仅是由精确的、机械的量化参照系,而是人们在某一瞬间基于不同感受状态的相互作用而得到的体验,它与时间象征有着本质的区别。② 以柏格森的论断为基础,年鉴学派最早发展了此研究的视野:涂尔干(Emile Durkheim)和哈布瓦赫(Maurice Halbwachs)将时间维度的社会记忆和集体经验应用于权力再生产的研究中,奠定了时间社会学的基础。③ 此后,海德格尔

---

① Christopher Clark, *Time and Power: Visions of History in German Politics, From the Thirty Years' War to the Third Reich*, Princeton University Press, 2019.

② Henri Bergson, *Time and Free Will: An essay on the Immediate Data of Consciousness*, Dover Publications, 2001.

③ 埃米尔·涂尔干:《宗教生活的基本形式》,渠东、汲喆译,上海人民出版社,2006年版。

(Martin Heidegger)的《存在与时间》认为人类意识整体性的存在和本体构成,即"此在"(*Dasein*),是基于时间性之上的。时间被赋予本体论意义意味着它对于其他人类社会活动的前置地位,它也成了界定社会秩序和规则的重要依据。总之,对时间的早期理解揭示了时间的多样性和异质性,如布洛赫(Mark Bloch)所言:"与自然科学中人为制造的同质化时间不同的是,历史的时间是一个裹挟着不可逆前进冲动的具体而活生生的现实。它犹如血液般浸入事件之中,从而使它们能够为人们所理解。"①在布洛赫的语境中,人类活动中的时间的张力显现为永恒的变化与持久的延续性之间的矛盾。②

20世纪后半叶来,以重新关注时间本质和形态的"时间转向"在社会科学的多个领域中回归,研究议题也从哲学化的思辨逐渐

---

① Mark Bloch, *The Historian's Craft*, New York: Vintage, 1953, pp. 27 - 28.
② Eric Malczewski, "Constants in History and Sociology: A Commentary on Mark Gould's 'History is Sociology'," *Journal of Historical Sociology*, Vol. 32, 2019, pp. 11 - 14.

转变为对社会时间、权力的时间性的探讨。① 然而,如同早期历史制度主义受到的批评一样,真实世界的时间变量是多样且难以统一的。对此,赵鼎新剖析了时间叙事和机制叙事,提出了无时间的横向比较、固定时间的纵向比较、循环时间、进步时间和多元时间五种时间观念。② 这涉及时间对人类行为的影响以及历史叙事中因果表达,此亦为克拉克在其著作中试图解答的问题。更进一步,以何种标准探寻时间意识及历史观念的作用路径是一个更为本源的问题,它使如何避免在社会结构混淆时间中的主客观分野和历史的延续性可能成了论述时间哲学的关键。

在延伸历史研究视角的同时,克拉克的新作很大程度上是为

---

① 较早关注社会科学中"时间转向"的代表性作品多集中与社会变动中的时间概念演变以及时间对现代国家体系建立与扩散的推动作用,前者如乔治·古尔维奇著:《社会时间的频谱》,朱红文等译,北京师范大学出版社,2010年版;安东尼·吉登斯:《现代性的后果》,田禾译,译林出版社,2011年版;后者代表作如巴林顿·摩尔:《专制与民主的社会起源:现代世界形成过程中的地主与农民》,王茁、顾洁译,上海译文出版社,2013年版。针对传统社会科学理论乃至国际关系史研究的不足,一些中国的政治学与国际关系学者在最近开始反思社会科学中的时间性问题,他们尤其关注时间在社会科学研究纲领中的地位以及对社会结构演化的影响。如赵鼎新:《时间、时间性与智慧:历史社会学的真谛》,载《社会学评论》2009年第1期,第3—17页;冯克利:《时间意识与政治行为》,载《开放时代》2010年第8期,第5—30页;郝诗楠、唐世平:《社会科学研究中的时间:时序和时机》,载《经济社会体制比较》2014年第2期,第194—205页;叶成城、黄振乾、唐世平:《社会科学中的时空与案例选择》,载《社会科学文摘》2018年第8期,第34—36页;唐健:《系统、时间与社会进化——评唐世平〈国际政治的社会进化〉》,载《国际政治科学》2014年第8期,第118—151页;唐健:《殊途同归与分道扬镳:时空延展、世界时间和现代国家》,载《国际观察》2017年第3期,第81—100页。

② 赵鼎新:《时间、时间性与智慧:历史社会学的真谛》,第3—17页。

了回应法国学者弗朗索瓦·哈托格（François Hartog）在最近的一部颇具影响力的著作《历史性的体制：当下主义与时间经验》（*Regimes of Historicity：Presentism and Experiences of Time*）。① 哈托格在其中通过时间性和历史性的视角界定了"历史性的体制"（the regime of historicity）的概念，将其视为涉及如何处理过去、现在和未来之间关系的西方文化对时间施加的组织结构，②并以此论述在特定时刻重要历史人物所做出的选择。历史性的体制的重要性囊括了个体的时间意识与历史观念，并凸显了其社会层面的影响，即掌握了它的人能够决定历史叙事的构成方式，从而决定不同历史叙事的可能性。③

哈托格的研究固然为时间性和历史性的探索提供了建设性的框架，但正如前文提到的，有学者批评他对意识形态和政治制度的过度强调致其错估了西方文化中内在生成的时间意识的形式，忽视了时间性在不同历史时期的多种表现形式以及政治人物对过去、现在和未来三者之间的独特组织方法。④ 布洛赫遗留下的时间性的理解方式依然显见于在哈托格的论述及对他的批评中：当

---

① François Hartog and Saskia Brown, *Regimes of Historicity：Presentism and Experiences of Time*, Columbia University Press, 2015.

② François Hartog and Saskia Brown, *Regimes of Historicity：Presentism and Experiences of Time*, p. XV.

③ François Hartog and Saskia Brown, *Regimes of Historicity*, pp. 16-17.

④ Zoltán Boldizsár Simon, "History Begins in the Future：On Historical Sensibility in the Age of Technology," in Stefan Helgesson and Jayne Svenungsson eds., *The Ethos of History：Time and Responsibility*, New York and Oxford：Berghahn, 2018.

他论述未来导向的历史性体制转移时,作为客观时间象征的柏林墙的倒塌和苏联解体与思想史上对乌托邦主义的批判浪潮产生了脱节;他夸大了历史性的体制在法国大革命前后的断裂性及其在前现代时期的延续性,从而凸显了两者之间的矛盾。对此,克拉克试图以决策者个体为视角、以社会结构变化为背景来解释这两对概念中的矛盾。

除了回应哈托格的概念性框架,克拉克的新作还延续了德国史研究关注时间与记忆的传统,呼应了20世纪70年代以来德国史研究中的这两大主题:一方面是由施韦德勒(G. Schwedler)和阿莱达·阿斯曼(Aleida Assmann)倡导的记忆研究,另一个是由科塞勒克开辟的探寻历史性的时间经验、时间关系和时间理解之间复杂性的研究路径。两个研究主题都不再以线性物理时间作为历史研究的认知基础,而是将时间视为一种多层次的、人造的文化产物,认为其具有可延伸、可积聚、可压缩、可加速的多元性,进而尝试解决不同时代中人们时间感受的多种形式这一问题。① 所以,克拉克继承了早期年鉴学派对时间性的理解和德国史研究路径,在其新作中基于时间性、历史观、记忆等概念成果,以"当时间意识作用于权力结构时会发生什么?"为题深化了对不同时代中决策者时间性内在张力的讨论。

克拉克着重关注德国历史上四位重要决策者的时间意识——被誉为"大选帝侯"的勃兰登堡的选帝侯腓特烈·威廉(Friedrich

---

① 范丁梁:《德国历史观的新陈代谢》,载《光明日报理论版》2017年8月28日。

Wilhelm, the Great Elector)、普鲁士国王腓特烈二世(Friedrich II)、俾斯麦(Otto von Bismarck)和希特勒(Adolf Hitler),以期阐述他们时间意识如何影响了他们的政治思考。

鉴于既有研究已经混淆了诸多类似的概念,这使得对时间性的研究往往面临研究对象重叠的现象,因而克拉克将在哈托格的"历史性的体制"分解为表现为时间性的时间意识和作为认知因素的历史性。历史性是一套对过去、现在和未来如何联系起来的假设表达,其暗示了一种基于过去时间安排结构的历史观念,它更多反应的是人们对历史叙事的看法;而克拉克所言的时间性反映的是历史中政治人物对时间运动更加直接的、现时的意识,比如"未来是在逼近现在还是愈发疏远现在?""过去是否会威胁到现在?"等。[①] 虽然在实际运用中,克拉克似没能认真区分两者的关系,但就两个概念的一般定义而言,它们彼此深受对方影响以至于难以分割。总之,克拉克所考虑的研究对象实际上囊括了主要发生于历史人物个体的时间性和更为宏大的历史性所蕴含的假设。从两者的互动之间,他从个体的时间性入手,解释了时间象征与时间意识之间的矛盾如何作用于个人的政治选择中,也揭示了历史性中延续性与断裂性在不同时代的决策者中迥异的关系,进而展现了德国历史的独特性和时间性作用于权力的普遍现象。

基于大量历史档案和权威研究,克拉克所描绘的四个政治人物分别以带有时间特征的行为和论断支持其政治主张,塑造了一种非线性的时间性,反映了历史观念的变化。腓特烈·威廉在

---

① Christopher Clark, *Time and Power*, p. 6.

潘光逸 / 当时间穿过权力之镜——评《时间与权力：德国政治中的历史观，从三十年战争到第三帝国》

1640年成为勃兰登堡选帝侯，时值三十年战争肆虐德意志，勃兰登堡家族的领土也各不相连。面临战争的创伤和容克贵族的反抗，他通过政治手段成功聚合了勃兰登堡分散的领土、剥夺了贵族过大的权利并建立起了一个中央集权的政治体制和有力的常备军。在此，克拉克试图解决的问题是腓特烈·威廉的时间意识如何影响了他的国家政策选择，尤其是他通过对时间与历史的解释为其削弱贵族所强调的基于传统习俗之上的权利的政策进行辩护，进而建立一个强有力的国家机器。相较于腓特烈·威廉前瞻性时间意识，克拉克认为普鲁士国王腓特烈二世体现了与大选帝侯截然不同的时间意识与历史理解。身为国王的腓特烈二世同时也是一名史学家，他的历史哲学强调的是时间的稳定性、周期性和永恒性，历史的运动不再是由国家推动，而是由普遍的历史事实和逻辑上的必然所驱使的。然而，与腓特烈二世那种静态的、恒久的历史观念相比，俾斯麦的时间意识产生于1848年革命带来的混乱、动荡的政治局势。俾斯麦意识到革命的一大结果是历史动力永久性的改变，它颠覆了历史演变逻辑中必然性的观点，将历史导向了一个不可知的未来。而俾斯麦的时间意识强调，在1848年之后的时间里，时刻代替了时代成了决定政治决策的基本时间单位，对于此变动带来的决策紧迫性和灵活性的要求，维持国家和君主制的存在是防止历史陷入彻底失序的根本保证。诞生于1918年战败的政治创伤及20世纪早期历史主义危机的希特勒的时间意识和纳粹统治下的德国国家机器的政策表现则展示了一个与历史彻底决裂的、反历史性的非线性时间组织模式，以同柏拉图式的理念世界拟合的企图凸显纳粹政权的"永恒时刻"。

克拉克通过四个决策者的时间意识和历史观念，讨论了时间性如何通过掌权者作用于国家政策合法性的辩护，进而对客观时间象征与主观时间性之间、历史观念的延续和断裂之间的张力进行了解读。本文将系统性回顾克拉克的论证过程，并对其研究进行针对性评论。

## 二、过去与现在：腓特烈·威廉与腓特烈二世

腓特烈·威廉与腓特烈二世的时间意识和历史观念在时间的断裂性和延续性上形成了鲜明的对比，前者聚焦于通过隔断现在与过去之间的联系削弱贵族的传统权利，后者则将当下视为一种永恒的过去的重现。回顾两者的政治生涯，可见其鲜活地体现了政治家如何通过操纵过去、现在和将来之间关系的修辞来支持其政策主张。

腓特烈·威廉在1640年接替格奥尔格·威廉（George William）成为勃兰登堡选侯国的君主时，他所控制的领土甚至难言是一个具备有效官僚机器的国家。他控制的领土分散于东德意志地区，其主要领土普鲁士和勃兰登堡内的贵族们以根深蒂固的传统权力和巨额财富制约着他的统治，他们不仅对来自腓特烈·威廉的试图整合领土的政策毫无兴趣，甚至将波兰视为自身安全的保障，反对来自选帝侯的控制。除了分散的领土和躁动的贵族外，他麾下的由农民和雇佣军组建起的军队也几无战力，且因战争中的糟糕表现而臭名昭著。

对贵族领主传统性权力的削弱实际上开始于格奥尔格·威廉

后期,当时三十年战争已经给勃兰登堡传统的权力关系造成了巨大的影响:在德意志地区参战的外国军队对各领主肆无忌惮的勒索和在长期战争中维持军队的开支极大破坏了贵族的财政能力。为了维护其统治能力,格奥尔格·威廉求助于位高权重的勃兰登堡领主亚当·施瓦岑贝格(Adam Graf von Schwarzenberg),后者很快就削减了各地领主对中央财政的监督权、暂停了枢密院的职务并将其移交给一个独立于传统贵族的战争委员会。此外他还适时地开始征收一项新税以弥补军事上的劣势。施瓦岑贝格的举措激起了贵族们的强烈不满,后者指控身为外国人和天主教徒的施瓦岑贝格是一个叛国者,试图从勃拉登堡的战乱中获利。①

格奥尔格·威廉去世后,权势过大的施瓦岑贝格同样引起了刚刚继任的腓特烈·威廉的不安,这种不安还来自前者在 1638 年一次可能的毒杀行为。② 1641 年初,他在祖母的主持下召集了哥尼斯堡的加尔文宗贵族并新招募了一批忠于自己的将领。利用奥地利、瑞典和丹麦三国的矛盾,腓特烈·威廉在其中纵横捭阖并成功让外国军队从勃拉登堡的领土上撤出,打击了施瓦岑贝格的威望,在一定程度上获得了对国家的控制权。

虽然腓特烈·威廉与施瓦岑贝格在个人关系上相互敌视,但

---

① Christopher Clark, *Iron Kingdom: The Rise and Downfall of Prussia 1600 - 1947*, Cambridge: Belknap Press of Harvard, 2006, p. 29.
② 虽然腓特烈·威廉认为,施瓦岑贝格在一次宴会中试图给自己下毒,但这一判断实际上缺乏依据。即便如此,这次事件长久地恶化了两人的关系。H. William Koch, *A History of Prussia*, New York: Barnes & Noble Books, 1978, p. 43.

在削弱贵族传统权利的问题上却有着惊人的相似。所以在施瓦岑贝格于1641年死后,选帝侯延续了他在削弱贵族权利上的政策。1644年,他派遣新晋宠臣康拉德·冯·布格斯多夫(Konrad von Burgsdorf)前往普鲁士寻求征税以维持一只2000人的军队来应付战争需要,然而这一措施不出意料地招致贵族的集体反对。同年6月,选帝侯在勃兰登堡召开会议以商议扩军事宜时,身边的大臣也支持此前贵族们的论断,认为这将导致国家濒临破产。

从历史观念的角度看,贵族们反对腓特烈·威廉扩军政策的基础根植于持续百年的贵族传统。他们认为选帝侯的干预违背了贵族在其领地内享有缔约、免税、立法等特权的古老权利,这些传统的合法性在于它们是由历代君主与贵族共同认可的行为规范、对古代权利及其操作模式的共有记忆,体现为贵族对古老特权的享有。因而,对他们而言,过去的延续性是现在乃至未来的保证。

在一份来自普鲁士贵族给选帝侯的信稿中,贵族们辩解道:"我们保证一切值得称颂的古老秩序、习俗、传统和惯例不被改变,包括信件、证书、契约、协议、法律、财产和个人义务,尤其是贵族财产……勿论是在战争还是和平时代,我们绝不违背此原则。"[1]贵族们反对腓特烈·威廉的干预是因为他试图以新的政策隔断与过去的联系,这违背了一直以来君主遵守传统以保持对一切长期存在的旧事物基本尊重这一历史观念。所以,腓特烈·威廉的新主张因其"新"之处有别于传统而遭到抵制。

对此,腓特烈·威廉的主张针锋相对,他认为这些历史性传统

---

[1] Christopher Clark, *Time and Power*, p. 32.

可以根据国家和民众的需求进行修改,而中央权力特定情况下能够暂缓甚至取消这些长期存在的特权安排。虽然腓特烈·威廉在给克莱费(Kleve)贵族的信中委婉地将其政策解释为:在某些极端紧急的必要情况下,中央执行机关有权暂时性地停止特定的惯例安排,不能事事都为贵族特权让步。① 但实际上,许多贵族都认为这一看法实际上意味着紧急情况的必要性的将成为选帝侯反对贵族传统权利最有利的证据。1657年,选帝侯的几位官员在讨论时认为:最好不用理会对地方贵族就无限期征兵和征税的抗议,因为(紧急情况的)"必要性"将无视法律、解除义务。②

腓特烈·威廉和贵族们的矛盾不只是利益上的纠葛,它更体现了三十年战争前后加尔文教和路德教之间在时间意识上的矛盾。1555年由皇帝查理五世和新教诸侯签订的《奥格斯堡和约》确定了路德教作为合法宗教的地位,扩展了路德教的传播。而腓特烈·威廉由于年轻时在荷兰共和国的经历信奉了加尔文教,他认为荷兰共和国在经济、文化上的成功与之息息相关。1646年,他又迎娶了荷兰的奥兰治亲王腓特烈·亨利(Frederick Henry)之女,强化了勃兰登堡家族与加尔文教之间的联系。1648年,《威斯特法利亚条约》正式确定了加尔文教与天主教、路德教一起同为合法宗教的地位,这使得新晋的加尔文教与此前牢牢刻写在勃兰登堡贵族身份中的路德教之间的矛盾被大大激化。

因此,处于信仰冲突的路德教神职人员和物质利益受损的贵

---

① Christopher Clark, *Time and Power*, p.34.
② Christopher Clark, *Time and Power*, p.32-33.

族抱有类似的想法,他们认为强调的是由过去产生的传统施加于当下的义务。因此,选帝侯的做法违背了路德教对于传统契约的看法,如果答应选帝侯的改革,那么他们如同《圣经》中那些背信弃义的撒玛利亚人一样。在此,路德教对产生于过去的传统义务的优先性要更加重视,因为它继承于过去的合法性。

相较之下,腓特烈·威廉及其信奉的加尔文教对时间的看法则聚焦于一个开放的未来,暗示了以非传统契约解决当下问题的可能性。不仅不屈居于过去的权威,腓特烈·威廉的时间意识还驱使他将未来潜在的威胁转变为当下亟须面临的问题,因而形成了改变过去强加于当下义务的"必要性"。他在三十年战争中形成的关于勃兰登堡所遭遇的悲惨遭遇的记忆使其历史观念实际上对过去的传统和未知的未来都怀有一种充满敌意的推理模式:将灾难性的过去视作改变当下的动力,只有通过向前进步、步入存在多种可能的未来才能够确保国家免受灾难。实际上,大选帝侯的历史观反映的1648年之后在整个欧洲范围内陆续产生的历史观念转变,即未来不再是被过去束缚,而是开放的、可操纵的、存在多种选择的。主观时间在这里不再如此前那样被无限地停滞和延长,而是随着客观时间的流逝开始往未来运动。而延续性也不再主导时间意识,亦无法掩盖新制度已经取代旧制度的事实。

1701年,在选帝侯腓特烈·威廉去世13年后,勃兰登堡升格为普鲁士王国,其子勃兰登堡的腓特烈三世加冕为国王。在加冕典礼上,传统仪式并没有被认真对待,而此前的典礼崇敬地将其视为与过去的合法性相关的重要延续。对于权力来源在时间中的转变,普鲁士宫廷诗人约翰·冯·贝塞尔(Johnn von Besser)在一份写给国王的文件中如此评价道:"陛下是完全依靠自己能力和土地登上了宝座,普鲁士的君主不是通过继承过去,而是以自身的美德和功业这种全新的方式获得的王位。"[1]至此,在勃兰登堡持续了数百年的合法性与过去的高度延续性被腓特烈·威廉所清除,深植于德意志文化的历史性的体制发生转变,权力本身成了国家权威的基础。

另一位重要历史人物——腓特烈二世在处理历史观念中过去与现状的关系上却选择了另一条道路,这凸显了时间观念在权力操作中的多样性。

腓特烈二世的祖父大选帝侯腓特烈·威廉的历史观是动态的、面向未来的,腓特烈二世则恰恰相反,他沉浸于塑造一种永恒的、非现时的时间概念之中,强调过去的延续性与恒久的周期性。这一转变如果从现实政治的角度来看似乎并不难理解:腓特烈·威廉的时代是充满混乱和危险的,他必须尽力将一切资源都用于摆脱过去的束缚、建立强大的君主政体以缓解危如累卵的国际形势;而腓特烈二世继位时,其父已经为他留下了一只足够强大的军队和相对稳定的地缘政治环境,他无须为保证国家生存而殚精竭虑,而能够倾注更多精力以提高普鲁士在文化和历史中的地位,这并非仅依靠现时成就能够实现的。

腓特烈二世被认为是极具艺术天赋的国王,他留有丰富的历史评论和作品,其中最具声望的是回忆录性质的《勃兰登堡家族回忆录》(*Memoires pour Servir à l'Histoire de la Maison de*

---

[1] Christopher Clark, *Time and Power*, pp. 70-71.

Brandebourg），这一著作很大程度上是为了宣传而作的带有表演性质，反映了他如何塑造并利用自身的历史观念操纵社会时间意识以支持其政策主张。相较于腓特烈·威廉，腓特烈二世的历史观念及其表达形式更加鲜明。在那个充斥着各种思想的启蒙时期，他与伏尔泰等人有频繁书信往来，并且在对时间和历史的看法上受其影响。腓特烈二世赞同伏尔泰对于历史的当代作用上的评论：过去是一个巨大的仓库，人们可以从中选取任何对他有用的东西。① 因而，腓特烈二世在进行历史时有意地篡改了部分历史事实，他不屑于前朝史家普芬多夫（Samuel Pufendorf）等人的历史叙事模式，认为他们所撰写的只是词典般的事实而不是历史本身，对于好的历史书写而言，内容不应当事无巨细地描述发生的事件，而需升到宗教和哲学的高度。所以，在腓特烈二世的历史作品是将过去置于一种宗教性的人类文明历程的视角进行评价，并以此作为其历史观念的支持。

结合了启蒙时代的历史哲学和自然科学的主张，腓特烈二世的作品揭示了其为人称道的"开明专制"历史观念的时间走向：如自然事物一样，历史的发展经历了从初生、成熟到完善的各个阶段。对于勃兰登堡和普鲁士而言，15 世纪以来的文化如同荷马时代的希腊，身体上的强健是最受重视的；而到了腓特烈二世的时代，这一标准发生了改变，美德和心灵成了受人尊重的品质。相应的，这一改变源于一种长时段的历史循环变化，它从塔西佗时代延续到萨克森王朝的亨利一世，再到大选帝侯的近代乃至腓特烈二

---

① Christopher Clark, *Time and Power*, p. 95.

世的当下。得益于启蒙思想家对历史的重新思考,腓特烈二世用绵延不断的时间意识突出了历史的延续性和进步性,在此,他以令人炫目的文化对比突出了当下与过去的距离感和神秘的历史循环,当下的一切都若隐若现地贴合过去某一时期的特征。不过,此历史观念中的时间虽脱胎于启蒙思想,却也不同于进步主义的历史观,因为一方面它的本质是循环的而非进步,时间中的万物就如同自然世界中的生老病死、新陈代谢一样。另一方面又是停滞的,因为时间中的一切都是过去的反映,时间的必然逻辑使腓特烈二世认为找寻普鲁士王国在历史中的地位、建构自身伟大的历史形象才是重中之重。

为何腓特烈·威廉和腓特烈二世出现了截然不同的时间意识?除了上文提到的地缘政治环境和国内社会结构的改变之外,腓特烈二世的个人经历也与之密切相关。他本人从小鲜有直接参与国家决策的记录,从而疏离了官僚体系中的各个执行机构,这使其政治体制具有高度个人化的特征。所以,虽然他和其祖父都重视国家这一概念,但前者所认为的国家是与他个人紧密关联的抽象符号。此外,腓特烈二世没有他祖父那样狂热的宗教拯救感,他的信仰更偏向于伏尔泰式的自然神论,倾向于相信世界的运动是基于特定的自然规律。因而在选侯国时期路德教与加尔文教对立下的时间观冲突没有在其统治时重演,他亦不用为宗教立场而改变其历史观念。

当然,对于腓特烈二世而言,时间意识影响下的历史观念的塑造不只是个人的哲学兴趣,更包含了明显的政治目的:

其一,与大选帝侯的时代不同,在腓特烈二世的时代里,中央政府与贵族的矛盾已经不再明显。相反,由于许多容克贵族在三十年战争后破产、富裕平民阶层兴起,维系传统的容克贵族对国王的统治和军队的开支负担成了腓特烈二世必须注意的事情。所以,在他撰写的回忆录和历史论文中,刻意省略了腓特烈·威廉和贵族之间的矛盾与冲突,转而将贵族当时遭到的打压全数归罪于施瓦岑贝格的主张,并将其祖父腓特烈·威廉政权描述为基于共同契约之上的温和寡头制。这种立场和历史叙事实际上将1640—1641年作为一个新旧时代的交替论证了勃兰登堡家族统治模式是有利于贵族的。通过向贵族示好的表演,配合以有利于容克贵族的税收政策重新加强王室与贵族的联系,腓特烈二世维护了贵族们对他个人权威的承认及其王权合法性的服从。

其二,重提时间的延续性暗示了在政治上国王和国家是历史发展的核心动力。与伏尔泰将国家视为从属于更高层次价值的附属相反,腓特烈二世在其普遍文明进步观上的视角上将国家作为历史叙事的核心,它不仅仅是时间中人类精神进步的条件,更是历史中最重要的行为体。因而国家具备了超越人类行为的时间意义上的逻辑必然产物,它具有稳定的、永恒的、循环的特质,如同恒星运动,生生不息、周而复始。在一篇历史评论中,他写道:"但凡是刻苦钻研历史之人都会发现,同样的场面在不断重演,人们只要换一下演员的名字就行了。"[①]从他对普芬多夫历史作品的评论中可见,他的政治视野关注的是先入为主的形而上的最终目的,而不是短时期内特定问题的政策,因为历史的本质是时间的循环,它取决

---

① Christopher Clark, *Time and Power*, p. 98.

于历史上国王个人的意志而非若干零碎的决策。

其三,腓特烈二世的历史观里还试图在哲学意义上证明其个人如先贤一样深刻于历史循环甚至超然于世俗之外,他的历史哲学不局限于循环论所示的与过去相连,更以一种超然的永恒形象体现出来。他极端重视自身的声誉和历史评价:从少年时期开始,国王就有意识地通过模仿将自己和恺撒、庞培、克拉苏、奥古斯都等古罗马名人联系起来。在此循环中,古罗马名人的声誉跨越了肮脏的中世纪与腓特烈二世本人重叠在一起,这也是他希望将现时与过去和未来连接起来,从而超越线性的时间、实现自身不朽形象。在1786年腓特烈二世的葬礼上,他再次展现了与当下时间不符的方式:他是以一名哲学家而非国王的身份被埋葬,葬礼的形式不同于欧洲皇家葬礼的习俗,凸显了腓特烈二世超脱同时代的世俗王族,将自己置身于永恒时间循环中的独特身份和品质。

总体上,较之大选帝侯,腓特烈二世的时间观念让他不再对当前的历史环境感兴趣,反而将权威来源移至千年前古罗马先贤之上,再以自身形象投射到这些名人之上以昭示历史的循环性质、获取政治权威。他的时间意识介于延续性与永恒性之间,以一种超然的美感停留于世俗之外。同时其主观时间意识几乎不受客观时间象征所局限,脱离于当下历史环境的限制。考虑到他的著作很大程度上是为了凸显自身功绩、塑造其历史评价的宣传所做,这种安排时间的历史性的体制大大影响了当时社会的时间意识,这恰与腓特烈·威廉的历史观以及普芬多夫着眼当下、抛弃过去的叙事模式相反。

## 三、瞬间与永恒：俾斯麦与希特勒

俾斯麦和希特勒的历史观念主要区别在于主观时间上的感知，前者面临的是革命年代后新兴的社会势力带来的未知的政治走向，政治时间随着工业化的普及而被分割为若干紧迫、关键的瞬间，如何在动荡而危机四伏的决策节点中找到稳固政治机制的手段成了俾斯麦考虑时间和历史的第一要务。而希特勒和纳粹的历史观念反对俾斯麦式的以时刻为单位的决策结构，相反，他们追求的是基于恒定目标的追求，试图创立一个超越历史考验的、自成一体的千年帝国时间体系。

1848 年革命为欧洲历史开启了一个混乱而充满机遇的时代，社会变革的冲动与君主制之间构成了当时德意志地区的主要矛盾。俾斯麦成长并掌权的时代便产生于这一张力中：动荡的社会形势使其认识到政治生活和决策关键节点的不可预测性，促使他发展出一套以控制短时间内瞬息万变政治局势的时间意识；同时，他又从历史演变的教益中发觉唯有君主制是保证其具有管控危机的权威、阻止社会变化退化为纯粹混乱的根基。所以，俾斯麦的时间意识驱使他在高度动态的时间之流中找到处理危机、维护国家稳定的历史之锚。他无意改变历史走向——因为他知道历史的发展是必然的——但通过政治决策能够保证历史免于混乱。如他给岳母普特卡默（Luitgard von Puttkamer）的信中所写：时间之流自有其规律，我若将手伸入其中，并非因为我试图改变时间的流向，而是出于我的责任。

潘光逸／当时间穿过权力之镜——评《时间与权力：德国政治中的历史观，从三十年战争到第三帝国》

黑格尔的历史哲学或多或少地影响了包括俾斯麦在内的许多当时代政客的时间意识。黑格尔认为历史在某种意义上就是人类由必然向自由发展的过程，其中存在着推动世界历史内在动力的必然性，其不受外在的、偶然的历史现象干扰，而是由人类意志所产生的理性所推动。在此，黑格尔展示了一副进步式的历史画卷，其中一切都是暂时的、局限的，也是难以阻挡的。这也是俾斯麦认为人类行为无法改变历史发展的重要原因，尤其是在 1848 年革命深深改变了欧洲政治格局之后。所以，虽然俾斯麦个人反对革命的暴动及其对国家政权的冲击，但也不得不承认 1848 年革命的巨大影响，若要保证不被革命的力量摧毁，就必须洞悉历史内在的动力并将其取为己用。

俾斯麦认为，世界历史上每一个大国的特质都是由其历史所决定的，延续性的特点在大国的历史演变和权力波动中得到体现，而重要时刻所代表政治瞬间是为其政治体制奠基的关键。比如他认为现代英国是 1688 年光荣革命和 18 世纪末开始的工业革命的土壤上成长起来的，俄国的政治特征是彼得大帝和叶卡捷琳娜大帝对现代性追求的结果，而法国的政治流变则体现了其社会内部各势力从 1789 年以来相互斗争与妥协的过程。就德意志政治而言，俾斯麦同样意识到当前形势是由王权在历史上的长久稳定与 1848 年革命时刻以来新的政治势力共同塑造的。他就如同一个神经紧绷的国际象棋手，只有对棋盘上各个棋子的走势加以应对才能理解由国家内部动能推动的世界历史的走向。因此，时间意识影响下俾斯麦的职责既非腓特烈·威廉那样隔断过去而强调当下，也非腓特烈二世那样追求永恒不变的历史形象，而是在混乱未知的局势下谨慎、灵活地管理新旧势力之间的平衡、通过危机决策维系不同势力的关系、操控不同时刻政治联盟的走势，如此才能够保证政治体系内部稳定运行。

俾斯麦的历史观念主要体现在他对主观时间意识的看法上：汇聚了更多信息和机遇的时刻逐步代替了漫长、缓和的时段成了政治决策的基本时间单位。主观时间的变化很大程度上是工业化的结果，时钟的广泛应用和工业分工流水线的普及加速了社会时间的流动。对于政治决策而言也是如此，受其好友约翰·莫特利（John Lothrop Motley）所著的《尼德兰联邦史》(*History of the United Netherlands*)中将政治人物置于特殊时刻进行考察的叙事模式的影响，俾斯麦在处理政务时看重的是每一个时刻中事件的偶然性、突如其来的威胁和转瞬即逝的机会。这也解释了俾斯麦为何在意识到公民参与政治是不可逆转的趋势下依然极力反对公众情绪和社会舆论对政务的干涉，因为他们难以冷静和准确地评估偶然发生的紧急事件下面临的威胁及其影响。

虽然俾斯麦的时间观是由一系列分散却又相互影响的决策时刻构成，但他始终强调君主制度在混乱的社会危机和决策过程中作为锚点的稳定作用。在此，黑格尔的历史哲学具象化在俾斯麦的时间认知中，虽然他不认同黑格尔所认为世界历史是通向人类自由的进步过程，但他承认黑格尔笔下国家作为自由的现实而存在的，即一种超越历史具象的理性。而俾斯麦对此的看法也颇为相似，在其任期中目睹了三任普鲁士君主逝世的他同样相信君主难言得以超脱于动乱的时间之流外，但国家这一抽象概念本身却是永恒存在的一部分。如同他在 1882 年写给内政部的一封信件中就暗示了这点，他认为个人的生老病死对国家而言无关紧要，只有将国家及其机构视作永恒不变的人格，国家才能存在。①

相对应的，只要能够确保国家和君主制度的自治不受威胁，俾斯麦便允许社会力量对旧体制进行变革以革新不合时宜的保守势力——虽然他个人对新兴的市民阶层并无好感。而另一方面，一旦君主制度受到威胁，那么他不惜推翻宪法也会力求保住前者。因此，可以推断出在俾斯麦的时间观念中，君主制度和抽象的国家概念是高于一切，甚至高于君主本身，因为君主制国家是唯一能够将各个势力与历史凝聚起来的链接，保证历史本身在不同势力的互动中得以发展。因此，时间中的决策时刻就依靠君主制国家这一时间之锚整合在了一起。

与同时期的普鲁士学派相比，俾斯麦的时间意识和历史观念的特点是拒绝接受黑格尔所代表的进步学说，因而其历史观是无目标的、缺乏长远规划的。包括兰克和普鲁士学派的历史学家，纵然有着历史研究上的理念分歧，却都赞成国家是具有一种善的道德价值的有机体，它带有对美好未来期望的目的论主张。俾斯麦的时间意识并不指向未来，而是更多地指涉过去，他略有自负地将自己与君主制度等同起来，没能意识到社会大众对未来宏景的向往，反而沉浸于零碎的危机处理之中。所以当普鲁士统一了德意志后，俾斯麦的政治事业很快陷入了一种缺乏目的的意义危机，②这也是德意志帝国外交政策缺乏明确的战略目的、陷入困境的原

---

① Christopher Clark, *Time and Power*, p. 156.
② Christopher Clark, *Time and Power*, p. 162.

因之一。

一战的战败和凡尔赛体系的限制引爆了历史主义的崩溃,进而对德国的历史观造成了巨大的打击:国家的崩溃意味着作为有机体的国家概念被"斩首"了,德意志历史及其中的一切事物不再存在。如史学家迈内克(Friedrich Meinecke)和卡尔斯特(Julius Kaerst)断言的那样,英美哲学中作为纯粹的权力机制的国家概念替代了作为道德有机体的德国式的国家,时间性被从中剥离出去,在此情况下,历史性生命停止了。① 所以,俾斯麦所代表的那个起于传统、终于国家的由动态时刻构建起的时代随着1918年德国的战败时刻而终结。同时也意味着历史主义危机的降临:揭示价值和未来进步性的历史叙事曾经如神话一样赋予过去意义,让德国人陶醉其中。一旦这一希望破灭,历史的正当性便开始受到质疑,受创的人们开始寻求世俗时间之外的庇护,纳粹的时间观念在此时应运而生。

如果说腓特烈二世的历史观是将过去的伟大与当下的自己相连以维护自身的威望,那么纳粹的时间机制与历史观念是将全社会都纳入这种与存在于遥远的过去的相似性的类比轨道中。此处的类比无论在规模还是在时间长度上都超过了普鲁士王国时期的时间安排,它将历史折叠,让记忆凌驾于历史之上,建构了非历史性的历史观念。

1935年,瑞士记者马克斯·弗里西(Max Frisch)受邀参加了纳粹主办的国家社会主义生活展览,他惊讶地发现在最为显眼的

---

① Christopher Clark, *Time and Power*, p. 167.

中庭里，一口巨大的时钟矗立其中以代表家庭、个人和国家，每五分钟大钟便会敲响一次，象征着有九名德国人出生。同时，钟底端的沙漏流动，意味着同时间内有七名德国人去世。弗里西回忆说：这个装置的寓意很明显，即证明了生物时间不可避免地施加于社会中的每个人身上。以博物馆和纪念雕像为代表的政治象征成为纳粹拓展时间意识的工具，它将整个社会都纳入一个特殊的时间轨道中。

纳粹掌权后，博物馆成了操控时间的工具：它们通过阴森恐怖的刑具和审讯室展现了一种假设性的悲惨历史，即倘若纳粹的夺权没能成功，那么德国将沦为共产主义控制的恐怖社会。与假设性的景观展示相辅的往往是对政权革命之路的纪念，比如在苏联和意大利的记忆建构中都出现了以巨大的空间和夸张而炫目的装置突出政权的斗争历史，通过让参观者进入记忆之场从而实现个体体验、政权时间和未来宏景相融合的过程。一个典型的案例是1934年在意大利的法西斯革命展中搭建的"O室"（Room O），即以涡轮发动机为原型构建的一个巨大空间，它通过标注法西斯夺权路径中重大历史事件、以方向性的举手礼雕塑明确未来路线让每个进入该场域的人都能够亲自参与到时间与记忆的再造中。因而，意大利法西斯和苏维埃的时间机器是以宣言现在与过去的对立提升政权合法性的价值，并用想象的、美好的未来作为鼓动人们参与历史进步过程的动力。

然而对于纳粹而言，虽然强调过去与现在区别的展演确实存在，但这种把具体的过去以及未来愿景相结合的时间性不太具有吸引力。他们不像意大利法西斯或者苏联共产党宣传的那样认为历史是不可阻挡的变革力量,而是将其看作永恒时间的一部分。故时间意识在纳粹政权中缺少明确的线性划分,它不以过去、现在和未来的对比为自己奠定历史合法性。相反,纳粹利用一种反历史的方式模糊了三者的界限,把过去、现在和未来固定于同一永恒时刻中。这改变了线性历史的叙事逻辑和过去历史观念的理解范式,因为即便是将古罗马先贤投射于其时代的腓特烈二世也没有否认历史的线性循环逻辑,而是改变了线性关系上的因果,但纳粹则试图逃避历史发展的桎梏,以反历史的手段将其种族主义主张和全部时间阶段一同纳入一张永恒存在的截面中。

就纳粹的时间管理形式中对过去、现在和未来的论述逻辑而言,克拉克对此评价:纳粹就如同史学家米尔恰·埃利亚德(Mircea Eliade)笔下的古代人一样认为世俗世界是毫无意义的,只有遵从柏拉图式的原始本体论,即通过模仿理念世界的存在形式才能够理解世界。[①] 从这个角度来看,希特勒和纳粹追求的理念是立足于历史对立面的时间体验,如他在《我的奋斗》中对旧德意志帝国历史学的批判那样:如果德国人完全不学习历史,那么我们民族将会好得多。因为人们学习历史不仅仅是为了知道过去发生了什么,更是让过去成为自己的老师指引民族在未来的方向。历史只是手段,其任务是让未来与过去完全一致、纯净无瑕。[②] 希特勒将理想的过去原初本体形象地比喻为一口永不干涸的井,当

---

① Mircea Eliade, *The Myth of the Eternal Return: Cosmos and History*, Princeton University Press, 2018, p. 34.

② Christopher Clark, *Time and Power*, p. 190.

人们忘却过去或迷失在当下时,它便会一次次地唤起过去、指示未来。可见,希特勒和纳粹的时间意识与此前存在的时间机制皆有不同在于:他们不强调时间的延续性或循环与否,而是以记忆的形式将历史本身折叠,让遥远的过去跨越历史的障碍直接投影在当下的,即将一切时间的标准锚定于柏拉图式的理念世界而无视了历史的绵延过程。在此,历史不再有进步或发展的线性概念,纳粹以理念这一遥远的相似性作为历史本身的替代,把不拘于历史发展叙事桎梏的记忆作为扶持其政策合法性的永恒动力,进而打破了启蒙时代以来将历史看作具有发展或进步能力的历史哲学传统。

希特勒和纳粹的非历史性的时间哲学暗含了两个政治主张:

其一,纳粹反历史性的时间结构打破了19世纪以来德国历史主义的主流叙事,进而突破了以国家为历史动力核心的理解范式,将种族纳入时间结构的中心位置。希特勒反感以国家为中心的历史进步主义的一个原因在于他将此视为犹太人宗教哲学,如他在《我的奋斗》中言:"很长一段时间里,我们的国家并不由我们民族主导,反而被外族人带入歧途。"他推崇以"民族"(Volk)为中心的非进步性、非发展性的历史,在其中民族抗拒外来干预、寻求成为自身所为之物。[①] 基于此,希特勒不仅论证了以"民族"为中心的政治主张,还借此为反犹主义提供哲学基础。

其二,根据希特勒的论断,非历史性的时间观念凸显了纳粹是一个全新的政权,它全然不同于历史上任何一个政权形式。在这

---

① Christopher Clark, *Time and Power*, pp. 190, 199.

种叙事中,政权合法性不是历史中特定事件所赋予的,而是来自近乎神话的预言,它创造了界定了纳粹政策终极目标的理念世界,并暗示了纳粹政权的存在符合超验的理念形式。

希特勒及其统治的纳粹党的时间意识无疑是复杂的,他们将主观时间与客观时间象征完全割裂开,拒斥了历史的发展与进步,把过去、现在和未来折叠进一个永恒的、停滞的截面中以创造神秘的遥远的预言。同时,他们虽然部分地表露了日耳曼民族与远古历史之间的连续性,但又彻底割裂了晚近以来政治发展与其政权之间的关系,以建构实现预言的遥远的相似性。所以,他和俾斯麦时间意识最大的区别在于后者以时刻为时间单位,致力于解决当下瞬间发生的利益平衡;而希特勒着眼于近乎永恒的理念世界,试图追求预言式的、非现时的既定目标。

## 四、时间、历史与国际政治

诚如克拉克在本书开篇所言:"如同引力使光扭曲,权力扭曲了时间。"[1]通过哈托格的概念界定,他详细地论证了德国历史上四位重要的政治人物如何通过时间意识为其政权服务,凸显了权力对时间的操纵:大选帝侯腓特烈·威廉面对当下的危险,以削弱过去的延续性强化了当下的意义,建立了中央集权国家的雏形;而腓特烈二世徘徊于永恒时间的停滞中,置身于循环性的历史之中;为了应对革命时代的动乱,俾斯麦宣称历史是由不可预见的、瞬息

---

[1] Christopher Clark, *Time and Power*, p.1.

万变的时刻构成的,这展现了他以国家为中心的卓越政治手段;而纳粹的时间是20世纪以来历史主义危机的表现形态,它从线性历史中逃离,进而将这个社会拉入对遥远的理念世界的幻想中。克拉克通过四个案例佐证了历史性的体制不拘泥于历史时段的多样性,也凸显了被尼采称为"因处于过度饱和的历史状态而内虚"的德国历史的独特性。

不过,克拉克的著作固然为我们认识历史、时间和权力的关系提供了独特的视角,但也存在一些不足,其中主要明显的就是在概念界定上对"历史性"和"时间性"的混淆。虽然在他开始的定义中,历史性是对过往事件即时间结构的观念而时间性更多地注重当下的、直接的感受。但他在论述中,尤其在对腓特烈二世的历史观的解释中,基本上用时间性替代了历史性的概念,导致两个概念交杂在了一起。同时,腓特烈·威廉、腓特烈二世和希特勒的案例都发生于政治创伤事件之后,对于创伤性事件、决策者个人的记忆与时间意识之间的关系,克拉克未多论述,不免在论述时间性的运作机理方面略有遗憾。

然而瑕不掩瑜,如他在书中最后指出:如果将时间的多重性视为现代性的一部分,那么其在提供政治合法性上的功效具有普遍性。在许多代表性的有关时间的研究中,叙事往往是现代性成长过程中最重要的一部分,通过对德国历史上历史叙事逻辑的回顾,我们能够发现叙事的逻辑与最近发生的政治创伤及其诱发的情感关系密切:大选帝侯与过去的割裂是对三十年战争中惨痛遭遇的反思,腓特烈二世沉迷永恒与不变的审美部分的源于他年轻时的多愁善感,俾斯麦在时间乱流中追求混乱与稳定的平衡是因为他对1848年革命的复杂情感,而纳粹的反历史性时间哲学是对1918年战败和历史主义崩溃的恐惧反应,他们试图从超出线性历史的世界中寻找庇护。[1] 克拉克的研究因此能够被置于一个更加宏观的国家现代化进程中进行考量。

不只是德国历史,放眼世界历史中,为特定目的而在政治体系内操纵主观时间意识的现象比比皆是,并且随着统治技术的提高而对社会产生更加强大的效用。譬如在布罗代尔(Fernand Braudel)的著作中,长时段被视作研究法国崛起的重要时间单位,这很快成了年鉴学派乃至法国史学界中最为重要的时间哲学之一。然而,这一时间单位的兴起是因为它能够帮助当代个体脱离短暂的生命时间而暂时地忘却近代屡屡发生的政治灾难。在此,以想象的长时段为基础的历史性的体制通过历史延续性帮助国民置于一个情感庇护所中更好地评价自己的历史。[2]

如同克拉克笔下的研究对象逐渐从早期的如大选帝侯、腓特烈二世的个人变为了纳粹这一群体,意识形态愈发与时间秩序联系在一起。当代世界政治中,无论是资本主义还是社会主义都秉持一种进步式的时间观念,他们都站在对历史线性运动的理解之上,要求打破旧观念、创立新观念,认为未来会变得比现在更好。而福山(Francis Fukuyama)在《历史的终结》中将黑格尔和自由政治体制联系起来,以自由民主制度作为历史的终点,凸显了政治时

---

[1] Christopher Clark, *Time and Power*, pp. 214 – 215.

[2] Fernand Braudel, "'La Longue durée', Annales, Economies, Sociétés,Civilisations 13", 1958, pp. 725 – 753,转引自 Christopher Clark, *Time and Power*, p. 215.

间单向的线性逻辑。①

福山的逻辑代表了许多学者所强调的普遍时间对现代世界的建设性作用。② 现代国家体系的产生带来的是世界时间对异质性时间体系的抵制甚至摧毁。工业化以来,欧洲国家逐渐获得了时空延展的能力,利用全球化将诸如贸易、发展、叙事逻辑等事务都纳入其主导的世界时间之中。随着强权建立的时间秩序会通过延展逐步渗透到那些与现有秩序不吻合的国家内部,后者不得不面临压力而产生改变,从而颠覆了单一时间秩序内国家发展的阶段次序。

然而,今天的世界显然与福山的预言不符。虽然哈托格认为在法国大革命前后,一种面向未来的历史性的体制替代了前现代以过去为指向的时间组织模式。③ 但在冷战结束以后,这种未来导向的制度逐步被聚焦于现在真实性的当下主义(presentism)所取代,人们对意识形态的政治宏大设计产生了怀疑而扭转了未来导向的愿景。曾试图从法国大革命研究中找寻历史进步方向的史学家弗朗索瓦·弗雷(François Furet)在1995年就现在主义提出了对方兴未艾的历史乐观派提出了质疑:"我们正进入一条黑暗中的隧道,我们不知道自己的行动将把我们的命运引向何处,科学带

---

① 弗朗西斯·福山:《历史的终结与最后之人》,黄胜强译,中国社会科学出版社,2003年版。

② 其中代表性作品如斯考切波对国家现代性发展的研究。她认为国家的现代化模式和经验将会影响其他国家在现代化路径上的政策选择,这种时间关系主要体现在次序上。西达·斯考切波:《国家与社会革命:对法国、俄国和中国的比较分析》,何俊志、王学东译,上海人民出版社,2007年版。

③ François Hartog and Saskia Brown, *Regimes of Historicity*, 2015.

来的虚幻的安全感也被剥夺了。"①冷战的结束成了割裂现在与过去的节点,新时代的未知与旧时代的迷茫结合在了一起,现代化的路径也愈发多样、异质性国家对时间秩序的理解也愈发多元。

所以,在国际政治中,时间不只是对历史的理解方式,还包含了对事物正确与否、发展走向等价值判断的解释权力。正因如此,强加的时间秩序自然会引起原异质性国家的反抗,它们与在1918年之后陷入历史主义危机的德国为了推翻现有的时间秩序而陷入对反历史的、纯粹的理念世界的追求如出一辙。冷战的到来见证了资本主义和社会主义两种时间秩序的对立,前一种时间安排如福山所论述的,是以一种普遍的时间秩序为蓝图,试图将所有非理性因素和不平等都随着历史的发展而排除在"历史的终结"之外。而后一种秩序以割裂过去的方式展现了社会主义的历史进步性以及与资本主义过去的强烈对比。冷战结束后,单极时刻下的美国建立普遍时间秩序的尝试不仅没有成功,反而在许多地方造成失序:中东地区恐怖主义的回归代表了宗教时间对世俗时间秩序的一次剧烈的反击;民族主义的回潮各国开始对代表着对全球化的世界时间及其金融模式的不满;即使在西方国家内部,保守主义的回潮和国际主义的收缩也是一个显著的趋势。自由主义的回落也体现了统一的、普遍的世界时间的衰退。可见,时间和历史的构造源于意识形态内部论证其合法性的过程,它与国际秩序的走向

---

① François Furet, *The Passing of an Illusion: The Idea of Communism in the Twentieth Century*, Chicago: University of Chicago Press, 1999, p. 502.

相关。

20世纪末开始,国际秩序转移似不可避免地开始。① 如阿查亚在《美国世界秩序的终结》中提及的,一个复合世界正在悄然降临,在其中,全球霸权国不复存在,主要行为体也不再局限于主权国家,现代化的路径也不再受限于单一的西方模式。② 当今世界已全然不同于克拉克书中描述的情景,时间意识对政策的影响不再只是决策者个人能够决定的了,而是反映了一个共同体内部的时间期望,这为政治行为体推广的时间秩序提供了高于克拉克笔下案例的稳定性。

同样的逻辑亦显现于中国外交中。无论受何种政治思想指导,1949年以来的中国外交始终秉持着进步式的历史观念,不管是毛泽东激进的进步精神还是邓小平关于"和平与发展"的论述,他们都认为历史的发展总是向着进步的方向,这奠定了中国外交的时间基础。③ 近年来,中国外交充分体现了在和平与发展上继承过去、在当前国际秩序的不足上改变过去的历史观念和时间安排。"一带一路"倡议突出了中国与周边国家在过去数千年中和平交流的历史进程和外交传统,以友好往来的历史经验作为支持现在的过去。另一方面,"新型大国关系"则揭示了诸如"修昔底德陷

---

① Evelyn Goh, *The Struggle for Order: Hegemony, Hierarchy, and Transition in Post-Cold War East Asia*, Oxford University Press, 2013.

② 阿米塔·阿查亚:《美国世界秩序的终结》,袁正清、肖莹莹译,上海人民出版社,2017年版。

③ 冯克利:《时间意识与政治行为》,载《开放时代》2010年第8期,第5—20页。

阱"在内的过去大国关系中的危险与缺陷,以"不冲突、不对抗,相互尊重,合作共赢"为新内涵构建了面向未来的大国关系互动模式。

马克思曾言:"时间实际上是人的积极存在,它不仅是人的生命尺度,更是人的发展空间。"①时间之所以为积极正是因为它根植于人的能动的创造性实践,实践活动在历史时间中不断扩张,为人类发展提供了多种可能性。复合世界提供了多种历史观念和时间意识的可能,让我们不再受制于单一的时间秩序,从而能够在实践中找到一个开放性的未来。

历史或许确实在"加速",但其可选择的路径也增加了。理解历史的方式虽然能够启迪当下,却无法完全成为未来分毫不变的模板。对此,如印度作家阿米塔·高希(Amitav Ghosh)在形容气候变化下人类整体反应时说:"如若我们的全部历史都包含在现在之中,那么,时间本身也就毫无意义。"②

---

① 《马克思恩格斯全集:第47卷》,人民出版社,1995年版,第532页;转引自赵家祥:《历史过程的时空结构和时间向度》,载《北京大学学报(哲学社会科学版)》2005年第5期,第41页。

② Amitav Ghosh, *The Great Derangement: Climate Change and the Unthinkable*, University of Chicago Press, p. 115.

# "南京大学亚太发展研究中心"简介

"南京大学亚太发展研究中心"是由"南京大学亚太发展研究基金"定向全额资助的一个对大亚太地区进行全方位、多层次、跨学科研究的机构。它致力于承担学术研究、政策咨询、人才培养、社会服务与国际交流等功能。依托亚太发展研究中心设立的"南京大学亚太经济合作组织研究中心"是教育部国别与区域研究备案研究机构。

该中心是国内首家以"发展"为关键词命名的综合性地区研究机构,秉持"立足中国、面向亚太、辐射全球"的开放理念,旨在探讨亚太及全球"政治发展""经济发展"与"社会发展"诸领域的重要议题,彰显"和平发展"与"共同发展"的价值取向,弘扬"人类命运共同体"这一崭新的全球价值观。

"中心"定期主办"钟山论坛"(亚太发展年度论坛)、"励学讲堂"等学术论坛,旨在推动国内外学界、政府、企业、社会之间的对话与交流。

"中心"主办的出版物有《南大亚太论丛》《南大亚太译丛》等系列丛书,《南大亚太评论》《现代国家治理》《人文亚太》《亚太艺术》等学术成果。此外还有《工作论文》《调研报告》《工作通讯》等多种非正式刊物。

**通信地址**:江苏省南京市仙林大道 163 号南京大学仙林校区圣达楼 460 室南京大学亚太发展研究中心(210023)

**电子邮箱**:zsforum@nju.edu.cn

**电话、传真**:(025)89681655

**中心网址**:https://www.capds.nju.edu.cn

**微信公众号**:CAPDNJU

微信号:CAPDNJU

图书在版编目(CIP)数据

南大亚太评论:大变局时代的议题政治与国际秩序 / 毛维准主编. — 南京:南京大学出版社,2020.10
ISBN 978 - 7 - 305 - 22862 - 9

Ⅰ.①南… Ⅱ.①毛… Ⅲ.①亚太地区－研究－文集 Ⅳ.①D730.0 - 53

中国版本图书馆CIP数据核字(2020)第003885号

| | |
|---|---|
| 出版发行 | 南京大学出版社 |
| 社　　址 | 南京市汉口路22号　　邮　编　210093 |
| 出 版 人 | 金鑫荣 |
| 书　　名 | 南大亚太评论:大变局时代的议题政治与国际秩序 |
| 主　　编 | 毛维准 |
| 责任编辑 | 张倩倩 |
| 照　　排 | 南京南琳图文制作有限公司 |
| 印　　刷 | 江苏凤凰数码印务有限公司 |
| 开　　本 | 880×1230　1/32　印张 12.75　字数 275 千 |
| 版　　次 | 2020 年 10 月第 1 版　2020 年 10 月第 1 次印刷 |
| ISBN | 978 - 7 - 305 - 22862 - 9 |
| 定　　价 | 58.00 元 |

网址:http://www.njupco.com
官方微博:http://weibo.com/njupco
官方微信号:njupress
销售咨询热线:(025) 83594756

\* 版权所有,侵权必究
\* 凡购买南大版图书,如有印装质量问题,请与所购图书销售部门联系调换